6PM

11PM

週 行 事 曆

	星 期 一	星 期 二	星 期 三	星 期 四	星 期 五	星 期 六	星 期 日
6AM							
中午							

更快樂的1小時

Happier Hour

How to Beat Distraction, Expand Your Time, and Focus on What Matters Most

凱西・霍姆斯（Cassie Holmes）著　蔡丹婷 譯

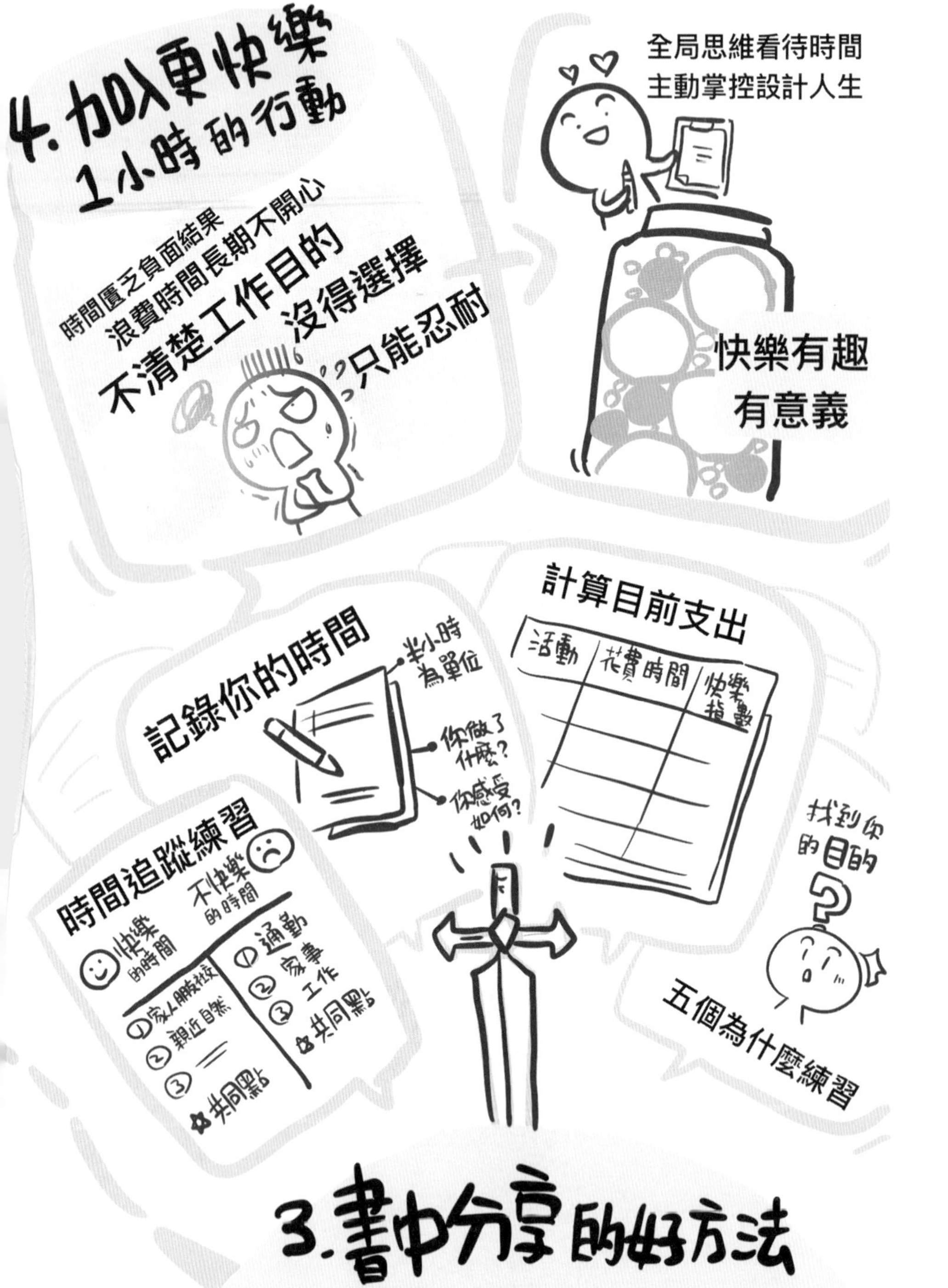
4. 加入更快樂1小時的行動
時間匱乏負面結果
浪費時間長期不開心
不清楚工作目的
沒得選擇
只能忍耐
全局思維看待時間
主動掌控設計人生
快樂有趣
有意義
計算目前支出
活動
花費時間
快樂指數
記錄你的時間
半小時為單位
你做了什麼？
你感受如何？
找到你的目的
時間追蹤練習
快樂的時間
不快樂的時間
①家人朋友
②親近自然
③
共同點
①通勤
②家事
③工作
共同點
五個為什麼練習
3. 書中分享的好方法

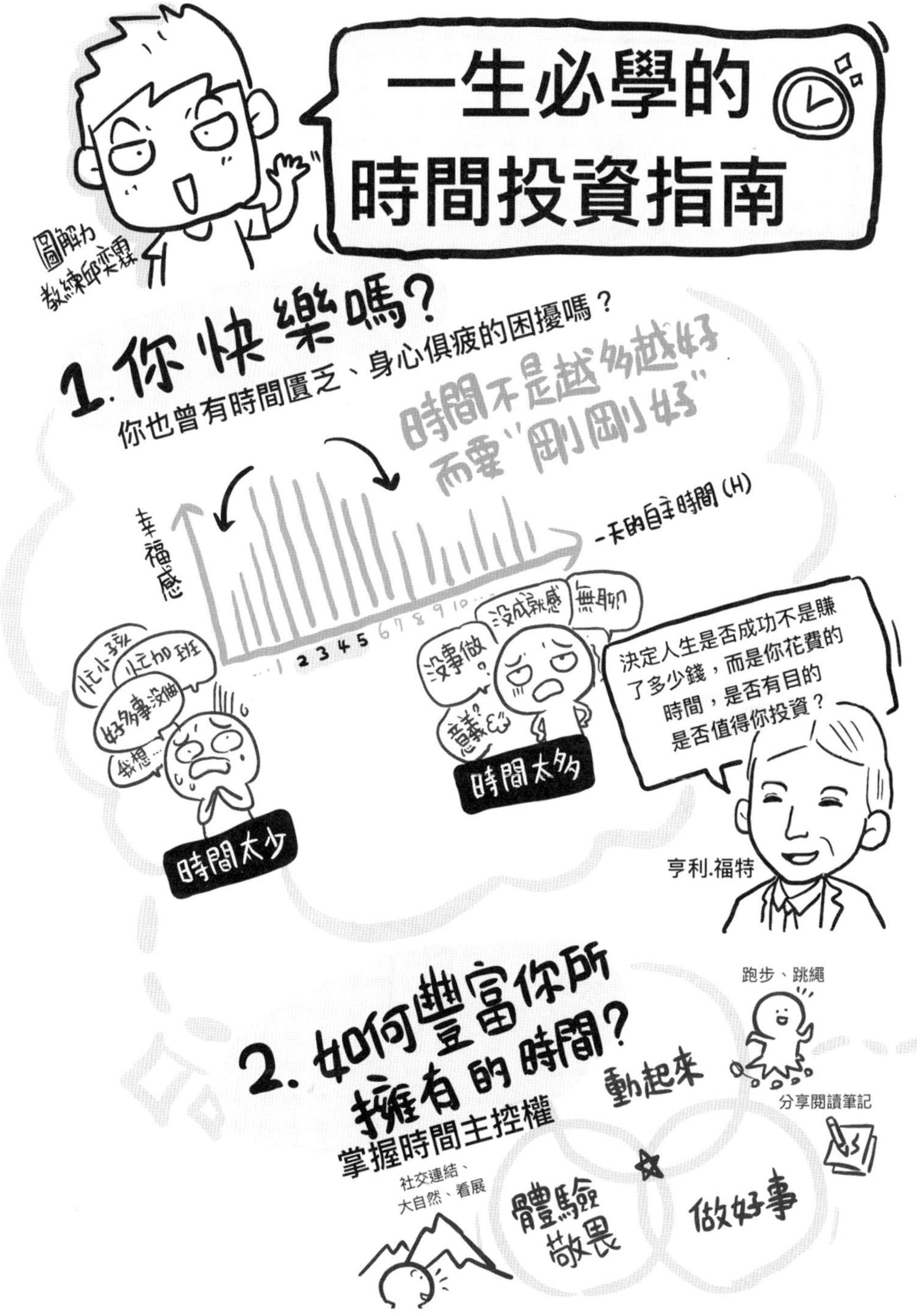
一生必學的
時間投資指南
圖解力
教練邱奕霖
1. 你快樂嗎？
你也曾有時間匱乏、身心俱疲的困擾嗎？
時間不是越多越好
而要"剛剛好"
幸福感
一天的自主時間 (H)
1 2 3 4 5 6 7 8 9 10
忙小孩
忙加班
好多事沒做
我想…
時間太少
沒事做
沒成就感
無聊
意義？
時間太多
決定人生是否成功不是賺了多少錢，而是你花費的時間，是否有目的，是否值得你投資？
亨利.福特
2. 如何豐富你所擁有的時間？
掌握時間主控權
動起來
跑步、跳繩
分享閱讀筆記
社交連結、大自然、看展
體驗敬畏
做好事

推薦序

快慢有致的理想生活，值得你我追尋

鄭緯筌

嘿，你是從什麼時候開始，對匆匆流逝的時間有感覺的呢？是小時候上學賴床爬不起來，抑或長大之後貪戀靜謐的時光而甘願熬夜呢？

我不但想過這個問題，也發現自己很早就對時間有感：固然因爲我本是一個善感的人，加上幼秉庭訓的緣故，父母總是提醒我和舍妹要把握時間，故而不敢虛擲光陰。

太陽東升西落，月有陰晴圓缺，而四季則在春夏秋冬之間流轉、遞嬗。其實，人類從很久以前就有時間的觀念，但有趣的是，時至今日，人們依舊對時間的流逝感到莫名驚慌。

有意思的是，從小我們就聽過一句俗諺：「時間就是金錢」，但是隨著年紀漸長，相信大家都很清楚這個道理，那就是：很多時候時間遠比金錢來得珍貴！

儘管時間和金錢一樣，都是稀缺資源，但不同於財富所造成的階級差距，我們每個人所擁有的時間都是一樣的。雖然起跑點一致，但對大多數人來說，時間還是不夠用！

由於過往曾在網路與媒體產業服務，讓我對追求速度這件事情特別敏感，所以很多朋友都稱讚我是時間管理達人，也羨慕我能夠同時做好很多事情。其實，我不是特別擅長管控時間，而是有一套高效的工作流程。

當我在看《更快樂的1小時：UCLA爆紅的時間幸福學，教你聚焦於最重要的事》的時候，赫然發現書上提到的很多方法，自己平常就有在身體力行了。書上提到的一些做法，我覺得滿棒的。舉例來說，我們都知道記帳的重要性，但是你可曾記錄自己的時間花費呢？

作者告訴我們，如果要追蹤記錄時間，首先你要在紙上畫出清醒時刻的時間表，以半小時爲單位。當然，你也可以直接利用本書所附的拉頁，或到書上提的網站去列印表格。最重要的是，善用這張表格記錄自己一天的活動，以半小時爲單位記錄兩件事：第一件事情，你做了什麼？第二件事情，你的感覺如何？

對於那些時常感到時間匱乏的朋友，我特別建議你參考這個方法來管控自己的進度。

我很樂意向你推薦《更快樂的1小時：UCLA爆紅的時間幸福學，教你聚焦於最重要的事》這本好書！我相信，你可以從字裡行間獲得許多的啓發！當然，也很歡迎你和我聯繫，一起交流並把握上蒼給我們的這份珍貴禮物。

過好快慢有致的理想生活，讓我們從追求更快樂的一小時開始做起！

（本文作者為內容力學院創辦人、「Vista寫作陪伴計畫」主理人、《經濟日報》數位行銷專欄作家）

好評推薦

這是一本不容錯過的書，全書讀來流暢且平易近人，充滿簡單、好懂、能應用的實務建議，還有紮實的實證研究支撐作者的論述。

——**瓦基**，「閱讀前哨站」站長

時間觀念低下、時間管理苦手的我，我不快樂。花一小時看完這本書，我更快樂了。

——**歐馬克**，馬克信箱、馬克說書、聲藝創辦人、拖延病重症，事情太多每天被時間追著跑的金鐘司儀、廣播DJ

很有啓發性……既實用又透徹，值得讀者花時間。

——《出版者週刊》（星級推薦）

我們的行程都排得滿滿的，而霍姆斯分享的研究和簡單的策略，不僅著眼於如何管理時間，還包括挖掘更深層次的意義。本書是如何支出時間來讓生活更滿意的快樂指南。

——**伊芙・羅德斯基**（Eve Rodsky），《紐約時報》暢銷書《公平遊戲》（*Fair Play*）作者

提出如何讓生活變得豐富的新方法，令人耳目一新。本書一步一步地告訴你如何明智地投資自己最寶貴的資源——時間。

——**約拿・博格**，《紐約時報》暢銷書《瘋潮行銷》作者

這本書絕對是瑰寶——有用、有據可循，而且讀起來很愉快。有了本書傳達的見解，我們都可以在自己擁有的時間裡找到更大的滿足感。

——**凱蒂・米爾克曼**，《零阻力改變》作者

凱西・霍姆斯是一位時間專家，這本易讀、實用的書可能會讓你重新思考如何

度過自己的時間。

——亞當・格蘭特，《紐約時報》暢銷書第一名《逆思維》作者

霍姆斯是我最喜歡的一位科學家，針對如何充分利用我們最有限的資源——時間，提出了非常好的建議。

——安琪拉・達克沃斯，《恆毅力》作者

針對如何透過投資於眞正重要的事情來過得更好，本書充滿了大量實用、有實證的建議。這是一本可以讓你的生活變得更好的書。

——**勞麗・桑托斯**（Laurie Santos）、**珊德莉卡與朗詹・坦登**（Chandrika and Ranjan Tandon），耶魯大學心理學教授和幸福實驗室播客主持人

本書至關重要……體貼周到的練習與常識性的建議，在新冠肺炎、戰爭、大規模槍擊事件和通貨膨脹紛擾的世界中，正是大家需要的。

——《書單》雜誌

第一章
時間匱乏，身心俱疲

如同其他一切時機，這次也是好時機，只要我們知道該如何運用。
—— 愛默生

二〇一三年的某一天，我坐在從紐約到費城的深夜列車上，一心想著要放棄……一切。我想當個好母親、好妻子，又想兼顧工作表現與研究發表，再加上永遠做不完的雜事——太多太多了，根本沒有足夠時間能一一做完，更別說想做好。所有的安排、準備與執行，簡直要超人般的精力才能做到，而我已經精疲力竭。我靠在冰涼的車窗上，看著夜色裡樹木與房屋一晃而過的模糊黑影。

那天我是去哥倫比亞商學院分享自己的最新研究：快樂的性質如何隨著年紀增長而變化。❶我的演講被巧妙地卡在午餐時間，前後則是一場接一場的會議，晚上則是同事餐會，我一邊用餐一邊努力談笑風生、暢飲啤酒。等餐會結束後，我火速跳上計程車趕往火車站，心裡不斷祈禱千萬別錯過最後一班火車。

雖然我一天的開始通常不是在紐約市的旅館房間醒來，不過步調的緊湊忙亂卻是如出一轍。平常天一亮我就出門跑步，回來後抱抱才四個月大的李奧寶貝，然後加快速度準備出門趕往辦公室。在華頓商學院人來人往的講堂之間，我在教學與會議的夾縫間抓緊時間做研究。傍晚六點衝回家讓保姆下班，收拾買回來的食材、準備晚餐、清理，就連陪伴李奧入睡的珍貴時光都顯得有些倉促。這些事單獨算起來都花不了多少時間，但加在一起後，這些幾分鐘幾分鐘的忙忙忙，實在讓人不堪負荷——尤其是在空閒時間少得可憐的情況下。

我陷在這種感覺中已經有好一陣子了。列車在黑夜中快速前進，我把外套當成毯子蒙住頭，只覺得筋疲力盡。我發現眞的該好好想一想，想把事情**全部**做完是否眞是長久之計。爲了正確評估繼續下去是否可行，我知道必須做全盤考量，除了例行事務外，還得算進非預期性事務，以及因爲積少成多反而變成固定出現的「例外」事件（比方說，剪頭髮、看牙醫、帶李奧做健康檢查、挑選禮物、保養車子、擔任法庭陪審團）。再加上除了工作和家庭的待辦清單，我還得算上不對朋友的生日餐會失約的決心，以及每週三早上帶李奧上寶寶音樂課的決定。而我所謂的「全部」，還得包括一定量的運動和最起碼的睡眠時間，因爲少了任一者都會讓我不太妙。此外，這裡的「全部」還要再考慮到一個因素：一天下來我是否還有精力享受和李奧及先生羅伯共處的時光。

那一夜在火車上我眞正困擾的是，我是否**想要**做到全部。我愛自己的工作，當然偶爾也有不滿之處，但我很努力才有目前的成就，也從做研究和透過教學與人的交流中獲得實在的成就感。我很愛寶寶和先生，不願意犧牲與他們的關係。我想維持健康，也想當個好朋友。雖然我不喜歡做雜務，但能爲家庭和諧及社會健全盡力付出，對我也很重要。

以前我也會感到忙碌。事實上，記憶所及，我為了努力完成更多事情，似乎無時無刻不在爭分奪秒。也不是只有我這樣，現在的文化過於強調生產力——以至於忙碌成了一種地位象徵，代表著個人價值。❷但個人體驗和我的研究成果都表明了，這樣的忙碌**感覺不好**。❸

生了孩子讓我的負擔更重，是沒錯，畢竟以前我只需為自己和事業負責，現在還要為另一個人的生存與幸福負起全責。不過寶寶帶來的不只是更多待辦事項，看著孩子一天天長大讓我驚覺時光飛逝，眼看李奧才幾個月就長大好多，更讓我體悟到世事變化飛快。我不想因為忙碌而錯過這些，不想匆匆走過他的童年，不想倉促過完這一生。

我想要更多時間，但不只是想有更多時間以完成事情。我想要有更多時間，好讓自己能**慢下來**，真切體會所度過的時光。我希望在回顧一生時能感到快樂，而不是一片模糊。靠著冰涼的車窗，看著外面飛速掠過的景色，我突然覺得最好的答案就是放棄一切，搬到一個慢悠悠的陽光小島，我決定邀請李奧和羅伯加入。

資料的智慧

身爲社會心理學家，面對自身難題時，我經常從資料中尋找答案（所以在對別人解釋我的工作時，我說自己是在做「自究」〔me-search〕倒不全是開玩笑）。我知道在直接衝進上司的辦公室，對他說我打算放棄終身教授職之前，應該謹慎考慮擁有大把空閒時間後的現實狀況。在開口要求羅伯放下工作，舉家奔向海灘之前，我得知道把滿出來的待辦清單換成一片空白，是否眞的能讓自己更快樂。可自由運用的時間更多，眞的能讓我對生活更滿意嗎？

爲了以實證方法度過這次危機，我請來了向來信賴的合作夥伴，海爾·赫胥菲德（Hal Hershfield）和瑪莉莎·夏利夫（Marissa Sharif）。我們找到一份資料正好可以分析這項題目，對象爲數萬名有工作與沒工作的美國人，資料包括他們平日一天所有的活動，以及他們對生活的整體滿意度。這份資料寶庫讓我可以從大群體中找出明顯趨勢，這些能提供更可靠的預測，而無需仰賴任何個人的意見忠告。這份出自《美國人時間運用調查》（*American Time Use Survey*）的資料[4]，有助我們回答一個迫切問題：日常生活中可自主運用的時間長短，與個人整體幸福感的關係是

什麼？❺

我們分析的第一步驟是計算個人有多少時間可用於自主活動——也就是人們想做的事，包括「放空」、放鬆和看電視。❻當然這部分也包含其他較積極的休閒項目，像是運動、出門看電影或體育競賽，以及純粹的社交活動，像是和家人朋友在一起等等。重點是，這類可運用時間的計算中不包含義務性事務的時間——也就是人們非做不可的事，例如：枯燥反覆的工作項目、家事、看牙醫、就診、雜務等等，這些都歸類在非自主活動中，計入無法運用的時間。

接著我們比對計算出的自主時間與人們的生活滿意度之間的關係，所得結果發人深省。【圖表1-1】中的曲線呈倒U型——像是拱型或彩虹。這個形狀有意思的地方在於，光譜的兩端都指向不快樂。這代表在通往自主時間的路上，絆腳石不只一塊，而是兩塊。但是首先讓我們來看看這張圖的左端，也是我個人身處的不快樂境地……

時間太少

圖表清楚呈現，每天少於約二小時自主時間時，幸福感較低，這份資料證實

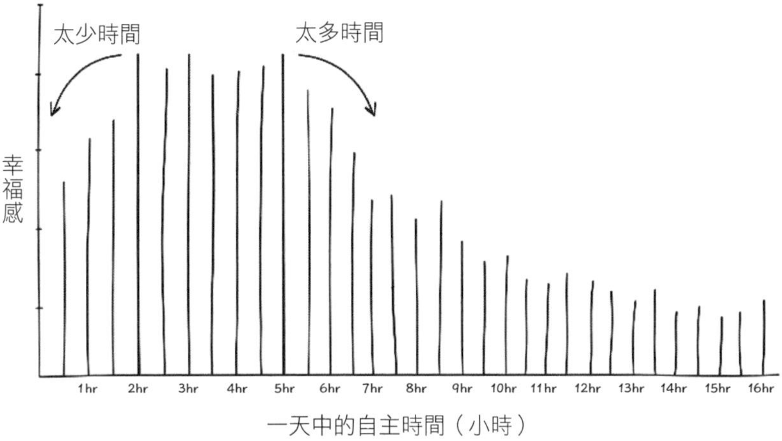

圖表 1-1

了我確實時間太少。我是時間匱乏——定義是自覺時間太少，不夠做你需要和想要做的事。不過事實證明我們這些時間貧困戶並非少數，[7] 一份全美調查指出，近半數美國人覺得沒有足夠的時間做自己想做的事。[8] 另一份調查指出，近半數美國人說幾乎從未感覺到時間掌握在自己手中，而三分之二的人說自己總是或有時感到匆忙。[9]

雖然母親通常比父親更容易感到時間匱乏，雙薪家長又更加容易感到極度匱乏，但其實各種身分的人都會覺得時間不夠用。[10] 也不只是美國同胞，世界各地的人們——包括英國、挪威、德國、加拿大、澳州、巴西、幾內亞、俄羅斯、中國、日本和南韓——都表示因爲生活步調緊湊、時間不夠而感到匆促不適。[11]

這些結果證實了我當晚在火車上的心煩意亂其來有自，更透露出時間匱乏爲何事關重大：時間匱乏的人明顯較不快樂，對生活也比較不滿意。其他跨領域（包括心理學、社會學和經濟學）研究團隊也得到類似結果：時間匱乏會讓我們更沮喪、更抑鬱、更心累。⓬以忙碌與快步調爲美的文化催促人不斷向前，卻對人的情緒造成負擔。

不過，我們的資料還揭露了另一面向，圖表的右側是令人意外的對立面。

時間太多

除了時間太少會讓人不快樂，圖表中往右方下滑的曲線告訴我們，每天有超過約五小時的自主時間同樣會讓人不快樂。⓭事實證明時間太多也是問題！

但怎麼會呢？天知道我有多渴望空閒時間，有大半天空檔怎麼會讓我感覺更糟？當開始深入探討時，我發現有個朋友的故事提供了一絲線索——在加州馬林郡山區一片毒櫟裡昏倒的班。

班很聰明、善於分析、工作又極爲勤奮，他最後得出的結論是管理對沖基金所牽涉的辦公室政治鬥爭，不值得自己爲此放棄和妻子及四個孩子的相處時間，也不值得他每天帶著公事壓力回家。既然財務足以支撐，班便決定在三十九歲的年紀退休。這讓他有時間做始終嚮往、卻因爲工作忙碌而無暇顧及的事：和家人在一起放鬆、度假、看喜歡的書，還有做很多很多運動。

然而，班同時又是一個目標導向的人，不喜歡虛度時光，有生產力才能讓他感到滿足。雖然他想休息，但時間太多又讓班坐立難安，他需要目標，所以就設定了一個。

班決定參加下一次的迪普西越野跑大賽，這是美國歷史最悠久的越野跑比賽，要從米爾谷一直跑到馬林郡美麗陸岬上的史汀森海灘。除了因沿路景色優美而著稱之外，迪普西路徑中的階梯和陡峭山徑，也使這場比賽因凶險艱辛而揚名。

班連續數月勤於鍛鍊，嚴格遵守推薦的訓練方法，安排越野跑、長跑、重訓、休息與飲食。比賽當天，班的家人拿著自製的標語和補充體力的點心，聚集在終點等候，但他始終沒出現。

班在賽程一開始時就跑得又快又猛，一心想挑戰超越預定的目標時間，但跑到第六．五公里時，班開始喘不過氣。由於運動強度過高、脫水再加上炎熱的天氣，班倒下了，等他再度恢復意識，只見急救人員站在一旁，討論該如何將他送上救護車，他本人則是倒在灌木叢裡，全身發癢。毒櫟樹叢讓他不至於摔傷，可是毒素讓他更慘。

在和嚇壞的家人聯繫上，且聽到醫生保證他不會有事之後，班才帶點好笑地回想他如何讓自己陷入這麼荒謬的處境。因爲習於追求成就，讓他對「無所事事」的日子感到不安，不願讓時間過得毫無成果，結果把本該好好享受的活動，弄成極端目標導向的追求。在班的恢復期間，他深刻了解到爲一場賽事如此嚴厲要求自己有多麼可笑。

雖然班在許多方面都很傑出，不過在對成就感的追求方面他並不特別。在海爾、瑪莉莎和我的後續實驗中，我們發現缺少成就感，**正是**擁有大量自由時間的人對生活不滿的原因。[14]如果你小時候曾在漫長的暑假中感到無聊，那就有過類似體會。很多人都跟班一樣，對閒晃度日相當反感，[15]總想做點什麼。[16]略爲忙碌是有價值的，它能賦予我們的日常生活一種目的感。[17]

不過值得注意的是，想擁有目的感不一定要做有給薪的工作。其一，志願性工作（無償性質的工作）通常能提供目的感。[18]再者，有助於兒童及家庭健全的工作，同樣能提供一種令人滿足的成就感，如果是由家庭成員完成的話，這樣的工作同是無償的。[19]最後，有些明確非工作的活動（如追求嗜好和從事體育活動）也被許多人視爲兼具生產力和意義。[20]就我自己而言，工作則是目的感的重要來源。

依據資料及班停止工作後的經驗來看，我開始確信，放棄一切輕鬆度日，對我而言並非解決之道。

時間剛好

從【圖表1-1】中的曲線可清楚看出，每天不到兩小時的自主時間著實太少，會造成壓力及不快樂，這點我再明白不過了。從另一方面來說，我也從資料中看到每天有多於五小時的自主時間又太多，會減損一個人的目的感。這些研究結果告訴我，要是辭職，我很可能一樣不快樂。時間太多一定會讓我想投入另一樣事物，好滿足自己想有所作爲的動力，但這項活動到頭來也會讓我感到壓力。但不管我最後選擇做什麼，都無法用上自己在多年來最在乎的領域中所發展出的技巧。如此看來，一天擁有二到五小時的自主時間似乎剛剛好。

這些結果不僅驗證了我個人的情緒經驗，也給了希望，並指引我做出生涯選擇。理想的每日自主時間並非遙不可及，每天擠出兩小時做能讓自己開心的事也並非強求。誠實計算每日時間後，我發現自己其實相當接近這個理想：

- 早上和李奧親親抱抱十五分鐘。
- 走路上班途中打電話和朋友聊天二十五分鐘。
- 和羅伯喝杯小酒共進晚餐三十分鐘（理想上應該更久一點，但經常被李奧的哭鬧聲打斷）。
- 唱歌哄李奧入睡的恬靜時光二十分鐘。

一天中的這九十分鐘（一個半小時），我絕對不願意與其他事交換。當然，我會更樂意和朋友坐著邊喝咖啡邊聊天，也很希望和羅伯共進晚餐時寶寶能乖乖的別打擾，但這些小小的不完美，無損於這些時間的自主性質，更別說它們讓我有多開心了。發現兩小時目標觸手可及，這一點令我大開眼界——我**不需要**做什麼讓人生大轉彎的激烈改變。沒錯，我是得衡量一番，妥善安排行程才能達成這個目標，但一些簡單的小改變就可以讓我更快樂。比如透過防止工作期間分心而浪費時間，就能在工作時間內生產更多有意義的成果。也可以依據對**自己**的重要性，而非時間方便性，安排活動的優先順序。加上把家事外包，換得和李奧玩耍的時間。以及在與所愛的人分享生活中每一刻的時候，細細品味與喝采……也許我可以「全部」做到。羅伯可以等我們下次度假再打包行李了。

重點在時間

我對自身快樂的看法是對的：時間的確是我的最大挑戰。但我以前認爲這和時間量有關：只要每天能有更多空閒，我就能做所有想做的事，進而完成一切，也就能更快樂。不過有趣的是，圖表中二到五小時之間的平直區，代表在一個相當寬的範圍內，人擁有的自主時間量與快樂無關。這一點很重要，因爲這表示除了極端情況外，想對生活更加滿意，問題不在於所擁有的時間量，而是如何**支出**我們所擁有的。

所以眞正的問題不是要成爲時間富翁，而是該如何**豐富**你所擁有的時間。這張圖表清楚呈現了我大多數的研究一直以來所顯示的結論：想要更快樂，時間不只是一項挑戰，更是解決之道。時間是獨一無二的資源，只要投資得當，就能獲得良好，甚至是極優質的生活。只要你知道如何投資時間，**而且**確實投資，就可以讓生活更快樂。重點在於如何分配時間，以達成最重要的事——在你回顧人生中的那些日子、那些年，甚至是一生時，能感到充實滿足的那些事。另一個重點則是全然專注，使這些時光更爲快樂。

從一個商學院教授口中說出重點在投資時間，而不是金錢，也許有點奇怪。在MBA課程中，成功通常是由獲益來衡量，重點在於賺到多少，而且越多越好。我大多數學生之所以想取得MBA學位並進入商界，就是爲了賺錢，而且最好是賺得盆滿缽滿。不過也不只是一心從商的學生這麼想，我的研究團隊曾在一次調查中，詢問美國數千名各行各業、各收入層級的人士：他們想要有更多時間還是金錢？大多數人都選金錢。[21]但這個選擇也許並不正確。

據說汽車鉅子亨利．福特曾說：「企業必須獲利，否則就會倒閉。但純粹只爲獲利而營運的企業……也必然消亡，因爲它失去了存在的理由。」這段話不只適用於商業，也適用於個人。雖然人人都重視金錢，但是眞正能決定人生是否成功滿足的不是賺了多少錢，而是你花費的時間。[22]**是否有目的？是否值得你所投資的……時間？**

多年來，我主持過十多項研究，測試以時間而非金錢做爲關鍵資源的效應。結果相當一致且清晰：不管一個人有多少錢或時間，更關注時間都將帶來更高的快樂程度。重視時間更甚於金錢的人，對日常生活有更正面的感受，對人生也更加滿意。重視時間所帶來的獲益，累積自刻意以更佳方式投資——投資於更有趣、更有意義且符合個人價值觀的活動。如此說來，我倒也沒有太偏離商學院的根源，這本書**確實是**一本投資指南。只不過不是投資金錢，而是你最寶貴的資源。

更快樂的時光

每個人每天可供工作和玩樂的時間都一樣，不管如何精心分配，每個人一天都只有二十四小時，而投資風險重大。時時刻刻累積成一日，日日月月累積成一年，歲歲年年就累積成了我們的一生。花費時間的方式，定義了我們、我們所珍惜的回憶，以及後人如何記住我們。

人人都想要快樂，全球各地的人始終將它列爲最重要的追求。[23]這也不是近代才有，早在十七世紀，法國哲學家兼數學家布萊茲・帕斯卡（Blaise Pascal）就說：

「所有人都追求快樂，毫無例外，不管採取何種手段，都是殊途同歸。」[24]

快樂（心理學文獻稱它爲「主觀福祉」，定義爲日常感受到的正面情緒及對整體生活的滿意度）[25]很重要……至關重大。快樂不是放縱或無謂的追求，不是自私，也不是掛著一臉笑容，假裝一切都很美好。

這種基本情緒有著驚人的漣漪效應，可以讓你更堅毅，工作表現更好，對周圍的人更樂於付出。數十年來的研究結果證實，感覺快樂對職場表現和人際關係（個人及專業方面）皆有益處。[26]比方說，快樂可以提升動力、創造力，以及解決問題的能力——這些都有助於工作表現，也有助於度過工作以外的難關。[27]快樂讓我們更喜歡他人，也讓他人更喜歡我們。快樂讓人更善良，更樂於說好話、做好事、幫助他人。

快樂對我們本身也有**好處**，可以提升自身免疫力及對痛苦的忍耐度，使身體更能應對生理壓力源，同時也是長壽的重要預測指標。綜上所述，這些研究提供了無可辯駁的實證證據：快樂是活得更久更美好的關鍵。所以我們不僅是都想要快樂，也**應該**想要快樂。

這種時間與快樂之間的交互作用，驅動著我過去十多年的研究、近期的教學與本書，只希望能解答這個基本的人類問題：每一個人該如何徹底善用所擁有的時間？

自火車上那命運的一夜後，我持續進行研究，並將後續發現應用於自身，指引想法及對時間的投資。雖然現在行程表依然很滿，但我終於知道該如何化忙碌爲充實了。後來我決定離開華頓商學院，不過並未放棄學術生涯。雖然很欣賞同事也喜歡學校的活力，但我還是借鏡了研究成果，選擇了快樂。因爲嚮往更明亮的日子，我說動了羅伯搬家，而新家附近恰好是海邊。不過除非是在度假期間，否則我們也不會整日放鬆，現在家裡除了李奧還多了女兒莉塔，我們一家四口住在加州。

我現在是UCLA安德森管理學院的教授，因爲下定決心要將時間花得更有意義，於是我改變了教學方向——現在我教的是快樂學。受羅莉・桑托斯（Laurie Santos）在耶魯大學的「心理學與美好人生」大學部課程[28]，以及比爾・柏內特（Bill Burnett）及戴夫・埃文斯（Dave Evans）在史丹佛大學設計學院的「設計你的人生」課程啓發[29]，我發展出的課程名爲「將快樂學應用於生活設計」，教導MBA學生如何優化個人及專業生活。我將自身研究及其他領域如心理學、行爲經濟學、行銷及組織行爲學的研究成果去蕪存菁，用來幫助學生在日常生活及整個人生中精心安排時間，過得更快樂。

現在我把這套課程化爲這本書，爲了強調基礎研究——背後是數十萬數據點

——與你個人及生活的關聯，我會分享一些學生和朋友，以及許多我自己的小故事。這些故事都很私人，因爲時間本來就是私人的——它是我們日復一日存在的本質。也許這些經歷與你的並不相同，但我想你也許多少可以在這些人生經驗中觀照自己。誠摯邀請你與我一起踏上這趟旅程，每一章節最後都有摘要總結，鞏固一路上所學到的。我也會提供練習，就像要求學生做作業一樣，因爲這樣會更有幫助。全書一共有十幾道練習題，強力推薦實際做一遍，保證能立即感受到好處。做了這些練習，就像上了我的課一樣，而你也會跟我的學生一樣，感到更快樂、更有意義、與生命更加緊密連結。㉚

在後續章節中，我首先會破除時間匱乏的心態。在第二章中，我會幫助你明白，即使感到時間匱乏，你仍具足一切，能將時間專注在眞正重要的事上。重點會放在觀念上，以提升你的時間財富。我會幫助你有信心地決定如何運用時間，也就是衡量價值，而非只著重效率。

在第三章，我將帶領你做「時間追蹤練習」，這能幫助你找出哪些活動能帶給自己最多快樂，哪些活動則是在浪費時間——這些都能指引你如何更明智地投資時間。我知道，有些必要活動的確是不怎麼有趣（例如：家事、工作和通勤），在第四章，我會提供一些策略，讓這些可能白白浪費的時間更有意義。

不過，要善用時間，問題不單只是把時間花在何種活動上，你的用心程度也是關鍵之一，包括你如何進行這項活動與你從事時的心態。舉例來說，即使與心愛的人一邊聊天一邊啃起司漢堡配黑皮諾酒被我列爲最開心的活動之一，但如果和羅伯共進晚餐這件事變得太千篇一律，以至於我忘了它有多珍貴，或是因爲滿腦子都在想該做的事，而沒聽到他說了什麼，那我就是在浪費時間（也浪費了他的時間）。我錯過了那一刻能有的快樂。所以在第五章，我會提供一些策略讓你更能專注，而第六章則是移除分心事物的技巧——好讓你能充分運用自己所付出的**所有時間**。

你眼前還有大把時間可以過上快樂人生，但前提是謹愼支出，而不是漫不經心地揮霍。每一天的時間都是有限的，在第七章，我將分享在支出時採取主動積極而非被動的重要性——藉此讓你釐清哪些事最重要，哪些支出最能帶給自己喜悅。

値得注意的是，每一時刻並非各自獨立，並不是簡單地將不同時段加起來，就能得到滿意的一週。一週內的活動如何串連安排，對整體滿意度具有重大影響。在第八章中，我會鼓勵你將行程表視爲美麗繽紛的馬賽克，而你是藝術家。我會一步一步帶領各位形塑時間：挑選、安排間隔、排列馬賽克磚，設計出理想的一週，擴大歡樂時光的效應，同時將雜務最小化。你還會看到，雖然無法在任一小時內做到一切，但還是能以週、月、年爲單位，完成自己想要的一切。

在最後的第九章，我們會跳出專注於小時的模式，開始衡量全年及整個人生。採取鳥瞰觀點，有助於釐清你的價値觀，以及什麼是自己眞正在乎的，對你而言什麼最重要。這種更寬廣的時間觀點，會指引你如何花用今天的每一小時——確保自己能以最充實的方式度過這一天，好讓你在年年回顧時都能感到充實滿足，而非後悔虛擲時光。

有了這套以實證爲基礎的智慧，你將學會如何善用人生時光，一切都從更快樂的一小時開始。

本章摘要

★ 時間匱乏是指想做的太多而時間太少的強烈感受。

★ 自主時間**太少**（一天少於兩小時）會帶來壓力造成的不快樂。

★ 自主時間**太多**（一天多於五小時）也會造成不快樂，因為會累積出漫無目標的感受。

★ 除了這兩種極端情況外，你所擁有的自主時間量與快樂無關。快樂程度要看你如何運用時間。

★ 著眼於時間（而非金錢）可以增加快樂，因為這樣能促使你支出（時間）的時候更加謹慎——以更快樂且充實的方式。

★ 感受快樂是一項值得的追求——對你的工作、人際關係和健康都有益處，還可以使你更堅毅、更有創意，也更善良。

第二章
全世界的時間

你永遠無法「等到」時間做任何事。
想要時間，你必須主動爭取。
—— 查理士・巴克森（Charles Buxton）

來個快閃思考實驗：如果時間不夠，你第一個砍掉的行程會是什麼？

我很喜歡晨跑，跑步能提供我思考所需要的空間與時間，還有就是在大啖最愛的起司漢堡和香濃的巧克力甜點時能免除罪惡感。但晚上就寢前要設鬧鐘時，我無可避免地在腦海中預演明天授課前該做的事：叫孩子起床換衣服準備上學、準備他們的午餐和書包、幫李奧練習拼字測驗。我還要回十幾封學生的電子郵件，上課內容也要修改和演練。我要吃早餐。我**自己**也要換衣服，當天有課的話還要多花些時間吹頭髮，挑正式一點的衣服和配套首飾。再加上我需要大量睡眠。（根據研究結果❶和個人經驗，睡不到八小時我的腦袋會一片混沌。）最後我只能失望地接受現實：我沒有時間晨跑。

你呢？時間限制會讓你割捨掉一天中的哪些活動？我請了許多朋友接下面這個句子：「我沒有時間……」

「我沒有時間運動。」

「我沒有時間睡覺！」

「我沒有時間閱讀、寫作或思考……在疫情期間我甚至沒時間去洗頭！」

「我沒有時間用牙線。」

「我沒有時間看書、整理房子或是思考未來。」

「我沒有時間畫畫。」

「我沒有時間學音樂、看書或造訪親友。」

「我沒有時間運動或陪兒子踢足球。」

「我沒有時間（或精力）與孩子和伴侶深入溝通。」

「我沒有時間去做治療，連找治療師的時間都沒有。」

「我沒有時間給自己。有的話我會做什麼？嗯，我會慢慢地散步、看無厘頭的電視、吃零食、睡午覺和打電話給人聊聊。」

「我沒有時間冥想。」

「我沒有時間做色香味美的餐點。」

「我沒有時間打造自己的夢幻花園。」

「我沒有時間把事情都做好。」

這份清單上都是能讓生活更健康豐盛的事，是我們希望做到卻做不到的——

只因爲時間不夠。在時間不足的窘境下，我們經常會忽略照顧身體，省略運動或是沖澡的八分鐘……或是用牙線的一分鐘。我們沒有留時間給自己——好好休息、閱讀、思考和創造。我們忽視自己的興趣，以及能讓自己變得有趣的那些事。我們不再呵護重要關係，更別說投注時間建立新關係了。諷刺的是，讓生命得以延續的這項資源，恰恰也限制了生命。

半數的美國人和全球各地的數百萬人都有這種感覺。作家兼激勵講說家布芮尼．布朗形容現代是匱乏文化——即缺乏或不足。❷行爲經濟學家森迪爾．穆蘭納森（Sendhil Mullainathan）和埃爾達．夏菲爾（Eldar Shafir）合寫了一整本書講稀缺資源下的生存危機。❸而我認爲在這個無限連網又有無盡可能的時代，人們最大的困境是**時間**匱乏。時間不足，使我們無法做到最好或成爲最好。時間不足，使我們少做了些事，也少了些什麼。如前一章所說，時間不足會讓我們更不快樂。❹總之，時間匱乏限制了我們的生活品質。

少不是多

問過一輪朋友後，我決定探討時間匱乏對更廣泛、更具代表性的群體帶來的後果。我搜尋學術文獻，自己也做了幾項實驗，所得結果和之前的清單一樣令人憂心。很顯然，時間不足讓**每個人**都不好過。

在往下看這些結果之前請做好心理準備，因爲一開始會讓人很沮喪，不過知道我們通常會省略掉哪些事，才會更懂得對付限制效應。而且我保證在本章結束前，你會學到一些可行方式，能掌控並擴展你的時間——可以讓你擁有更多時間與更豐盛的生活。

少了健康

事實證明，我略過的事其實很普遍：時間不夠時，人們最常犧牲的是出門跑步、上健身房、上瑜伽課或報名飛輪課這些事。不論個人選擇何種運動方式，研究顯示時間壓力會讓人減少運動時間，而這對身體和情緒健康會有直接的負面影響。[5]簡而言之，省略運動只會讓自己更不快樂。

時間匱乏也會對其他健康相關的行為產生負面影響。像是忙到沒空吃新鮮食物、好好睡一覺或看醫生，而且時間匱乏的人更容易出現體重過重❻和高血壓❼，整體而言這些人較不健康。❽如果這些結果看來像是恐怖預言，別擔心——有我陪你。之前說過我經常因爲覺得時間不夠而放棄晨跑，而且發現在上班途中喝罐裝拿鐵和吃甜甜圈，**確實**比吃水果沙拉和蛋白來得快又方便。雖然我會挪出時間帶李奧和莉塔去做健康檢查，或是稍有症狀就帶他們去看醫生，但我自己身體不適時卻不會去就醫。雖然這些發現不是那麼讓人開心，但知道就是一件好事，因爲我很快就會告訴你可以從中學到什麼。

少了善良

時間匱乏不只會影響我們如何對待自己，一旦感到時間緊迫，我們就會變得吝嗇——減少給他人的時間。在匆忙時我們較不可能抽空關心剛換工作的朋友，或是爲身後慢慢走來的陌生人扶著門。即使是最具同情心的一群人也會出現這種吝嗇：神學院學生。約翰・達雷（John Darley）和丹尼爾・巴斯頓（Daniel Batson）在一九七〇年代做了一項經典實驗，他們要求一群神學院學生演說寓言故事「好心的撒馬利亞人」——一則《聖經》中的故事，述說一名好心路人停下腳步，救助遭搶劫毆打而倒在路邊的陌生人。但實驗裡有個小陷阱：在學生一一上台演說之前，其中一部分人被告知他們遲到了，所以時間不多；其他人則沒有收到這則訊息。在前往演說地點的走廊上，每個人都會遇到一名彎腰劇烈咳嗽的男子，這人很顯然需要幫助（但其實是研究人員雇用的演員）。研究人員記錄這些神學院學生是否會放棄自己的時間，停下來幫助這名男子（注意到其中的諷刺之處了嗎？）。被告知時間不多的學生明顯較少花時間幫忙。❾

我在一個針對大學生的簡單實驗中也記錄到這類行為。其中一半的研究受試者要寫下記憶中最忙亂的一天，以激起他們時間匱乏的感覺，另外一半人則寫下最空閒的一天。之後再一一詢問他們是否願意花十五分鐘，幫一名急需協助的高中生校對大學申請論文。結果顯示，與回憶起悠閒時光的學生相比，回想起匆忙感受的人明顯較不樂意撥出時間。❿

看出其中的模式嗎？當我們感到時間緊迫時，生活也跟著限縮了。但別緊張，這不是唯一的選擇，再談最後一個時間匱乏的負面後果，我們就來看解決之道。

少了自信

感到時間匱乏不但會讓我們少做一些事，也會對自己較沒自信。在一項實驗中，研究人員在期中考前兩週詢問學生，預測能考多少分與自信程度，然後在考試當天再度詢問同樣問題。研究結果顯示，與時間緊迫的情況相比，在還有大量時間可準備時，學生對自己的考試成績明顯較有信心。⓫遺憾的是，這種狀況不只出現在面對考試時，因爲時間匱乏會折損我們達成各種目標的信心。

根據社會心理學家托里．希金斯（Tory Higgins）提出的理論，人類有兩種基本動機：一是著重於達成正面結果，稱爲「促進定向」（promotion focus），另一則是著重於避免負面結果，稱爲「預防定向」（prevention focus）。⓬雖然每個人對促進定向或預防定向的整體傾向各有不同，但是情境（尤其是**時間**）也會影響人們看待目標的方式。如果時間還很多，我們通常會傾向促進定向。時間充裕能讓人信心大增，對所有自認能做到的事都更樂觀積極。只要時間足夠，我們可以心比天高！可是一旦時間有限（而現實通常是如此），我們就會倒向比較悲觀的預防定向。⓭要是任務迫在眉睫，我們只會一心想著失敗的可能性，進而因爲信心不足而降低標準。

於是在時間匱乏的情況下，我們只想矇混過關。

我和同事珍妮佛．艾克（Jennifer Aaker）及金格．派寧頓（Ginger Pennington），在消費者領域找到這種動態的證據。我們發現在購物時，有許多時間可慢慢挑選的人，最關注的是能提供「最佳」體驗的產品，以及標榜「最划算」的廣告。不過如果有時間壓力，最吸引消費者的就是還不錯又不太貴的商品。這種時間有限導致的期望降低，很能解釋爲何每年一月初你總是信心滿滿地打算用最別出心裁的禮物打動愛人，結果拖到二月十三日才買東西時，你的雄心壯志早就煙消雲散，想法從浪漫轉爲實際，挑的禮物只求能安撫對方。

別得過且過

終於要談好消息了！之前這些研究結果描繪出的愁雲慘霧並非全貌，因爲裡面沒提到一些極爲忙碌、時間緊繃的人士如何依舊保持自信、健康又善良。

「惡名昭彰的金斯伯格」就是一個很好的典範。除了繁重的最高法院行程，審理案件及書寫決定美國女權及醫療系統走向（及其他議題）的意見書之外，露絲．

貝德·金斯伯格大法官（Justice Ruth Bader Ginsburg）仍保持規律運動，八十高齡時她仍然每週數次請私人教練指導運動整整一小時。另一位我個人很敬佩的榜樣是我的朋友蕭莉，她在紐約負責一個非營利組織，專門訓練並安排必須負擔家計的婦女在食品業找一份安穩的工作，好讓她們能養家活口。除了工作要投入大量時間，蕭莉還得和身在金融業同樣忙碌的丈夫史考特，一同分擔教養五歲和七歲孩子的親職責任。即使幾乎沒有閒暇時間，蕭莉仍會抽空爲家人、組織和組織服務的眾多婦女以外的人做些體貼的事。有一天我意外地收到一本詩集和一紙鼓舞話語，是蕭莉寄來的。

沒錯，這些女人都很了不起，但是她們也和其他所有人一樣，一天都只有二十四小時。她們**沒有**多出任何時間，但也沒有砍掉這些值得的活動，所以這是怎麼一回事？

事情是這樣的。沒錯，客觀來說，每個人一天都只有二十四小時，而每一小時也都只有六十分鐘。不過我們對於時間長短的感受，卻是主觀得驚人。有時我們度日如年，有時又覺得時光飛逝。一段客觀的時間單位——一小時、一天、一年——有時**感覺**像是永恆，有時又像轉瞬之間。

俗話說：「緊盯之下的水永遠燒不開」，這是因爲等待的時間（即使只是短短十分鐘）總是格外漫長。但如果是和心愛的人告別，十分鐘卻短得令人心痛。開心的時光總是過得比較快，甚至有一份研究爲證。[14]

這種相對性十分重要，因爲一分鐘、一小時、一年、十年感覺起來有多長，會影響你如何看待擁有的是否「足夠」。別忘了，時間匱乏的定義是**覺得沒有足夠時間**做需要或想要做的一切。但請注意這條定義中有兩項主觀成分：第一，你想要和認爲需要做的事。第二，以你所擁有的時間完成所有事情的信心程度。接下來請容我稍加說明，好讓你知道該如何掌控時間財富。

為活動清單設限

拼圖的第一塊是你**認爲**可以、也應該構成自己一日的活動清單。值得一提的是這份清單的內容和長短是可變動的，所以可以隨意塑造。這裡的主要影響因素是科技，科技進步帶給人們多方面的好處，小巧到能隨身攜帶的智慧手機確實十分聰明，手機把世界置於指尖之下，讓我們有機會知道得更多、做到更多。整體而言，這很棒，但是必須當心，科技如何影響我們**認爲**可以、也應該做到的事項清單。

社群媒體

研究顯示，如果人們是利用社群媒體來維持現有的人際關係，這樣會提升心理健康。只可惜很多人花在社群媒體上的大多數時間，都不是用來與所愛的人互動，而是在看一些不怎麼熟的人或明星網紅精心拍攝、洋溢笑容的生活片段。由於人們習慣用與他人比較來衡量自己，所以這種用法就會助長寂寞、沮喪和害怕錯過等感受。⑮除了這些經研究證實對情緒健康的打擊外，我相信過度使用社群媒體也會使時間匱乏更加惡化。社群媒體日復一日地提醒我們，別人正做著你也能做到的事，因而在我們的生活中堆積出不合理的活動清單。

有鑑於此，增加可用時間——包括主觀與客觀上——的其中一個方法，就是減少滑手機的時間。這能有效減少你羨慕嫉妒地想著別人（精挑細選過的）幸福快樂生活的程度，而且能爲你省下實際的分鐘數，對許多人來說，一週累積下來可長達數小時。

隨選隨播

智慧手機除了讓我們更注意別人的動態之外，還提供了五花八門的活動選擇。新聞報導、電視節目、歌曲、TED演講、音樂課程、表演、教育研討會、博物館導覽……**這麼多**有趣的活動，我**們隨時**可以取得！一天的時間當然不夠，就連一輩子也都做不完！光是意識到這項顯而易見的事實就有所幫助，管理你的期望，有助於增加你體驗到的時間財富。

雜事

除了有太多以上這些我們**可以**且**想要做**的事在頻頻招手外，科技所提供的高效率，也提升了我們對**應該可以**做什麼事的期望。智慧手機不離手，讓我們覺得始終在「待機中」，即使當前正在做某件事——甚至是好不容易有點空閒時——也經常忍不住打開手機，分秒必爭地處理清單上的待辦事項。因爲家庭中通常是由母親負責記這些待辦清單，並完成其中大部分事項，所以母親通常會比父親更容易感到時間匱乏。[16]

這裡的重點在於，你對自己可以或應該做的所有事的想法，其實**只是一個想法**。想要納入**所有**可能是不合理的，而要選擇做什麼事，其實完全操之在你。在完成第三章的時間追蹤練習後，你就會知道自己的時間是被哪些活動占滿，哪些活動值得花時間，哪些也許可以外包，哪些又是白白浪費，最好完全刪去。

增加自信

現在來談時間匱乏定義的第二個部分：自信。也就是相信自己能完成目標的感覺。我近期最愛的書是由克蕾爾・史普曼（Claire Shipman）與凱蒂・凱（Katty Kay）合著的《信心密碼》（*The Confidence Code*），書中提到許多塑造（悲哀的是，對女性而言通常是削減）自信的因素。書中的要點之一是，你的自信程度並非固定不變，而是同樣會被影響——被你影響。所以在面對每日事務時，重要的是了解自己能做到什麼，進而減輕無奈感，這樣就不會覺得時間過於緊迫。身爲科學家，我當然有數據能證明這一點。「自我效能」（self-efficacy）一詞是指個人對能完成所有想做和認爲該做之事的信心。[17] 研究發現，當人們感受到較高的自我效能時，也會覺得時間較多。[18] 這一點意義深遠，因爲這代表你可以有意識且有效地操縱自己的時間財富。也就是，只要運用一些方式提升自信，你就可以減少時間匱乏的程度。所以讓我們來探索一些證實有效的策略，以提升自信，進而增加時間財富。

要更富裕，多才是多

擴展自我

太陽逐漸升起，我的呼吸與跑步鞋落在路面的節奏一致，我隨著耳機裡的音樂自在地前進。我享受這種釋放，感覺頭腦清晰，能面對今天發生的任何事，我**可以**做到，而且全部都能辦到。

之前我曾告訴自己，我顯然沒有時間跑步，但很高興自己還是這麼做了。為什麼呢？嗯，其實情況並沒有任何改變，只是我認定這重要到值得挪出時間，所以把鬧鐘提前了三十分鐘，好在孩子起床前趕回來。而且我也沒有錯失多少睡眠，因為我訂好鬧鐘後就立刻關燈睡覺了，沒有浪費時間看電視或多收幾封信。

跑回家門口踢掉鞋子後，我情緒高昂，迫不及待想展開這一天。跑步讓我能以不同方式開始這一天，不會一睜眼就陷入匆忙混亂的一天。跑步釋放了我的緊繃感，讓我更有自信，相信自己可以輕鬆地完成一切。回到家後我可以安心地慢下腳步，精神百倍地陪孩子吃早餐、到教室為學生上課。

雖然人們在時間不夠時經常犧牲運動時段，但運動經證實是一種提升自尊的有效方式。[19]結合我的研究，這代表花時間運動不僅對身體有好處：還能增加你**感覺**所擁有的時間。

順著這條實證思路，爲了提升學生的健康、快樂與時間財富，我派下一項作業，要求他們規律運動一週。現在，爲了幫助你感受到更健康、更快樂與時間更富裕，這也是我提供的第一項練習。

動起來練習

本週每天至少運動三十分鐘，在行程表裡劃分出時段，告訴自己一定要擠出時間。

很重要的一點是，你不必選擇會讓自己累到動不了的運動，別拿奧運等級的訓練模式嚇退自己。千萬不要求好心切而適得其反，只要讓自己動起來就好。你可以去戶外慢跑、報名飛輪課或上一節瑜伽。用走路上班代替開車，或打開音樂熱舞一番也行。

雖然我只要求學生這麼做一週，但建議你實行至少兩週，這樣才能真正開始感受到突破初始障礙後帶來的好處，也比較有可能養成規律運動的習慣。此外，我建議你挑一次運動完感到精力充沛的時候，寫下或以影音錄下當時的感受。下次你又覺得沒時間時就可以拿來提醒自己，其實你可以擠出時間，還有這真的很值得。

擴及他人

之前說過，在感到時間匱乏之時，我們經常會忽略關心他人。然而，幫助他人卻是有效（且令人愉悅地）提升自我效能的另一種方式。所以在同事柔伊・崔思（Zoë Chance）及麥可・諾頓（Michael Norton）的幫助下，我測試了爲他人付出時間，是否能讓我們感覺擁有**更多**時間。

我們募集了一群普通人，在一個平凡的週六做實驗，在早上時對一百多位受試者隨機發布一組指令。其中一部分人拿到的是「在今晚十點以前，請花三十分鐘爲某人做一件你本來沒有預設要做的事」。其他人則是「在今晚十點以前，請花三十分鐘爲自己做一件你本來沒有預設要做的事」。

當天晚上我們記錄每個人如何運用這三十分鐘，以及他們當下的時間富裕程度。在付出時間的人之中，有些人是爲認識的人做一件事（爲伴侶準備特別晚餐、幫鄰居家鏟雪、幫朋友拆浴室磁磚、寫信給奶奶），有些人則是爲陌生人做一件事（撿拾附近公園的垃圾）。至於保留時間的那些人，有些人把時間花在寵愛自己（來場泡泡浴、做美甲），有些人則是用來放鬆（看一章小說、看電視）。

値得注意的是，要準備一頓特別的晚餐，花的時間不止半小時，而大部分的電視節目時間也是。事實上，在兩種實驗設定下，受試者花在對他人（或自己）好的時間，都遠超過我們的要求。不過，我們最主要的目的不是想知道每個人花了多少時間，而是他們隨後感覺到自己擁有多少時間。因此，我們請受試者以一到七分，評估他們覺得時間是緊迫或寬裕。結果發現比起保留時間的人，付出時間的人普遍認爲擁有更多時間——不論他們花了多少時間。很有意思，對吧？

在另一項研究中，我們以更嚴格的標準，測試這種付出時間的好處：獲得一段「意外空檔」。在一小時的實驗室時段結束後，部分受試者被安排多留下十五分鐘幫一名高中生校對申請大學論文，其他人則可以提早離開，也就是獲得「額外的十五分鐘」自由時間。比起得到十五分鐘意外空檔的組別，花時間幫助他人的組別後續回報擁有更多「空閒時間」。

直覺告訴我們，把時間用在自己身上，或是得到意外空檔應該會讓我們有更多空閒時間。然而，現在我們已經明白自信在時間匱乏體驗上的角色，再加上柔伊、麥可和我所蒐集到的資料證明，花時間在他人身上可提升自我效能感，這項發現不只是有道理，同時還是對抗時間匱乏感的有力工具。

這些結果，加上索妮亞．柳波莫斯基（Sonja Lyubomirsky）做好事可直接影響快樂的研究，引出了下一個練習。[20]

隨機善行練習

做好事可以讓人感覺很好。本週請找時間隨機做兩件好心的舉動——為朋友或認識的人做一件事，再為陌生人做一件事。這些舉動可大可小，可隱身幕後也可光明正大，可以是事先計畫也可以是隨興而至，付出的可以是時間或金錢，這兩件事也可以不一樣。

這一切完全由你決定，不過這裡提供一些點子來激發想像力：在咖啡店為人買單、讚美他人、協助他人（以超乎一般預期的方式）完成一項任務、主動幫人帶美味的飲料或點心、留一朵花或一張貼心的紙條、辦一場驚喜派對……

不管做什麼，唯一的目的就是讓別人開心，別去想或預期這些舉動會獲得回報，像是被感謝或未來有什麼好處。奉獻一點時間去付出，不求任何回報。

在你開始把**全部**時間都給出去之前，請記住以下重要警語：別付出**過多**時間，結果耽誤到自身效能。一項後續研究提出了這則警訊。我們請受試者回想某次花

「太多時間」在他人身上——以至於沒能完成自己要做的事——後續他們所感受到的時間財富少於回想起只花了「一些」時間的情況，而且與回想起「浪費時間」的組別感受到同樣程度的時間匱乏。[21]這些結果呼應了身爲長期照護者的剝奪效應研究，對他們來說，付出時間是沒完沒了、不得喘息的責任。[22]所以，簡而言之，要想付出時間來得到時間，你不能給出太多，以至於自己分毫不剩。再者，你得是心甘情願地給予——而不是被要求。所以在你大手筆支出之前，請捫心自問：你是甘心**付出**，還是被**奪走**了時間？

我們現在得知，雖然一般人在感到時間匱乏時會變得吝於付出，但如果能停下腳步，花半小時打電話給朋友關心她的新工作，或多等幾秒鐘幫別人扶著門（甚至是在那人經過時讚美一句），不但會感到更快樂，也會覺得時間更充裕。

終極擴展

對我而言，大海一直有一種獨特的魅力，眺望太平洋時，我會感受到終極的連結，那些將我劃定爲個體的邊界似乎都消融了，那種感覺不只是與另一事物連結，而是其他**全部**，是……萬物。我之所以分享這種靈性體驗（其實挺尷尬的），是因爲對我而言，這會引起敬畏。設法進入這類經驗，能擴展時間感。在這種敬畏時刻，一切都不再是限制——更不用說一日行程這種瑣事了。

梅蘭妮．羅德（Melanie Rudd）、凱絲琳．沃斯（Kathleen Vohs）及珍妮佛．艾克研究了此一現象，檢視爲何感到敬畏會影響時間財富。[23]在一項研究中，她們證實了比起回想快樂事件，再次想像引發敬畏的事件，能讓人感到較不匆忙，也使其行爲變得像是擁有更多時間——更樂於爲慈善奉獻時間。

我承認「敬畏」聽起來有點難以捉摸，但其實這有很明確的定義：當你接觸到在感知上無限遼闊的事物時所引發的感受，因而改變了你對世界的看法，至少在當下如此。[24]根據前述研究，這是**可以**做到的。九八%的受試者，在被要求回想一件感到敬畏的體驗時毫無困難，此外，他們所回想起來的這些事件，也指引了我們尋找的方向：

1. 社交互動

敬畏通常來自一般意義上的連結感，所以一個很好的著手處就是與另一個人建立深層連結。不管是透過溫柔的身體親密、醍醐灌頂的談話、或是懷抱新生兒，人際關係使我們超越自身——與他人心意相連。

2. 大自然

不管是眺望海面、仰望星空、或在微涼的秋天欣賞葉片換上的暖色，大自然的無窮無盡，總能化解日常壓力。光是身處自然之中就能讓我們更快樂，它邀請我們更深長地呼吸。㉕

因此，即使你不住在國家公園旁邊，也不能開一小段路就到海邊，還是要找機會出去走走。像是到附近公園散步、抬頭看看月亮、留意黎明或黃昏時的霞彩，這些都能讓你感到不那麼匆忙。

3. 藝術

探訪人類創造的世界奇景。我還清楚記得剛進哥倫比亞大學時，被當時在紐約現代藝術館展出的梵谷畫作《星夜》大爲震撼。那時我匆匆趕到館內找到那幅畫，急著做筆記應付下週一要交的短論文。

但一站到畫前，看到梵谷筆下漩渦狀的星夜時，我心中爆發強烈的喜悅。我感動到完全忘卻了時間、作業繳交期限和另外三個懸在心頭的時限，一切都完全被我拋諸腦後。

最近我也有類似的擴展體驗，那是在好萊塢露天劇場，聆聽活力四射的張弦指揮貝多芬第九號交響曲。那天我趕著下班，穿越洛杉磯驚險的交通陣仗，等到了音樂會和朋友會合時我已經累壞了。指揮上台時我還在擔憂地掃視人群，想著結束後該怎麼迅速離開，才能及時趕回家準備明天早上的會議。但當樂團開始演奏，樂聲流洩於夏日氣息之中時，我忘卻了所有煩惱。當最後一個音符落下，觀眾掌聲如雷，我也激動不已地起身喝采，精采絕倫。

4. 成就

從別人的成就裡，我們也能獲得極大激勵。運動員令人驚嘆的表現，科學家意義重大的發現，都足以開拓我們的眼界，知曉在人們的才智與投入下有著何等可能性。在聽同事安德烈婭．蓋茲（Andrea Ghez）談她獲得諾貝爾獎的發現：在我們的銀河系中央存在超大黑洞時，我就覺得滿心敬畏。人能做到的事眞的無可限量，別忘了，只要花一點時間動動身體或幫助他人，你也能體會到可以做到的事比你以爲的更多。

在世界及身邊的人身上尋找敬畏，有助於減輕匱乏感、提升豐盛感。在後續章節中，我將提供明確策略，將這些充實體驗融入你的行程表。這些體驗很值得你挪出時間，因爲效果立即且持久，會深深刻印在你的腦海心底，每當你感到忙亂緊繃，想有更多時間時就可以再次回味。

時間也是稀缺資源

如同金錢，時間也是稀缺資源。但和金錢不同的是，每個人的起始額度都一樣——一天能使用的分鐘數和時數都一樣。但對大多數人來說，感覺時間就是不夠。不夠活出我們眞正想要的生活，不夠讓我們成爲最好的自己——健康有活力，和善對待家裡、辦公室和社群的人，關心自己和個人興趣，或是感到有充分能力把一切做好。

但看完這一章後，你現在知道所謂的時間匱乏，其實深受想法影響。完全是看你**認爲**哪些待辦事項最緊急，以及你是否**感到**有信心能把事情做完。這種自我效能感不只是你對自己能做到什麼的信念，更直接影響你能做到什麼：你把時間花在哪裡——這又回過頭來影響你的自我效能感和快樂。這是一個正向循環。把時間花在讓身體動起來、和他人連結、或是與世界有更深的連結，對提升自身信心的效果好得驚人。

當然，你也許早就想到，運動、幫助他人、接近大自然有這樣的好處，但你可能不清楚這些活動對自身觀感及時間感受有什麼樣的影響，也就不知道你對自身擁有的時間握有何種主控權。現在明白了這些因素，也知道該如何運用才能提升時間財富，你就能讓自己更富裕。奇怪的是，正是透過付出（而非減少），你才能大幅地增加體驗到的財富。

目前爲止，對抗時間匱乏的建言都是要我們「少做些」，但對我們這些希望人生「多一些」的人來說，這項方針不是特別有用。幸好，我所分享的研究容許你心懷壯志，而不是得過且過。同樣令人振奮的是，你不需要付出過多才能獲得更多，只要精明的小投資就能有大大的回報。

本章摘要

★ 時間匱乏會帶來負面結果，讓人少了健康（較少運動）、少了善良（較少幫助他人）、少了自信（害怕失敗而非對成功抱持樂觀），也少了快樂。

★ 但時間匱乏是主觀的，你可以透過一些事，讓自己感覺擁有更多時間。

★ 要提升時間充裕感，可以花時間做能夠提升自信及有自我效能感的活動。

★ 動起來：運動不只能提升自尊，還能直接改善心情。

★ 練習做好事：幫助他人不但能減輕時間匱乏感，感覺也很棒，別人的感覺也會很棒。

★ 體驗敬畏：在社交連結、大自然、藝術及人類成就中尋找敬畏，可以擴展自身及對時間的觀感。

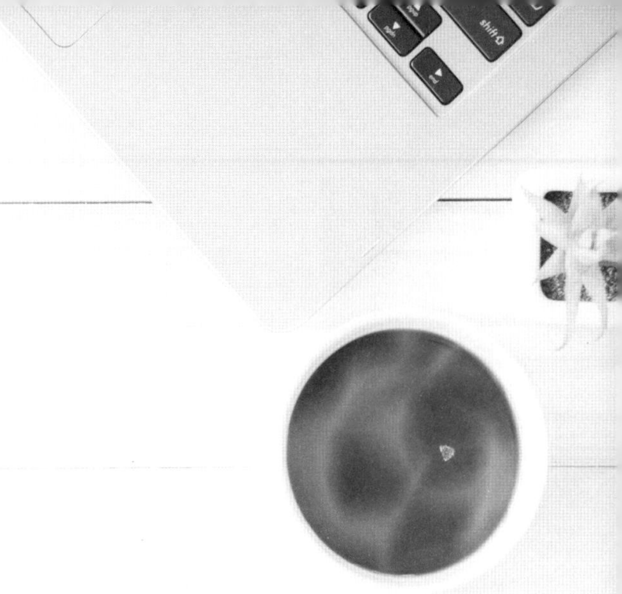

第三章

更聰明地支出

人們決定要有多快樂，就能有多快樂。
—— 亞伯拉罕・林肯

從小大家都叫我快樂小姐，事實上我也總是歡天喜地到有點傻氣的地步。不過說真的，我的人生的確有許多值得開心的事，我在很多方面都很幸運——從基因決定的性情到人生際遇，以及我自己的童話故事。

在二十七歲生日不久後，我的白馬王子向我求婚時，我喜極而泣。故事的開端是我倆十二歲時，在英國倫敦一處遊樂場兩端害羞地相視而笑。後來我們全家旅居海外的冒險結束，這段感情看似也將無疾而終，但十年後我打開信箱看到了他的名字，他還記得我！在臉書還沒出現的年代，他費了一番功夫找到了我。

我當然立刻回覆了他的電子郵件，在飄飄然地魚雁往返了幾個月後，我們決定再次見面。他從維吉尼亞州開了五小時車過來，我從格林威治村走了幾條街，相隔十年後，我們在蘇活區的十字路口再次羞澀地相視而笑。幾週後他就搬到了紐約，之後我們一起搬到灣區讀研究所。那天在帕羅奧圖的車道上倒車出門時，我還笑容滿面——車上裝著婚紗、週末活動的服裝、蜜月的泳裝，我要提前一週到聖地牙哥處理婚禮的最終細節。我正準備出發時手機響了：「凱西，我還沒準備好結婚。」

在那當下，破碎的不只是我臉上的笑容，還有自己腦海中描繪的美好未來，我的童話結束得猝不及防，一點也不幸福快樂。心碎、羞辱驟然來襲，我還得擔負一個悲傷（且昂貴）的任務：退訂精心安排的夢幻婚禮。茫然無措之下，我繼續倒車出了車道，開了七小時車到聖地牙哥。停車加油時我哭到難以自持，看到旁人猶豫是否該上前安慰，更讓我覺得難堪，掛著眼淚試著向他們保證我沒事。生平第一次，我一點也不好，非常不快樂。

雖然那時我已經開始在博士班研究快樂，但從來不曾質疑過自己的，而在後來數月的沮喪之中，我開始透過新眼光去回顧現有文獻。我想知道是什麼讓人快樂，還有自己能做什麼好重拾歡笑。後來我在索妮亞．柳波莫斯基的《這一生的幸福計劃》中找到答案與希望，透過分析目前的快樂學，她歸納出有三大因素，決定人們在日常生活及生命中是否能體驗到快樂。❶

其一，快樂有很大一部分是由個性決定。也許在多年來和各式各樣的人打交道之後，你早已猜到這件事，不過針對雙胞胎的研究證明了這一點。透過檢視擁有相同ＤＮＡ的雙胞胎，研究結果顯示，每個人的正向性生來就各有不同傾向。❷有的人天生就是會盯住杯子半空的部分，有的人則是本能地關注杯子半滿的部分。幸運的是，基因遺傳讓我很容易看到水分飽滿的世界，但在被未婚夫拋棄後，我的杯子全空了，就算再努力想開心，也挽救不了這段關係。感受到這種不快樂有多深刻，迫使我醒悟不該完全仰賴天性去重拾笑顏往前走。

我被迫面對一項殘酷的現實：壞事會發生，每個人都可能遇上。也許有點諷刺的是，在結婚前夕前被拋棄，才讓我深刻領悟到這一點。這個情境遜到被丹尼爾·吉爾伯特在《哈佛最受歡迎的幸福練習課》裡拿來當例子，說明人們所期望的終究令人受創最深。當然，這只是一個不幸的例子，在世界上和生命中還有太多其他例子。每個人都曾經，或將會，遇到將自己完全擊垮的狀況。

但命運不會只發出壞牌，我們身處的情境也許是幸運的。柳波莫斯基的分析指出，外在生活條件——包括收入、外貌、婚姻狀態等變數——的確具有部分影響力。一般人大多以爲坐擁財富、外形出眾、步入禮堂，就是「從此幸福快樂」的祕密，但這些外在條件對事件之後的快樂，影響小得令人訝異。❸事實上，我開的課頭兩堂，全都用在分享眾多研究證實的一點：贏得樂透或結婚等重大事件，對整體幸福感的影響，明顯比人們預期的少且短暫。❹

得知突然被拒婚的情緒衝擊不會永久持續，雖然讓我稍感安慰，但還是不滿意。這些因素暗示著人們的生活是否快樂，完全由機運決定。沒錯，我生性樂觀算是抽到好牌，但不是每個人都這麼幸運，而我現在也面臨了情境壓倒天性的難關，我不能接受有些人生來就是只能坐困愁城。再說，我也體悟到，就和所有人一樣，我的處境不可能總是一帆風順。幸好柳波莫斯基的分析裡，還提到了另一項因素。

個性影響重大，外在條件的影響則是意外的小，除了這兩者外，快樂還有一大部分取決於我們的刻意想法及行爲。❺意思是我們有意識地去想的和**去做的**，對快樂有重大影響。不論處境是幸或不幸，都可以有意地把時間花在可提升日常愉悅及生活滿意度的事情上，我們的確擁有部分控制權。此外，一旦知道該**做什麼**——並透過一再練習——不但能幫助天生暴躁的人找回生活中的喜悅，也能幫人度過最難熬的關卡。

快樂遭受考驗的這件事，反而讓我最後變得比以前**更快樂**。我肯定了自己的始終樂觀不只是命好的天真，知道了自己對生活的感受不是只受機遇決定。因爲這件生命中無庸置疑的**不快樂**事件，我明白了與其仰賴個性讓自己是快樂的，或期待外在事件讓自己快樂，我大可**創造**快樂……我可以讓自己快樂，你也可以。

快樂是一種選擇。我們如何運用每一小時、度過每一天，決定了生活中能享受到多少快樂。所以，現在的問題是，你該如何運用從起床到就寢的每一時刻，活出更美好、更快樂、更豐盛的生活？

時間追蹤

如果我問你，一天之中最喜歡的活動是什麼，而你回答看電視放鬆，那我一點也不意外。這合情合理：忙了一天，你非常期待晚上能一杯葡萄酒在手，打開Netflix犒賞自己。但是，如果我在晚上十點半，你正看到第三集後半時傳訊息提醒你，已經過了上床時間半小時了（你高度期待的沙發時間已持續兩小時半），你大概會覺得很煩，然後不予理會。你累了，對於被打擾感到不耐煩，很想知道接下來的劇情，也許對整晚耗在電視前又有點罪惡感。有時候——甚至是經常——我們對於什麼能讓自己快樂的預期，與事情實際發生時當下的感覺並不一致。

眞相是，以爲自己單憑直覺規畫就能求得愉悅滿足，結果往往不如人意。其實要想正確地找出哪些活動最能讓你快樂，最好的方式就是追蹤記錄你如何運用一整天的時間，以及當時的感受，持續記錄一到二週。這項練習所得的資料，可供仔細評估你**以爲**會帶來快樂的事，眞正帶給你的是什麼。

時間追蹤練習

Part 1：追蹤記錄你的時間

要追蹤記錄時間，首先你要在紙上畫出清醒時刻的時間表，以半小時為單位。你也可以直接到「圓神書活網」列印樣版表格：www.booklife.com.tw/baike-detail/3/1760。請用這張表格記錄一天活動，每半小時記錄兩件事：（一）你做了什麼，（二）你感覺如何。請見【圖表3-1】範例。

為了讓練習達到最佳效果，在記錄活動時要盡可能明確，這樣之後分析時就會有更多資料可用，要將活動分門別類時也會比較容易。舉例來說，不要只寫籠統的「工作」，最好是寫「回覆電子郵件」或「準備報告內容」或「員工會議」，明確寫出自己做了什麼事。不要只寫「家庭時間」，最好是寫你和誰在一起做了什麼事。

除了記錄如何使用時間外，你還要記下當時**感覺如何**。我在表格中加了一欄讓你量化感受，為了正確捕捉不同活動下的情緒體驗，請用一到十的分數標記做每一項活動時有多快樂（一分是一點也不快樂，十分是非常快樂）。

在打分數時，請用最廣義的「快樂」定義——整體活動的正向性，包括感到躍躍欲試，或是愉悅的平靜。❻你對活動的投入程度，或是否能加深連結感——與某人或社群或整個世界，這些也請考慮進去，以及活動本身是否提供成就感或信心。根據正向心理學家馬丁．塞利格曼（Martin Seligman）的說法，以下這五項因素——正向感受、全心投入、關係、意義與成就——都是真實快樂或「圓滿」（flourishing）的面向。❼在評定每項活動的快樂程度時，請把這些都納入考量。

這些快樂分數也會同時呈現光譜的負向端——哪些活動讓你**不快樂**。這些負面感受也是形形色色：焦慮、挫折、悲傷、耗損、愧疚或低落。發現自己給出低分時別灰心，每個人多少都得參與自己不喜歡的活動，但認出哪些活動你不喜歡，是打造更快樂時刻的關鍵步驟。這份認知讓你之後能深入挖掘並處理潛藏的不快來源，也能指引將來如何支出時間的決定，你甚至可能選擇完全避開這類活動。重點是評分的時候一定要對自己誠實，分數應該反映你在活動時的**實際**感受，而不是你期望自己該有的感覺，或是你是否「喜歡」這份活動的籠統信念。

為了保證評估更加精確，理想做法是及時記錄日常活動。不過如果你連續數小時都來不及記錄也別擔心，不要緊的（你在忙嘛）。只要有空時補上就好，回想一下自己做了什麼事和當時的感受。但請記得一點，你拖越久才記錄支出，評分時的依據就越可能偏向籠統信念，而非當下投入時的實際感覺。

試著追蹤記錄一到二週，畢竟不是每天或每週都那麼典型，拉長記錄時間比較能將構成你典型一日的所有活動全盤納入。

時間追蹤練習表下載

圖表 3-1

	星期一		星期二		星期三		星期四		星期五		星期六		星期日	
	活　動	☺	活　動	☺	活　動	☺	活　動	☺	活　動	☺	活　動	☺	活　動	☺
5:30AM	睡覺		睡覺											
6:00AM	跑步	8												
6:30AM														
7:00AM	準備上班	4	準備上班	2										
7:30AM														
8:00AM	通勤	3	通勤	2										
8:30AM	電子郵件	4	電子郵件	3										
9:00AM														
9:30AM			和客戶開會	5										
10:00AM	準備簡報	6												
10:30AM														
11:00AM														
11:30AM														
12:00PM	和同事吃午餐	6	在公司吃飯	4										
12:30PM			策略筆記	3										
1:00PM	同事會議	5	同事會議	4										
1:30PM														
2:00PM														
2:30PM														
3:00PM	準備簡報	6												
3:30PM														
4:00PM			準備簡報	5										
4:30PM	電子郵件	5												
5:00PM														
5:30PM	通勤	3												
6:00PM	採買和辦事	6	通勤	4										
6:30PM			看電視	7										
7:00PM	煮晚餐	7	和朋友約吃飯	9										
7:30PM	吃飯	7												
8:00PM	清理	5												
8:30PM	看電視	8												
9:00PM		7	看電視	5										
9:30PM		6												
10:00PM		5												
10:30PM	準備睡覺	4	準備睡覺	4										
11:00PM	睡覺		睡覺											
11:30PM														
12:00AM														
12:30AM														
1:00AM														
1:30AM														

研究

這種利用記錄日常活動來找出最快樂活動的方法，不只出現在我的課程裡，學術研究人員早就在運用這種技巧。其中一人就是榮獲諾貝爾獎的行爲經濟學家丹尼爾·康納曼，他和團隊在一項知名的研究中，針對約九百名職業婦女，追蹤記錄她們日常體驗到的情緒起伏。❽成果是一份十六項活動的清單，除了現代的社群媒體使用外，精確地呈現了具代表性的日常活動，以及各個活動的平均愉悅值。我把這項研究成果畫成【圖表3-2】，圖中呈現各項活動、活動花費的相對時間（以圓圈的大小表示），以及各項活動產生的相對愉悅值（由標記爲「有趣」的垂直軸上位置表示）。這是很有用的情報，因爲知道人們眞心喜愛做哪些活動後，你對自己的時間運用會看得更加清楚。

所以，什麼活動最受人喜愛呢？最能引發正向情緒的，通常是有社交連結的活動。數據清楚呈現，平均而言，人們最快樂的時候是身體親密，以及與家人朋友交流。近期針對更大、更有代表性的樣本（包括男性及無工作者）所做的研究結果，也呼應了這項發現。❾之後我會更深入探討社交連結帶來的豐盛喜悅（甚至對內向者

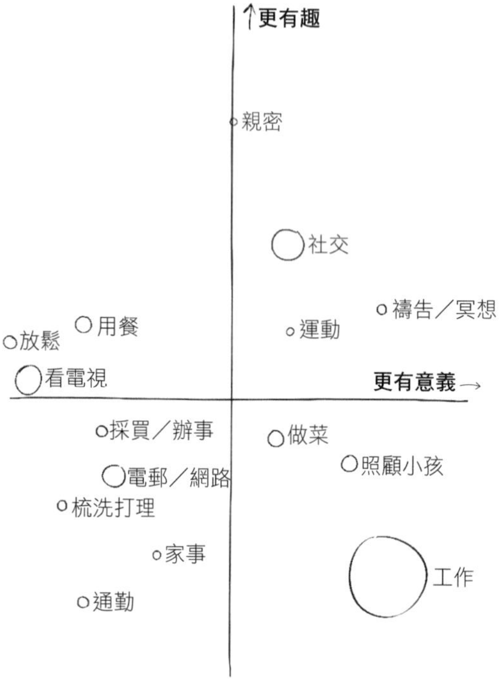

圖表 3-2

亦然），也會提供一些建立社交連結的訣竅。不過目前爲止，結論很關鍵且清晰：和所愛之人度過的時光通常是最快樂的。

了解光譜的另一端也同樣重要：知道哪些日常活動是人們**最不**喜歡的。康納曼的研究發現，最負面的一些活動，很不幸地，占了日常生活的大半時間。就愉悅度而言，最糟的活動通常是通勤、工作和家事。這項結果不是只出現在康納曼研究的九百名職業婦女身上，不管在哪一類群體，人們回報最不快樂的時刻，都是上下班時間、工作期間，以及做家事時。

值得注意的是，目前爲止我只談了圖表的其中一個面向：代表樂趣的垂直軸。這是因爲康納曼團隊的數據只提到愉悅度，而那只是快樂的一角而已。在時間追蹤練習說明中，我鼓勵你從快樂的**所有**面向來評估活動的整體正向性——包括有意義的程度。從個人經驗中你應該也注意到了，快樂不只是當下的愉悅，即使某項活動你並非每一分鐘都樂在其中，但花時間做成一件事的感覺還是很棒。登山客（我本人並不是）追求登頂的喜悅，就是很好的例子。❿或是選個不那麼戶外風的情境，努力準備簡報也許不是一件好玩的事，但你不是因爲這件事本身有趣才這麼做，你之所以投入時間，是爲了之後不會在聽眾面前出糗。對了，我也可以告訴你，第一百萬次把我女兒和她嶄新的洋紅色小單車推上坡，眞的累斃了，但看著她終於騎穩，順利地滑下坡安全停住，我倆都忍不住露出大大的笑容。

身爲目標導向的物種，我們的動機不只是愉悅本身，成就也能讓自己滿意欣喜。⓫有明確目標的活動對我們來說就有意義，而這種意義感能讓自己感覺良好。意義和快樂，在我們的體驗中其實密不可分。⓬舉例來說，我的團隊做過一項研究，證明當人們感受到較高的意義感時，也會感到更快樂。既然我們都想把時間花在能產生更多快樂——讓我們覺得更愉快**且**有意義——的事情上，那該如何運用時間呢？

為了探討這個問題，兩位歐洲學者馬修．懷特（Mathew White）和保羅．多蘭（Paul Dolan），做了另一項時間追蹤研究，對象是六百二十五名成人（包括男女及有無工作）。但除了衡量每一活動的愉快度，他們還另外衡量了活動的意義度。[13]我把這項研究結果融入康納曼團隊的數據中，增加了意義面向繪成【圖表3-2】。從數據點大致往右上方斜升的趨勢可以看出，有趣的活動**通常**也較具有意義，而有意義的活動**通常**也比較有趣。的確，社交既有趣又有意義，通勤既無趣又沒什麼意義。

不過，有幾個值得注意的例外。工作雖然讓人感到較無趣，但平均而言具有高度意義。看電視雖然一開始很有趣，但也讓人覺得不太有意義（所以你窩在沙發上兩小時半被我提醒時會有罪惡感）。請注意，這兩組數據都是在智慧手機出現前蒐集的，因此圖表中沒有呈現滑社群媒體的時間。不過使用社群媒體在現代是如此普遍的活動，了解其與情緒的關聯會很有幫助。所以我蒐集了所有學生的時間追蹤作業，事實證明使用社群媒體與看電視類似——只不過更無趣且更無意義。這與其他研究所得的結果相符，即花在社群媒體上的時間，與自尊呈現明顯的負向關係。花

較多時間在社群媒體的人，明顯對自身及整體生活感覺更糟。⓮

總而言之，時間追蹤研究指出有三類活動：

- 快樂時間＝既有趣又有意義（例如：社交連結）
- 尚可時間＝可能有趣（例如：看電視）或有意義（例如：工作），但通常不會兩者兼具
- 浪費時間＝既無趣又沒意義（例如：通勤……也許還有滑社群媒體）

這項研究透露出許多訊息，它告訴我們一般人做某一活動的平均時間及平均快樂程度。但這裡面有很多平均，事實上，人與人之間，甚至是個人在不同時刻都存在差異。⓯這一點大家都心知肚明，有些人就是特別偏愛某些活動。就像我很愛運動，出門跑步對我來說就像獎勵，但我兒子卻痛恨跑步，只把它當成一種能快點到另一地方、既不舒服又不便利的方式。此外，你做某一活動的愉悅程度也不會每次都一樣。舉例來說，如果是在週三晚上急著上菜讓家人吃，那準備晚餐就是煩人的家事。但如果是在週五晚上，放著音樂，手邊一杯葡萄酒，一邊和伴侶聊天，那

準備晚餐就是件樂事。這就是爲什麼實際做一遍時間追蹤練習很重要，這樣才能知道，你有多喜歡**哪些**活動。做完之後你不但會更清楚自己目前是如何運用時間，還能辨認出活動的哪些特徵讓你覺得較喜歡或不愛。

找出你的快樂時光

現在讓我們回到時間追蹤練習，一步步分析你的個人數據，這裡一共有三項關鍵步驟：

1. 找出讓你最快樂的活動。
2. 找出讓你最不快樂的活動。
3. 尋找這兩組活動各自的共同特徵。

時間追蹤練習

Part 2：找出讓你最快樂和最不快樂的時間

在著手分析之前，請先蒐集所有填好的時間追蹤表格，這就是你要分析的資料。

第一步是掃視所有資料，找出以滿分十分的快樂量表來評分時，最高分的三項活動。如果有超過三項以上的活動同分，就一起寫進清單裡。不過總數最好不要超過五項，因為這樣會比較難確定你真正的快樂來源。

最快樂的活動：

1. ______________________

2.

3.

再來，探討最快樂活動的清單，標注出哪些方面讓你覺得特別正向。還記得小學一年級時，老師教的名詞定義嗎？人、地、物。翻轉一下，以此為檢視的框架，依以下類別寫下活動特徵：

- 物：這是什麼類型的活動？例如：是公事或私事，是積極或悠閒等等。
- 地：你當時在哪裡？你在家或在外面？氣溫如何？環境吵鬧或安靜、明亮或陰暗、乾淨或混亂？你置身在自然之中嗎？
- 人：活動的人際或社交本質是什麼？比如你是獨自一人嗎？還有誰在場？是只有一兩個人還是很多人？你跟這些人熟嗎？互動是正式還是

非正式的？談話過程如何——是提供資訊還是吐露心情？——你是領導者、參與者還是旁觀者？

最快樂的活動第一名：

物——

地——

人——

最快樂的活動第二名：

物——

地 ＿＿＿＿＿＿

人 ＿＿＿＿＿＿

最快樂的活動第三名：

物 ＿＿＿＿＿＿

地 ＿＿＿＿＿＿

人 ＿＿＿＿＿＿

現在請從這份特徵清單中找出共同點，你最快樂的活動有哪些共同特徵？請寫下來。

最快樂活動的共同點：

分析完最快樂的活動後，再以同樣方式分析最不快樂的活動。掃視你的時間追蹤資料，但這次請列出三到五項最負面的活動。之後再一一寫下人、地、物的特徵：這是什麼類型的活動？地點在哪裡？跟誰在一起？最後再尋找這些特徵中的共同點，寫下來。

最不快樂的活動：

1. ____________________

2. ____________________

3. ____________________

最不快樂的活動第一名：

物 ____________________

地 ____________________

人

最不快樂的活動第二名：

物

地

人

最不快樂的活動第三名：

物

地

人

最不快樂活動的共同點：

在分析自己的時間追蹤資料時，我觀察到兩件令自己驚愕的事。其一，我發現身處明亮的環境才能讓自己心情好。也許這不是那麼令人意外，畢竟我從小在陽光充沛的聖地牙哥長大，但令人驚訝的是就連在費城生活時，這一點還是一致得出奇：我最快樂的活動要不是在戶外開放空間、靠近大窗戶、在淡色系房間，不然就是在辦公室的擬日光桌燈下。有部分也是因爲這份認知，才讓我下定決心離開賓州大學的職位，改到加州大學洛杉磯分校任職——在這裡我可以有更多時間沐浴在**眞正的**陽光之下。

在分析活動的「人」特徵時，我有更深的體悟。我非常喜歡與他人共事，但很顯然**唯有在**這些活動涉及一對一談話的情況下——無論是與朋友、同事或陌生人。若有機會問問題，眞正地去更了解一個人，我就會覺得這個活動很有趣、吸引人、有連結、有意義**且**值得——足以打到滿分。不過，要是活動裡只有漫不經心的閒聊，通常就會被我打上極低的分數。可以想見，這對指引我如何以更快樂的方式投資時間，會有多大的幫助。

所以，趁著還記憶猶新，趕緊寫下你在分析過程中的體悟。問問自己，有哪些觀察對你來說是**千眞萬確**，只是自己以前從來沒注意到？

多年來我帶領不計其數的學生做這項練習，即使有我自己的例子，但在見證他們觀察所得，不論時間、地點及個人性情，都有一樣的共通點，還是令人驚異。

一起快樂吧

哲學家、科學家、藝術家，以及經典電影如《駭客任務》和名著如《小王子》等等，都有類似的論點，其中又以披頭四樂團表達的最簡單明瞭：「你需要的就是愛」。

時間追蹤練習通常會得出同樣答案。即使成長背景、專業方向、生命階段各有不同，但目前為止在我的學生之中最普遍的共同點，就是最快樂的時光都是與所愛之人相處。這裡的所愛之人，包括好友、伴侶、孩子、父母和寵物。

我敢說，如果你現在花點時間回顧過去兩週，至少會有一個你最快樂的時刻是與你關愛的人在一起。你可以暫停一下，好好重溫這段記憶。有這麼多的快樂——期待的、體會的、記得的——來自這些社交連結活動，我希望你能好好品味最近一次經歷到的快樂。

事實證明，花在親密關係上的時間，是最棒的投資。為了快樂，我們想要、甚至需要這樣的關係。在較早期的快樂學研究中，艾德．迪安納（Ed Diener）和馬丁．塞利格曼，以一學年的時間追蹤兩百名大學生，比較其中最快樂的一群人（快樂程度始終位於前一〇％）和最不快樂的一群人（始終位於墊底的一〇％）。[16]結果顯示最快樂學生和最不快樂的學生，在人口結構上並無差異，前一群人也沒有體驗到更多客觀定義的好事。不過，他們的社交連結程度卻有顯著差異。最快樂的一群人更有可能擁有知心好友，和家人的關係也更緊密，他們也更有可能擁有戀情。這些差異反映出這些學生如何使用時間，也就是快樂組花更多時間陪伴朋友、家人和朋友，而花較少時間（但還是有）獨處。這份數據很重要，因為這透露了，雖然沒有任一因素能充分決定快樂，但親密關係對快樂是必要的。換句話說，擁有朋友不保證你一定能快樂，但想要快樂你就需要朋友。

這些發現也符合經典心理學理論：緊密眞誠的連結，對幸福至關重大。馬斯洛主張，愛——不論是來自友誼、家庭或戀情——是人類最基本的心理需求。根據馬斯洛著名的需求階層理論，就人類生存而言，比愛更基礎的只有食物、飲水和庇護處。[17]唯有在感受到歸屬感後（愛與被愛），個體才會覺得個人成就和自我實現值

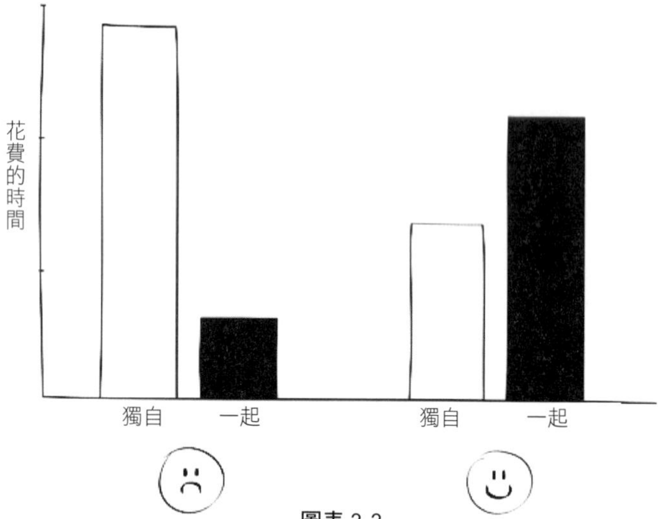

圖表 3-3

得追求。想在事業階梯上越爬越高是好事，前提是別在途中犧牲了和家人朋友的連結，要是身邊無人與你一同欣喜慶賀，登上最高位的滋味也不會太甜美。

身爲人類，我們十分仰賴生命中所愛之人的支持與照顧。研究顯示，社交關係密切的人較少英年早逝，較可能熬過疾病，較能承受強烈的身體病痛和財務打擊。[18]我們的社交天性是如此深深烙印，以至於遭受拒絕時就像是承受了實際疼痛。[19]沒錯，社交性疼痛對我們的大腦來說，就有如身體疼痛一樣。被未婚夫一通電話取消婚禮讓我痛不欲生，是朋友的安慰陪伴讓我重新站起來，也是這一群朋友，在十四年後的新冠肺炎肆虐期間，透過網路通訊安撫了彼此的心。因此在看到另一項研究證實，擁有知心好友與對生活感到滿意呈現強相關，⑳我一點也不意外。

這些關係不僅能讓難過的時候不那麼難過，也能讓歡樂時光更加歡樂。在一篇一六二五年的文章中，培根如此評論友誼：「它使快樂加倍，使痛苦減半。」別忘了，研究人員和我學生的時間追蹤結果，都證實一天中最快樂的時刻，通常是與所愛之人共享的時光，如【圖表3-3】。㉑

知道這一點後，你也許會有些狐疑，你和家人共度的時光，怎麼不是一直都很快樂？在這些共處時間裡有一項重大差別：只是待在某人身邊，不代表你就能感受到歸屬、友誼或親情。就像我之前坦承的，雖然有些「社交活動」被我評爲最高分，但有些則很低分，而大部分的得分則是在中段浮動。而且在學生的最快樂活動之中，我從來沒有看過有人列入「看電視」——即使是有朋友或伴侶陪同。最常見的前三名活動通常是「晚上和妻子一起散步」「和朋友去健行」「玩《璀璨寶石》桌遊時打敗室友」「和姊姊一起吃晚餐」，或是「和女兒的下午茶約會」這類的（其實最後一項出自我本人）。

這些活動的特點在於不只是有另一人在場，更重要的是**和這人共度這一段時光**

是第一要務。在這段社交時間內的連結品質，才是投資是否成功的關鍵，知道這一點後，我們就能想辦法讓這些原就該快樂的時刻更加快樂。

透過談話交心

想提升社交活動中的連結品質，方法之一就是加深談話深度。深刻友誼發展的一項重要特徵，就是互相敞開心房。分享關於自己的事（例如：你的經歷、想法和感受），同時積極聆聽對方的經歷，雙方就非常有機會發展出眞正的友誼——彼此互相了解。

爲了幫學生交到新朋友，我讓他們在課堂中兩人一組，並請他們和同伴一起完成一項談話任務。我給每一對學生三組問題，他們要在兩分鐘內完成第一組問題，每一題雙方都要提問和回答。第一組清單都是一些基本問題，像是「你叫什麼名字？」和「你來自哪裡？」。之後再請他們在五分鐘內聊第二組問題，問起對方的個人興趣、目標和目前經歷（比方說，「你有什麼嗜好？」和「你想改變哪一項習慣」）。最後再給他們八分鐘問答最後一組更私人的問題，像是「認識人對你來說很難還是很簡單？」「你最大的恐懼是什麼？」「最近你有什麼自豪的成就？」

雖然只有短短十五分鐘，這場談話卻總是能建立新友誼。有時候同一組的夥伴原本就是認識的同學（甚至是朋友），這樣的對話無疑讓他們感到更親近。這項工具叫做**「關係親近誘發任務」**，實驗證明它有助於讓人們感到親近許多。㉒

幾年前，有一班學生人數正好是奇數，所以我跳下場與其中一人做這項練習。我很快就發現搭檔蓋比（看起來像直率的紐約客）從小苦於社交焦慮症，直到在一個過夜夏令營才找到自己和歸屬感，後來她也擔任這個營隊的志工，帶領其他女孩度過類似的青春期陣痛。蓋比來UCLA讀MBA是爲了進入娛樂圈，她認爲透過媒體可以觸及更多人，幫助他們走過情緒震盪的人生旅途。在那十五分鐘內，我對她有更多了解和欣賞，後來也以朋友身分，把蓋比推薦給她目前任職的媒體公司。

所以，下次和朋友見面或約吃飯之前，準備好問（並回答）更私人的問題。想知道有哪些問題合適，你可以買一套對話遊戲卡，雖然有點老套，但對話遊戲卡加深社交聚會連結的威力可是有實證的。我就很感激對話遊戲卡在餐桌上激盪出的火花，加深了家人之間的連結。聽到其他人回答「你最快樂的童年記憶是什麼？」這類問題，讓我們更加了解親人的個人經驗，那一餐過後家人之間感情大增。

大約在婚禮被取消六個月後，我深刻體驗到對話扭轉人生的威力。那時我被朋友設計相親，在史丹佛的羅丹雕塑公園裡，就著兩瓶聖沛黎洛氣泡水，對方開口問道：「那麼，**妳**覺得圓滿人生的要件是什麼？」就好像我們在做關係親近誘發任務，只是倒著來了——**最難的問題先上場！**而我遇見了此生摯愛與一輩子的談話對象。十多年後，我最快樂的時刻，依舊是在週五約會夜、週六晨跑、度假日的葡萄酒佐午餐，以及李奧和莉塔在車後座安睡時，和羅伯聊天。這段關係一點也不童話，它十分眞實，而且美妙極了。

清新空氣

爲了進一步追尋快樂，現在來看我的學生在最快樂的活動中，最常觀察到的另一項共同點：置身戶外。事實證明，光是走到戶外，身處遼闊的天空之下，就是許多人共有的快樂來源。當然，這聽起來也許不是很令人意外，畢竟我的課是在南加州的一月裡開課，所以在記錄每週活動時，新聞和社群媒體都不斷提醒這些學生，他們享受到的氣候有多溫和。不過這份數據的重點不光是天氣，在較寒冷的地區，比如紐約和新罕布夏（因爲新冠肺炎期間的遠距教學，學生在哪裡都能上課），在同樣的冬季時節裡，學生仍然將置身戶外列爲正向特徵。

置身戶外的確能提振情緒，這是運動被列爲最快樂或最不快樂活動的關鍵區別因素，也能預測飯後時光是否會被列入快樂清單（例如：晚上和妻子一起散步）或不會（和妻子一起看電視）。一名當時住在科羅拉多的學生，在分析他最快樂的活動之後這麼說道：「我最快樂的三項活動都在戶外，遠離螢幕。」

我學生的觀察呼應了另一項網際網路定位技術的研究結果，該研究針對兩萬名英國人，檢視他們的快樂與當下所在位置的關係。透過手機應用程式，研究者得以取得受試者一整天的定位，確認他們是在室內、室外或車內。他們也可以注明戶外情況。受試者會在隨機的時間點，接到手機應用程式的通知，請他們評定當下的快樂程度，並記下正在做什麼。數百萬筆資料得出的結果很清晰：人們在戶外時較快樂。㉓此外，這種快樂的提升並不仰賴天氣（不過，在和煦晴朗時，人們**的確**更快樂）、當下活動（當然，有些格外開心的活動，像是整理花園和賞鳥，只能在戶外進行）或環境（不過人們在自然或綠色環境中，會比在都市環境中開心），只要踏出戶外就行。只可惜——出於選擇或責任——人們每天約有八五%的時間在室內度過。

這就是我不喜歡跑步機的原因，到**戶外**晨跑對我很重要，不管是身在費城或在洛杉磯都是如此（唯一的差別是，在費城我得多穿幾件，還要戴頭巾幫耳朵保暖）。在搬出和前未婚夫合住的帕羅奧圖公寓後，我狠下心在聖地牙哥租了一間較高價的公寓，因爲它離海灣才幾條街。除了可愛的室友外，能夠每天到戶外運動，眺望金門大橋壯闊的景色，也是我重拾快樂的一大助力。

所以，不管是出門運動，或是走到戶外接電話都好，試著找出能移到戶外進行的活動，外面有好心情和新鮮空氣等著你。

陰暗面

如前所述，檢視最不快樂的活動，也有助我們更明智地投資時間——釐清**不該**花在哪裡。雖然我們常以爲自己是在獨自悔恨，但人們不快樂的根源通常都一樣——人性是可預測的。如果一項活動違背了以下三種動力之一：一、關聯（感到與他人有連結），二、自主（感覺握有自我控制權），三、能力（感覺自己能做到），很可能就會讓你感到不快。[24]讓我們詳加探討各個面向，好知道哪些活動你最好避開。

孤單

之前我們已經看到，人類天生就需要歸屬感及與他人連結，所以社交連結活動通常會被排在最快樂之列。反過來說，單人的活動通常是最不快樂的。[25]不過值得注意的是，獨處或獨自做一件事，不見得都是負面感受（在孩子和同事不間斷的騷擾之下，我非常珍惜難得的獨處時間）。不過，要是活動讓我們感到孤單（例如：在社群媒體上看到別人的社交生活），那我們的情緒就會受到打擊。如同約翰·卡喬波（John Cacioppo）在他的開創之作《孤獨》（*Loneliness*）中所述，感到孤獨是走向抑鬱最直接的道路。[26]

為了避免這種感受，每天務必要參與一項社交性活動。可以很簡單，不用花太多時間，像是關掉手機上的社群媒體應用程式，直接打電話給朋友聊天。或是在進辦公室的時候，和同事展開一段真誠的對話，聊聊你最近碰到的事。若是你的工作場所沒有其他人在，就去一個有人的地方，在那裡找人說話。研究顯示，找陌生人說話沒你想像的那麼尷尬——而且還能讓你和對方都覺得更有連結、更快樂。[27]我知道對害羞的人來說，這種提議聽起來很嚇人，但請相信同樣身為內向族一員的我，其實沒那麼可怕。請記得，這只是你在選擇更快樂時所採取的小小舉動。住家附近的咖啡店會是個好起點，請試著勇敢踏出第一步。下次想喝咖啡時別自己在家煮，穿上外套出門，在等咖啡時和排隊的人聊聊天。在和素未謀面的人聊天時，我不建議採用羅伯那套做法，一開口就問私人問題，也就是別從關係親近誘發任務末端的問題開始。最好是聊點當下環境令人感到愉悅的事，比如天氣或旁邊經過的可愛小狗。雖然很老套，卻是輕鬆展開一段人際連結的好方法。

責任

我們都想在生命中握有主控權：也就是可以自由選擇如何運用時間，因此人們不喜歡被告知該做什麼，也討厭**非做不可**的活動。這也就是爲什麼我們的主要責任——工作和家事，經常被人們列爲最不快樂的活動。而這兩項活動的確也是時間追蹤研究中最不快樂活動的前三之列。[28]

但是我學生的反思指出，工作相關的活動帶來的不快倒不是因爲工作本身。在他們的工作日中，最受制於人的，以及必須配合他人行程的那些時段，才最讓自己厭煩。在家的時候，則是因爲**不得不做**，才讓做晚餐變成煩心事。下一章我們將解

根本不用做。鎖，如何將**非做不可**的事，變成**想做**的事，以及如何分辨哪些事可以外包，甚至是

浪費

人人都想有生產力，達成目標或完成待辦事項時，都會覺得自己很棒。因此，當我們把時間花在毫無意義的活動上——活動不能產生任何價值，**而且**也不好玩——就會覺得這段時間浪費了。這點我可以做證：一想到花了數百小時，耐著性子安排婚禮的大小細節，到頭來卻是一場空，我就心痛不已。白白浪費的那麼多時間，拿來做些別的事多好。研究顯示人們最痛恨浪費時間——甚至超過浪費金錢。[29] 虛擲光陰之所以如此讓人痛苦，是因爲不同於金錢，失去的時間永遠賺不回來，一旦流逝，誰也喚不回。

就是因爲把時間看成是浪費了，我的學生們才會覺得這些日常活動是最不快樂的：「不必要的工作會議」「不自覺地滑看負面新聞」，以及「通勤」。時間追蹤練習能透露，每天有**多少**時間浪費了，所以進一步分析時間追蹤資料的下一步驟，就是統計不同活動所占的時間。

時間追蹤練習

Part3：計算目前支出

拿出所有的時間追蹤紀錄表，把這幾週花在各個活動上的時間加起來。首先要將活動分類，例如：睡覺、通勤、工作、和朋友互動、和家人互動、運動、個人護理（比如早晚的梳洗打理）、採買日用品、準備餐點、看電視、滑社群媒體、閱讀等等。重點是要能充分表達自己如何運用時間，所以這些類別要明確到對你有意義。舉例來說，「工作」可能不足以代表你如何運用時間，所以可以把它分出子類別，以區分工作的不同事務。比如我的工作可以分類為研究相關活動（包括寫書）、教學相關活動（包括課堂及備課時間），以及其他（包括一大堆會議和電子郵件）。這樣區分很有幫助，因為我對各個類別的感受大不相同。

接著，將活動分類好後，回頭計算每項活動總共花了多少時間。你可以依日計算，或是將數週的時間全部加總。此外，只要注意起床和就寢的時間，你就能算出清醒時間總共有多少。以此為分母，就能算出每項活動在清醒時間內所占的比例。

計算完後，你目前的時間支出就能一目了然，掌握這項大有助益（也許也讓人吃驚）的訊息，再加上平均快樂得分，你就能決定之後哪些活動該分配更多或更少時間。

計算結果有時發人深省。我有一位學生是離職犧牲了兩年的收入來讀MBA，她很驚訝地發現，占她清醒時間最高比例的是看電視（二〇％），甚至超過了做學校功課和上課的時間（八〇％）。她很後悔這樣浪費，並反省道：「我花了太多時間看電視！部分原因是，這是我妻子下班後最喜歡的放鬆方式。但是看到自己花了**這麼多**時間在螢幕前面，還是讓我覺得既震驚又沮喪。」

會吞噬時間的不只是電視，我有一個在職的學生，爲了兼顧全職工作及夜間和週末的課業，幾乎沒有任何空閒，而他哀嘆道：

在兩週內我玩了超過二十五小時的電玩，在實際追蹤記錄時間之前，我完全不知道自己玩了這麼久……雖然我玩的時候很開心，但後果卻是對生活造成更大壓力，因為我玩的時間通常會超出預計，讓本就緊湊的行程雪上加霜。

明白自己目前浪費了多少時間，有助你之後限制花在這些不重要事物上的時間——這樣就能把時間空出來，去做你現在知道能眞正讓自己快樂的事。

心情提振劑

在決定如何運用時間之前，我還想請你詳加考慮一類活動。雖然這類活動在做的時候並不是特別愉快，但對一整天下來的其他活動影響卻很大。運動和睡眠能提升你的活力，因此是很有效的心情提振劑，而且有明顯的擴散效果。如同我們在第二章提到的，這兩者經常因爲時間限制而被砍掉，所以更需要刻意爲之。運動和睡眠，能幫助你更加享受其他的活動。

運動

如前所述，運動能增加快樂。精神健康各領域的文獻研究回顧顯示，運動能降低焦慮、抑鬱及負面情緒，且能提升自尊。[30] 運動是極爲有效的心情提振劑，甚至有一份研究證明，其治療憂鬱症的效果勝過藥物。[31] 運動還能讓我們更聰明，因爲能改善認知及管控能力（用於規畫、多功工作及執行），同時也與學童的數學及閱讀成就相關。[32]

雖然有這麼多好處，美國還是有七四%的成人，未達到建議的運動量，即在每週大部分天數，一天至少半小時的中度體能活動。爲了推各位一把去體驗這些好處，我在第二章安排了動起來練習。我有一位學生形容爲「改變人生」，他說：「雖然我聽過不知道多少次了，也知道應該規律運動，但直到眞正開始去做，才知道這對自己每天的生活有多大的改善。」所以，借用一下ＮＩＫＥ的標語，**做就對了**。

睡眠

睡眠是另一個能讓我們更快樂、更聰明，更全面享受其他所有事物的活動。

研究提供了許多證據，恐嚇我們睡眠被剝奪的後果，也勸說睡眠充足能讓人精力充沛。[33]不過如果你跟我一樣，那根本不用科學來說服你。只要前一晚睡不好，我整個人的功能就直線下降，同樣大幅倒退的還有我的心情與待人的文明程度。即使我們很清楚身體需要足夠的睡眠，但還是常常做不到。我們總是太晚睡或太早起，只爲在有限的時間內做完一切。所以我才會把撥出時間好好睡覺列爲課堂作業，因爲與成績掛勾，學生倒頭大睡的動機提升了。而一旦體驗到充分休息帶來的好處，他們就較有可能繼續規律地把時間花在睡眠。[34]

睡個好覺練習

現代人之所以感到身心俱疲的其中一個原因，就是經常性的睡眠不足。為了加以補救，接下來這週請至少挑四天，每天**至少**睡七個小時（但我個人是八個小時）。是的，是的，我知道——你這星期超級忙的：有期限要趕、有活動要參加、有事情要辦等等，不是我沒有同理心……但做就對了！

請在這週挑出四天，在日曆上標記出來，好好享受急需的睡眠。此外，記得保持良好的睡眠習慣：睡前不用3C，下午盡量不攝取咖啡因，晚上不喝酒，才能睡更好。

每年我都會邀請亞隆．亞維丹博士（Alon Avidan）到班上演講，傳授睡個好覺的訣竅。亞維丹教授是睡眠失調領域的專家，同時擔任UCLA格芬醫學院神經學系主任，以及校內睡眠失調中心主任。他提供以下建議：

- 規律取得**至少**連續七小時的良好睡眠。
- 臥房只能用來睡覺和做愛！——禁用螢幕（藍光會抑制褪黑激素，讓大腦以為是白天）。
- 睡前勿看過於刺激或會引發焦慮的讀物（也就是別看新聞或間諜小說）。
- 下午三點後避免攝取咖啡因。
- 下午三點後不要運動。

- 晚上避免攝取酒精（雖然酒精有助入睡，但是會讓睡眠更破碎，夜間較易醒，晨起時會覺得沒能充分休息）。
- 睡不著的話，起身到另一房間看枯燥無味的書。
- 規律睡眠循環：每天在固定時間起床，早上曬太陽。
- 讓臥室涼（約攝氏十八度）、暗、靜。
- 褪黑激素、酸櫻桃汁、熱牛奶、火雞肉和香蕉有助睡意。
- 十五分鐘的補覺＝二百毫克的咖啡因，但如果你選擇補覺，一定要在下午（一點到三點間），而且不要超過三十分鐘。
- 你**不可能**經由訓練減少需要的睡眠量！

更快樂的時刻帶來更美好的日子

柳波莫斯基的模型告訴我們，除了先天性格及後天際遇的幸與不幸等效應之外，我們還能選擇自己要有什麼感受。透過刻意的行動，我們可以提升日常生活乃至一生所感受到的快樂。藉由花更多時間在能帶來快樂的活動，並減少不快樂的活動，就能帶來更美好的日子、更圓滿的一生。這一章就是在教我們分辨這些活動。

驅策自己更加善用時間一個最簡單的方法，就是**更有意識地去想時間**。我做過幾個研究，證實將時間（而非金錢）視為主要資源所帶來的好處。[35]在其中一個實驗中，我提供康納曼的日常活動清單給一群背景各異的受試者，詢問在接下來的二十四小時中，他們預計花多少時間在各個活動。但在回答這個問題之前，受試者會先填寫一份（看似）無關的問卷，其中包括句子重組。事實上這些問卷是為了暗中讓受試者接觸到時間相關字眼（例如：時數、時鐘），或金錢相關字眼（例如：美元、皮包），或中性字眼（例如：植物、信件）。結果顯示，注意力被導向時間的組別，會安排更多時間做那些最快樂的活動（也就是親密、社交），花較少時間在那些最不快樂的事（通勤和工作）。另一項研究指出，不光是意圖，著重時間還會影響**實際**行為。在進入咖啡店前，客人們被邀請填寫問卷（同樣是為了偷偷讓他們接觸到時間、金錢相關字眼或中性字眼）。但客人們不知道的是，他們會被暗中觀察在咖啡店裡如何運用時間，在離店時客人會被再次詢問當下的快樂及滿意程度。在進入咖啡店時被引導多注意時間的客人，離開時會較快樂，因為他們花較多時間在社交。與之相反，被引導多注意金錢的客人，離開時感到較不快樂，在店內花較多時間在工作。

很重要的一點是，請記住這些研究所呈現的：快樂不代表放棄工作，因爲（我們都知道）工作可以帶來意義感。重點是，**光是想到時間**，就能促使我們以對個人更充實的方式運用時間。事實上，我曾對在工作中找到意義的人重做第一項研究，結果想到時間會使他們工作得**更多**。

因此，本章的時間追蹤練習，對你的時間及快樂，共有兩大好處。第一，記錄目前的使用情況，會使你注意到這項寶貴資源——促使你**眞正去思索**該如何運用時間。我的學生們在做時間追蹤時，會變得對時間支出更加斤斤計較，進而做出更好的投資。此外，透過評分**實際**感受，這項練習告訴你哪些投資最精明。所以，追蹤你的時間一到兩週，過程也許繁瑣，但絕對值得。這會驅使你不再隨意揮霍，並投資更多在眞正的關係上，進而獲得更多喜悅與充實。

本章摘要

★ 除了後天境遇與先天性格，如何運用時間，對日常生活乃至一生的快樂，具有顯著效應。

★ 因此，你可以透過更妥善地運用時間來獲得更多快樂。

★ 平均而言，最快樂的活動是與家人朋友社交，以及走出戶外親近大自然。

★ 平均而言，最不快樂的活動是通勤、做家事及做給薪工作。

★ 喜悅與意義交織密切，但有些活動有意義卻不有趣（像是工作），而有些活動一開始有趣卻不太有意義（比如看電視）。

★ 運動和充足的睡眠是絕佳的心情提振劑，能讓一整天的其他活動更加有趣。

★ 活動可產生的喜悅因人而異，甚至同一人在不同時刻也會有所差異。為了辨別哪些活動能讓你最快樂並找出其特徵，追蹤記錄你的時間及當下的快樂程度。

★ 一個不分個體與時段都成立的真相是，最大的快樂來自社交連結，擁有親近的關係及歸屬感為其中關鍵，所以花時間培養這些關係是良好的投資。

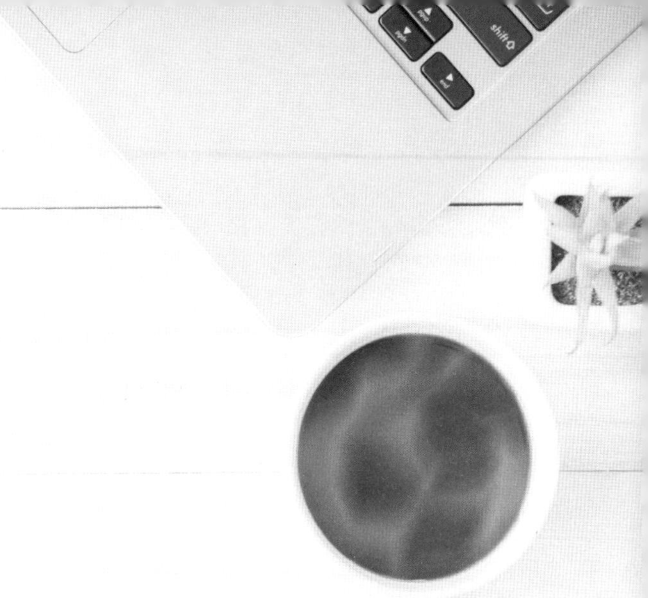

第四章
浪費管理

最大的傷害莫過於浪費時間。
—— 米開朗基羅

如果請你描述典型的一日，我猜會是這樣：鬧鐘響起，你疲憊地起身，準備出門上班。若你是開車上班，可能會一直換電台。若你是搭大眾運輸，可能會一直滑手機。在辦公桌前坐下後，你先打開信箱瀏覽一番，藉此推遲處理手上專案的時間。等你終於開始「眞的工作」，已經比預期的晚了許多，所以只好午餐時間也在桌前奮鬥，希望能趕在交通尖峰時刻前下班回家。回家途中，你去買晚餐食材和拿乾洗衣物，準備好晚餐後用餐、清理、洗衣服、摺衣服、洗澡。等家事都做完了，你倒在沙發上，漫無目的地轉台或滑手機。等驚覺已經超過上床時間，你掙扎著從沙發移到床上，定好鬧鐘，隔天重來一遍……

日復一日，你一天的大部分時間，都花在上下班、工作、做家事——而這些正是我們剛學到會讓人**最不**快樂的活動。太苦了，難怪在新冠肺炎疫情之後，有許多人選擇不回職場。我學生的時間追蹤分析透露出，這些活動之所以讓人痛苦，是因爲我們**不得不**做，而且通常不清楚該用什麼態度面對。這些時間可能是責任或浪費，有時二者皆是。

當然，你可以加入「大離職潮」，就此揮別工作，但這並不現實。大多數人還是需要工作，而大部分工作場所都不是自家，所以你還是得通勤。另外，除非你樂意讓家裡亂成一團，同住者心懷怨氣，不然每個人也都應該做家事。但這是你生命中的時間，這樣索然無味地過著顯然不妙。**該是**有所改變的時候了。

好消息是，這的確**可以**改變，而且促成改變的人可以是你。更棒的消息是，你不用採取任何激烈手段，像是辭職或搬家，就能做到。這些小變動簡單且有實證支持，可以讓你在做這些事時感覺更值得，更像是你**想**做，而不是**應該**做的事。在本章中，我將分享這些出奇簡單的策略，幫助你將原本乏味的時間轉變成有滋有味。

雜事不必是苦差事

買到更好的時光

雖然先生不斷建議，但安琪拉始終拒絕雇人打掃他們的公寓。一個月要花三百美元，這些錢她不如拿來買上次看中的俏麗黑色連身褲，或是安穩地放在她的銀行帳戶裡等以後用也好，又或許她突然又有什麼想買的東西。再說，她和先生自己打掃就好，也一定會比雇來的人更加用心。

但一個週日早上，安琪拉急著催先生和雙胞胎兒子離開公園，因爲她要回去打掃廚房和浴室，先生也要洗地板，雙方又吵了一架後，安琪拉終於聯絡了朋友推薦的清掃服務。朋友向她保證，這家服務眞的很棒。

協議達成，他們每隔一週雇人打掃公寓。隨之而來的快樂——對她自己與婚姻都是——立即且持久。再下一個週六下午，他們愜意地在農夫市集逛了一早上，又在公園野餐，回到剛打掃過的公寓時，安琪拉滿意極了。木地板閃閃發亮，沙發坐墊都拍鬆換面過了，電視螢幕擦得乾乾淨淨。更棒的是，接下來的週末時間，她和先生可以好好陪著兒子們了。

他們賺到更多自由時間。安琪拉不用花時間打掃，也無須花時間擔心家裡還沒打掃，她也不用再花時間催先生，她先生則是很高興不用再被念了。他們也終於能應邀到朋友家烤肉，再一起看週日晚間的美式足球賽。

起初抗拒外包家事，後來又感受到好處的，不光是安琪拉。艾希莉．威蘭斯（Ashley Whillans）與團隊調查了美國、丹麥及加拿大的數千名對象，詢問「一般人一個月內是否會花錢外包任務（例如：家事、採買）？」不到三分之一的人回答會，即有三分之二的人完全不外包。這不單只是負擔能力的問題，因爲當艾希莉的團隊轉而問一群百萬富翁這個問題時，還是有相當比例的人回答不會。❶人們是否願意花錢外包自己不喜歡做的事，是個人選擇。但是，他們可能不知道這對自己的整體快樂有何影響，也沒想過可以把省下的時間拿來做更值得的事。事實上，艾希莉的團隊也詢問這些人對生活的滿意度，結果顯示，即使以統計學控制其他變因（如回答者的收入水準、年齡、性別、婚姻狀況、是否有小孩），但花錢外包的人通常滿意度較高，也就是願意花錢省時的人，會比不願意的人快樂。

但就是拿不出這份錢的人怎麼辦？要是你每個月的收支都只能勉強打平，而且錢都是花在基本需求，那麼這個策略也許不適合你。但如果你的手頭還有餘裕，那麼這個建議強調的是，花錢換來更優質的時間，要比把錢花在更多或更好的「東西」上更有價值。研究確實警告，比起購買經驗，購買物質所產生的快樂較少也較不持久。❷此外，艾希莉團隊的分析結果指出，外包的正面效應不受收入水準影響，花錢買時間，對大多數人都有益。不管你皮包裡有多少錢，時間都同樣珍貴。

不過，這不是在建議你把**所有**事情都外包出去，讓別人包辦一切，你則在一旁奢侈地消磨時光。也許你不介意整理房子，但是隔週刷一次地板實在很煩，會耗掉整個週末——每兩週一次。那麼把這項家事外包，也許對你來說就很有意義。此外，還記得第一章中我的研究顯示，整天無所事事並不會讓人快樂嗎？[3]我們都希望多少有點生產力，因爲這樣能提供意義感。

但這份研究最切身相關的成果在於，人們會對生活感到不快樂或不滿意，是因爲日子被**太多雜務**占滿，沒時間去做我們眞正在意的事。如果你在上班八小時加通勤時間之外，還得打掃房子、洗衣曬衣收衣、採買日用品、做菜、組合ＩＫＥＡ家具、洗車、送洗衣物……時間就所剩無幾了。不過，如果你能用一點小錢，換來其中一**些**時段，就能把這些時間拿來做眞正重要的事。你可以好好善用買來的這些時間——做更有趣、更有意義的事。其實，艾希莉團隊的研究顯示，當人們把省下來的時間，花在陪伴家人和朋友時，快樂程度提升得更高。[4]研究同時也指出，購買省時服務的夫妻，會享有更多珍貴的共處時間，對關係也更加滿意。[5]

因此，即使一開始百般抗拒，安琪拉最後請人打掃房子是個聰明的決定，對最珍貴的資源來說，這才叫節約有道。

所以好好想一想：你有哪些雜務可以外包？你可以在哪裡買到更多時間？幸好，腦筋動得快的商人，早已意識到這股日益高漲的消費者需求，並推出各式各樣的省時服務與商品。身爲一個認眞外包的人——我痛恨做菜，要是同桌用餐的人不挑剔，我完全不介意晚餐吃冷凍豌豆和冷凍墨西哥捲餅——當我打開本週外賣餐點的盒子時忍不住笑起來，盒上寫著「盒內材料供您創造最珍貴的禮物——家庭時間、您的時間、玩樂時間……美食時間」。

雖然在上班日準備晚餐對我而言是苦差事，對迪娜來說卻非如此。對她來說，這是豐盛與發揮創意的時刻。她會事先設計好一週的晚餐，方便接下來一週趁早上去她最愛的專賣店採買食材。下午風塵僕僕地接送三個小孩放學和參加不同活動，累壞的迪娜會在五點時退到廚房，這是屬於她的時間。她熟練地將新風味調製成創新美食，爲一同享用的家人帶來豐盛體驗。對迪娜而言，做菜就是靜心，做菜是她的嗜好，**不是**雜務。

所以在辨別哪些事對你來說是雜務時請小心，別把朋友痛恨，你卻樂在其中的家事也外包出去了。但至少要知道自己有所選擇，現在你知道時間終究比金錢珍貴，就可以依此安排支出。

捆綁樂趣

至於沒外包的雜務，可以運用所謂的捆綁策略，讓這段時間不那麼痛苦。

凱蒂．米爾克曼（Katy Milkman）及其團隊在賓州大學進行的研究，展現了他們所謂「誘惑捆綁」（temptation bundling）的好處。❻這種簡單（但威力強大）的做法，可以讓你原本不喜歡的活動變得更具吸引力，只要和**其他**誘人的活動捆綁起來就好。對賓州大學的大學部學生來說，到健身房跑跑步機並不有趣（卻是**該做**的事，如果他們想抵消半夜吃費城牛肉起司三明治的增肥效應的話）。在一項研究中，凱蒂將跑跑步機與可聽自選的有聲書掛勾（當時最受歡迎的是《飢餓遊戲》）。去運動就可以知道主角凱妮絲如何在下一場冒險中活下來，這使學生造訪健身房的次數增加了五一％，而且在跑步機上的時間也明顯更久了——自願的。

把這個策略應用在雜務上，只要把「該做」的雜務和你喜歡的事連結起來就行了。就拿摺衣服來說吧：眼前有一堆從烘乾機拿出來的乾淨衣服，你可以趁機聽有聲書或podcast，或是打電話給朋友然後開擴音，好空出手來摺衣服。或者，你也可以把衣服抱到沙發上，打開最新一期你最愛看的節目。你會發現衣服一下子就摺好了，而你還看得欲罷不能，捨不得停下來把衣服收回抽屜裡。我有個學生在學到這個策略後，決定每次去超市採買時多買一個新食材，他把採買與「發現」連結在一起，使採買這件雜務，變成愉快的尋訪食材小旅行。

工作可以很有趣

如前所述，平均而言，工作時間是人們一天中最不快樂的時段。[7]僅有半數美國人對工作感到滿意，而只有三分之一的人會沉浸在工作中。[8]許多人都不喜歡自己的工作，每天上班時都緊盯時鐘等下班。可是如果你一天中有超過一半的清醒時間是在工作中，那就有**太多**人生在等待中度過了。[9]而且雖然我們很想區隔開來，但工作上的不開心往往會帶到下班時間。研究顯示，工作的滿意度會擴散，且是生活整體滿意度的決定性因素之一。[10]

認知到工作在我們的生活占據可觀的分量，就足以促使自己更加善用這些時間，但該怎麼做？

向各位介紹凱蒂絲．比拉佩斯，在研究人員問及工作時她說：

我愛病患，我愛生病的人，我可以幫生病的人做好多事。因為要是我不舒服，或是必須動手術，能讓自己撐過去的就是工作……笑話、保持愉快、保持樂觀、抱持正面態度。所以我很喜歡在這裡工作，這裡充滿樂觀氣氛，事實上，我認為這裡是「希望之家」。

你猜得到凱蒂絲是做什麼的嗎？是什麼讓她每天都那麼期待去上班？你能想像出她是從哪裡獲得力量，幫助自己度過情緒低潮和健康問題嗎？

凱蒂絲是癌症中心的清潔人員，她口中的希望之家、「樂觀」的工作場所，其實是罹患絕症的病患前來做化療的地方。凱蒂絲在工作時，身邊都是一些重症病人，他們的家屬既擔心又害怕，而且她的工作並沒有像醫師那樣好聽的頭銜。她的職責是打掃醫院一樓房室及廁所地板，因爲化療的副作用，她的工作內容經常包括擦拭嘔吐物。從表面看來，凱蒂絲的工作實在找不出什麼正面之處。

但凱蒂絲確實很享受她的工作時光，大部分人都做不到一年的工作，她卻已經做了超過十個年頭。她熱愛自己的工作，因爲她很清楚自己**爲什麼**工作。凱蒂絲帶著使命感工作，她知道自己的目標是什麼：透過讓人們快樂一些來助人。⓫

凱蒂絲爲工作賦予的目的，並不是工作本身對她的要求。事實上，她所做的事遠超出職責所在，除了讓醫院地板保持潔淨，她還讓整個空間亮起來。她會和病患及家屬開玩笑，盡力讓他們感到舒適，幫他們拿冰塊、衛生紙或一杯果汁。她眞誠地關心他們，同時也關心治療病人的醫生和護士。她喜歡幫助大家，也做得很好，她的幽默感、溫暖和積極樂觀的個性，使整個空間更加明快。凱蒂絲爲自己訂定的目的，符合她的價值觀與長處。

雖然這個例子有點極端，凱蒂絲也很像聖母，但爲工作賦予目的的好處是普遍且廣泛的。有越來越多證據指出，即使你的工作並不完美（面對現實吧，世上沒有完美的工作），讓工作符合你的價值觀（你重視什麼），你的長處（你擅長什麼）與你的熱情所在（你愛做什麼），就能使你更有動力且工作表現更佳——同時對工作及整體生活也都會更滿意。⓬

理想上，你找的工作應該有著明確的目的，而那是你關心且擅長的。不過世事也許未盡如人意，而這就是凱蒂絲的故事特別具啓發性的地方，因爲它告訴我們，不論你的工作是什麼，只要知道自己**爲什麼**要這樣做——並專注於那一點——就能讓你的工作時光更愉快。此外，找出自己的工作使命，甚至有助你重新認識並調整工作方式，好讓這些時光變得更快樂。

組織行爲學家賈斯汀．伯格（Justin Berg）、珍．達頓（Jane Dutton）及艾美．沃茲涅夫斯基（Amy Wrzesniewski），共同發展出一套工具，用來引導這個找出工作使命的過程，他們稱之爲**「工作形塑」**（job crafting）。⓭做法涉及以不同方式看待自己的工作及工作事項，並改變你的工作方式，以期更貼近自己的終極工作目標（由**你**訂定）。

我要求學生做這項工作形塑練習——好幫助他們打造更快樂的工作時間，讓這些不算短的時間更加充實。在帶領數百名學生走過整個過程後（我自己也做了），我發現有兩項要素最有幫助：找到目的與加強連結。讓我們一個一個談。

找出目的

你爲什麼做現在的工作？我不是在問你的同事或其他同行，而是問**你**。而我所說的工作，也是指最廣的定義：你奉獻時間、精力、才華的領域。也許是你目前的職位，但也可以是自己的專業，也不一定要是有給薪職。在家養育孩子絕對是工作。

如果你的第一反應是「爲了賺錢」，建議再想一個更高的目的——能回答更高層次問題的理由，這是爲了你好——對應你當下及長期的幸福。一項跨職業、跨職業階層、跨收入水準的研究調查結果顯示，回答工作的最大目標是賺錢的人，明顯感到較不滿意——對工作和整體生活都是。⓮

明白自己的工作目的（除了拿到薪水以外），能讓你堅持更久，在遇到工作上無可避免的煩人事務時也能保持動力。以凱蒂絲爲例：有時候工作眞的很難熬，當有病人輸給病魔時，她尤其難過，但凱蒂絲總是能撐下去，甚至對自己的工作更爲篤定，因爲她知道自己曾讓病人及家屬在醫院的時光好受一些。

蕾莉是另一個完全不同行業的好例子。她是私人教練，負責爲客戶設計並執行運動方案，不過蕾莉認爲自己的使命不只是這樣。她的目標是讓人更喜歡自己——身體更強壯，對人生更有信心。每當客戶來找她時說他們**做不到**什麼，她總是逼著他們明白自己**能做到**什麼，這讓她非常滿足。不過，她並不熱愛工作的全部，她討厭必須自我推銷，以及花時間拍攝要放上網的運動短片。但宣傳她的服務與拍攝影片，對維持生意都是必要的，所以她在做這些不喜歡的事時會給自己加油打氣，提醒自己這樣可以接觸到更多人——也就能幫助更多人變得強壯有自信，所以値得。

如前所述，意義與快樂密不可分。找出工作的目的——你之所以付出時間做這些事（包括討厭的那些）的終極理由——可以讓你有鬥志、投入、充實、滿足。⓯你的目的不一定要和他人有關，像是凱蒂絲和蕾莉那樣。幫助他人是很常見的意義來源，但也還有許多其他的事十分値得的追求。

舉例來說，身為專業攝影師，麥特很在意創造。他說其他的工作：「誰都可以做，沒有什麼獨屬於我的，但我創造的作品就是我的，是只有我可以為這世界帶來的。」麥特強烈感覺到，身為一名年輕黑人，這確立了他在社會上的位置——他的貢獻。他解釋道：「當我想像某樣東西時，我無法畫出來，但可以看見然後加以拍攝，使它誕生在這世界上。」

名氣穩固後，麥特開始進一步追求社會正義。他形容自己的工作目的是：「創造影像，讓影像映照出未曾被述說、或未曾被恰當述說的生活面向及人們的故事，這些故事沒有被平等、包容地述說。」他的目標很清楚，透過自己的工作，「讓更多人將自己看做藝術品——將自己視為美麗、寶貴、被看見」——也讓其他人如此看待他們。麥特的工作目的，顯然超越了工作本身，他不再只是拍照維生，為名流和模特兒拍攝雜誌特輯拉頁或電影宣傳照。透過拍攝有色人種的名流，以及大尺碼模特兒，他實現了心中的平等與包容願景。他透過藝術創作，創造更美好的世界。

所以，在尋找你的工作目的時，請往超越工作本身範疇的方向去想，也試著超越一般人對你職業的看法。就拿艾力斯來說，他從事金融業，擁有一家資產管理公司：對他工作的描述會是，為擁有極高淨值的客戶進行投資，並管理其資產組合，幫助客戶錢滾錢。但如果你問起艾力斯的工作動機，他會談客戶的情緒健康，而不是他們的錢。提及自己擅長在離婚訴訟期間提供財務忠告時，艾力斯格外熱中，他解釋道，除了失去孩子外，離婚是對一個人打擊最大的生命經歷。艾力斯認爲他的目標是協助人們度過危機，讓他們安心。

身爲大學教授，我的工作描述會是，進行研究、教學，以及爲學校做行政服務。工作形塑練習，引導我質問自己爲什麼做這份工作。我一開始回答（借用同事的話）我的目標是創造並傳布知識，行政職責則是附帶的，如參與委員會及擔任行銷領域主席。

但對這個答案再稍加思索後，我發現這個一般性的學術目標，並不是**我**眞正的動機，所以我逼自己回答另一層次的爲什麼。**爲什麼**我想創造知識並與學生分享？沒錯，我是想幫學生變得更聰明，但更誠實的答案是（你也許猜到了），我眞正關心的是他們的幸福快樂。我希望學生能做出更聰明的決定，使他們的日子更快樂，人生更圓滿。能讓我晚上失眠（好的那種）的研究專案，讓我迫不及待想分享的演講，都是與如何更快樂的知識有關。

這第三層次的自問爲何要工作，引領我找到**我的**目的。從原本的（一）研究、

（一）創造快樂相關知識、（二）教學、（三）服務，我發現自己的終極目標其實是（一）創造快樂相關知識、（二）傳布快樂相關知識、（三）在UCLA打造快樂。不誇張地說，這項練習讓我領悟到，我早已找到自己的天職，原來我在做的正是自己深切關心的事，而體認到這件事，又回過頭來使我的工作變得更加充實，也更加有趣。

確認目的另一個助益，就是讓我明白自己是如何分配工作時間——哪些計畫和委員會我會說好，哪些又會婉拒。如果有博士生來找我談研究主題，而我相信這能有助了解人們爲何快樂，那我很可能就會答應指導這項計畫。如果有再開一門快樂學的需求，我會立刻答應。不過，如果是學生主辦的有效社群媒體宣傳會議，找我擔任與會講者（畢竟我是行銷學教授，這算是合理的邀請），那我肯定會拒絕。

確認高層次目標還有一個好處，就是讓我重新定義對某些事務的看法。認知到這些事務有助於自己的使命後，我的動機增強了，做事期間也更愉快。舉例來說，我很不喜歡回電子郵件，但將與研究伙伴往來信件，重新定義爲「創造快樂相關知識」，而回覆學生信件是「傳布快樂相關知識」後，我突然發現寫電子郵件變得更值得且令人滿意。

現在換你了，你的目的是什麼？我知道這個問題很難，所以請深呼吸，給自己倒杯烈酒或泡杯茶，腦力激盪一番，想想你**爲什麼**做現在這份工作。如果你找到一個覺得還不錯的答案，請再多問一個問題——**爲什麼這對你很重要？**也許你可以再追問原因，再深一層挖掘。在做這項練習時，很重要的一點是要記得，你所找到的目的，必須是對自己深具意義。這項認知能讓人解脫，因爲這意味著你的成功與否，不必由他人定義。你會有自己獨一無二的標準，那能讓你鬥志昂揚，也能讓你不再緊盯他人，和別人比較。

五個為什麼練習

要找出自己的目的——最深層的動機——請自問：「我**為什麼**做現在這份工作？」第一個回答通常是賺錢，或是對工作內容的描述。但說真的，**這**不能讓你早上迅速起床，也不能讓你期待日復一日「去工作」，更不能讓你在有所進展時感到滿足。所以請就第一個答案進一步挖掘，請再問一次：「為什麼？」」為什麼做**這件事**對你很重要？然後請再深入這個潛藏動機，問自己：「為什麼」是這個答案。等你回答了五層的為什麼後，應該就能找到做這份工作核心的**為什麼**了。那就是你的目的。

1. 為什麼？

2. 為什麼**這**很重要？

3. 為什麼我在乎**這個**？

4. 為什麼是**這個**？

5. **我的為什麼**究竟是什麼？

交朋友

蓋洛普曾經做過一個調查，表面上看起來問題有點好笑：「你在工作上是否有好朋友？」[16]雖然聽起來有點像是三年級小學生會問的問題，但其實很精闢，而人們對這問題的回答，能夠驚人地準確預測其快樂程度。蓋洛普的分析透露，每十名美國上班族中只有兩人有工作上的至交，而這些人在工作中感到投入的可能性是其他人的兩倍，且工作品質較高，工作時較快樂。而如前所述，工作時的快樂會全面擴散，提升生活整體幸福感及滿意度。

我們之前做的時間追蹤練習也與這個問題有關，之前的結果顯示，最不快樂的時段通常是工作期間，而最快樂的時光，通常是進行社交連結。這代表如果你能在工作時段內，融入一些真心的人際交流，工作時間就會變得更愉快又有意義。所以我基於實證的建議如下：在工作場合交朋友。

不過，挑戰在於時間匱乏驅使我們匆匆度過上班日，上班期間有太多事要做，家裡又有一堆家事等著，所以我們常覺得沒空和同事培養感情。而且在茶水間裡閒聊看起來很像在渾水摸魚，這些時間拿來做事不是更好……但就如我之前所說的，這是你的時間，重要的是什麼更值得，而不只是關注效率。

在工作期間將時間投資在友誼上很值得。我們的清醒時間有大半都在辦公室度過，若悲慘落寞地過，就更浪費了。如果認為專業領域不是能展現你眞正性格的場所，這種想法最好也要趁早捨棄。珍妮佛・艾克和娜歐米・巴格多那斯（Naomi Bagdonas），在她們的書《認眞幽默》（*Humor, Seriously*）中解釋道，把幽默感帶進工作場所，能幫你達成更多事，同時也能加深人際關係並帶來樂趣。⓱

對在家工作的爸媽來說，這一點也同樣適用。如果你的工作日是要去孩子學校參加委員會，在當地圖書館或博物館當志工，或是在遊樂場看著你家的小小孩，那就在這些地方交朋友。不管你早上九點到下午五點是在哪裡度過，這位朋友都能和你一同歡笑，一起爲成功慶賀，在挑戰來臨時（遲早會來的）爲你加油打氣。

傑夫是灣區一家新創事業的創辦人，並負責公司的徵才留用，他很認可職場友誼的重要性。傑夫來我的班上演講時告訴同學，他實施的那些昂貴人事方案，跟員工之間凝聚的友誼一比，根本見效甚微。能被邀請參加同事的婚禮，或是當小孩的教父母，才是讓員工不跳槽的原因。在辦公室有自己期待見到的人，會讓你上班的動機更強，而且這個人還會讓你的工作時光更愉快充實。

寶貴的通勤時光

通勤的評分甚至比工作還低，經常被列爲一天之中最無聊的活動。[18]你也許還記得時間追蹤研究結果畫成的圖表，通勤正是**墊底**的那一個。通勤之所以這麼惹人厭，是因爲它完全是典型的浪費時間：沒錯，這幾十分鐘非花不可（有些人則是數小時），才能到自己要去的地方，但這些時間卻是空虛的，累積的時數又相當可觀。美國人平均每天約花一小時開車上下班，而搭乘大眾運輸，如公車、火車或地鐵的人，所花時間平均下來也是不短於一小時。[19]我們總是等著通勤時間結束，好趕緊展開一天活動，等要回家時又得再來一遍。

在理想世界裡，你能將通勤時間減到最少，像是選擇離家近或是可以遠距辦公的工作，或者搬到離公司較近的地方。話是這麼說，不過這些關於工作和生活地點的重大決定，通常發生機率很低。此外，當你眞正面臨這類抉擇時，要考慮到的因素又多不勝數。比如需要通勤較久的職位恰好是你一直想要的，是絕對不可錯過的職涯機會。再說走路就到的地點，房價通常也很高昂，而且附近可能沒有適合孩子的好學校。或者你配偶的工作恰好在城市另一端，所以你們之中總有一個人得長途通勤。

新冠肺炎疫情期間少數幾個好處之一，就是有七〇%的上班族，突然不用再花時間通勤了。[20]隨著居家命令頒布，員工被迫（或許有人想說是被容許）在家工作。不用再卡在車陣裡，或是推擠旁人好在地鐵上找個位置，現在我們可以慢悠悠地走到書桌旁，還用不到一分鐘。以前浪費在通勤上的時間，重新回到我們手中，而這些片段可以用在更好的地方——完成更多工作、運動、放鬆。一旦發現以往浪費的時間現在可以自由運用，也就難怪即使再度開放，人們也不願回到辦公室。[21]

也不是每個人都痛恨通勤。就拿吉姆來說，他和妻子及兩個孩子一起住在紐澤西州——他們精心挑選了一個居民凝聚力高，附近有好學校的社區。但就是離他工作的地點很遠：他在曼哈頓一所大型醫院擔任物理治療師。他每天單趟通勤要兩小時。先搭火車再換地鐵，然後再走四公里的路，要回家時再倒著來一遍。奇怪的是，他並不討厭這樣通勤，事實上，他愛極了。他會在火車上讀間諜小說，在地鐵上看報紙，然後在站外的小商店買杯咖啡，邊走邊享用。他欣賞街上櫥窗與路樹的季節變化，向路上偶遇的遛狗人士點頭致意，同時默默調整心態準備迎接一日的工作。在走同樣路線回家時，他大步拋開病人帶來的壓力，在火車上再讀一章間諜小說，等他走進家門時，已經覺得一身輕鬆、頭腦清晰，迫不及待想給妻子一個吻，然後開始陪孩子們做功課。

這種通勤與一般人視爲畏途的有何不同？對吉姆來說，這段時間並不浪費，上下班途中的時光對他來說反而很寶貴。這段時間可以用來閱讀，畢竟他在家時不會看間諜小說，因爲要把全副注意力都給妻兒。走路讓他有機會在戶外動一動身體，觀察城市生活，以及思考。這是**他的**時間，是一天之中獨屬於自己的時光，所以他才不願意匆匆忙忙，只爲趕到目的地（否則他大可直接搭地鐵到上城區）。

吉姆的故事提供了一個重要線索：如何把原本麻煩的通勤差事變得美好。吉姆把通勤和喜愛的事結合在一起，應用綑綁策略使得差事變得有趣。吉姆把通勤時間結合了**個人**時間——用來閱讀、運動和思考，原本浪費的時間成了寶貴時光。

與其漫不經心地換電台或滑手機，不如有意識地運用往返家中與辦公室的路途時間。以下是一些可以和通勤綑綁在一起的好點子：

如果你是開車上班，就需要不須用手操作，也不須分神去看的活動：

・聽有聲書。我常聽到有人說眞希望能多點時間看書，如果你把每天上下班的三十分鐘通勤時間拿來聽有聲書，一、兩週就能聽完一本書了。也許這還能讓你下定決心參加讀書俱樂部，畢竟要跟上讀書俱樂部的閱讀進度的確是個挑戰，這項捆綁策略也許能幫你達成這個任務，同時還能讓你拓展友誼。為了讓自己期待坐上車，你可以選擇緊張刺激的驚悚小說，或是能讓你感受他人經歷的書，或者是能提供你良好建議的書，或是歷史、自傳、商業書籍。由你決定，這是**你的時間**。

・聽 podcast。有很多很棒的 podcast，可以帶給你新知並啓發靈感。

・聽外語。我從沒試過用聽的學外語，但我知道有些有聲語言學習課程十分有效。這不但能拓展你的交流圈，下次去度假時還能自己點美食來吃。

・打電話問候父母、長大的孩子或朋友。現在我們知道深層的快樂來自社交連結，但忙碌的行程可能讓你找不到時間打電話問候親友，而這就是你在找的時間！你可以利用車上時間與你愛的人保持聯繫。而且因爲通勤時間通常都是固定的，你們還可以訂下一個長期的每週通話約會，讓你們即使分隔兩地，也能成爲彼此生活中常在的溫暖。

雖然大眾運輸工具上可能必須要用耳機且禁止大聲談話，但這類通勤還是有很多可供細綁的點子，因為你可以放心地把視線放在自己在做的事：

· 閱讀……包括有插圖的書。

· 寫作。動手寫你自己的小說或寫日誌。

· 收信。用這段時間清空你的信件匣，等你到辦公室或回家時就不用再花時間了。羅伯承認他很懷念以前每天往返費城和紐約賓州車站的一小時火車車程，因爲他每天早上都能讀完整份報紙，而且傍晚時還能把信收完，回家時收信匣清空，腦袋清爽。

· 看電視。現在的節目都可以用手機串流播放了，你可以坐在公車上看其他家人都不愛看的節目。趁這段時間看只有你愛看的節目，可以減少家庭摩擦，省下的時間下車後可以做別的事。

如果你很幸運地可以走路或騎單車上班，通勤時間很自然地就會跟置身戶外及運動綑綁在一起。走路到辦公室的途中，你還可以再加入另一個元素，像是聽有聲書或podcast，或打電話問候你愛的人。當然，你也可以好好品味身在天空之下的這段時光，並用這段時間來思考。就像吉姆一樣，將通勤化爲寶貴時光。

將不快樂的時間變得更快樂

別不戰而降，別乾等著不愉快的活動過去，這是你生命中的時光，不能輕易浪費。不管你以前怎麼想，花在做家事、工作、通勤的時間的確是你的時間，能運用的方式多到超乎你想像。只要稍加用心，就能把這些看似乏味的時間化爲饗宴。現在你已經學到，如何將原本最不愉快的日常活動，變得更有意義、有連結又有趣。改變雖小，效果卻很宏大。

本章摘要

★ 雖然平均而言，家事、工作及通勤是最不快樂的活動，但有一些出奇簡單的策略，可以讓你把這些時間變得更快樂。

★ 花錢請人做雜務，把省下來的時間重新投資在更有意義的事上（比如與所愛的人相處）。

★ 提升工作時的動機、愉悅及滿意度。

★ 找到你的目的——你**為什麼**做這份工作。

★ 交個朋友。

★ 把通勤和你喜歡的活動綑綁在一起（如在車內聽有聲書或在火車上看書），讓這段時間成為享受而非浪費。

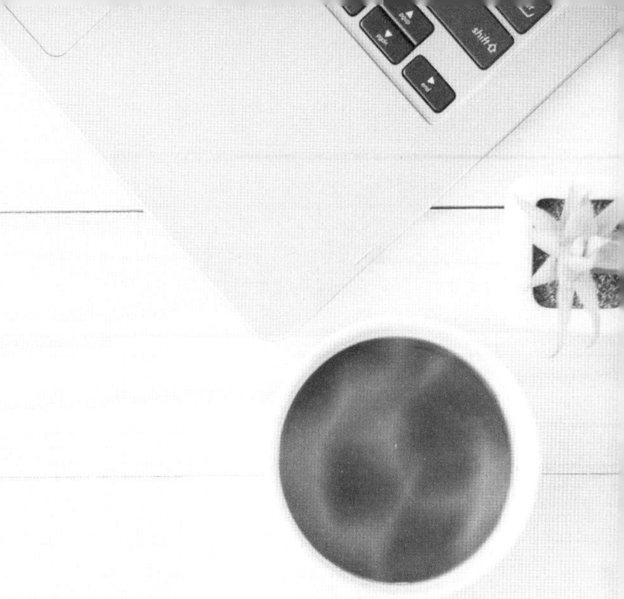

第五章

停下來聞玫瑰

為當下喜悅，這一刻就是你的人生。

—— 奧瑪・開儼（Omar Khayyam）

二〇一七年，也就是我在火車上醒悟後又過了四年，我們搬回了加州，活出我夢想中的生活。我們在UCLA校園附近買了房子，李奧進了尤加利樹蔭下的幼稚園——離我的辦公室不到四百公尺，我每天早上都能陪他走去學校。

有一天早上我們正在上學途中，一如往常，一切都很完美：陽光閃耀，鳥兒鳴唱，四歲的李奧滿臉笑容，蹦蹦跳跳走在我身後。多完美的畫面——如果不算上我的話。我大步走在前頭，一臉怒容，當天第一個會議快要開始了，每走幾步我就要回頭對李奧吼道：「拜託快一點！」

結果他反而停下來了：「媽媽，等一下！」

我不想等：「李奧，快點，我們要遲到了！」我在心裡飛快檢視當天的待辦事項，因爲擔心無法在下午接他之前完成而感到益發焦躁。

「可是，媽媽，看！」

我轉過頭，看到他整張臉都埋在路旁盛放的白玫瑰叢裡。

我一邊繼續往前走，一邊維持轉頭的姿勢吼道：「李奧，我們沒有時間停下來聞玫瑰！」

聽到這句話脫口而出後，我停下來了。身爲時間與快樂專家，我被自己嚇到動彈不得。我大錯特錯，追求準時到**近乎**荒謬。我沒有好好享受陪兒子走路上學的時光，反而滿腦子都在想別的事：計畫、準備、等著做下一件事。我沒有注意到宜人的天氣，更別說路旁傳來的清新花香了。我根本沒留意，我完全錯過了！

聽起來很熟悉嗎？很遺憾，人們就是很容易錯過日常生活中的完美時刻。本章將會解釋原因，更重要的是，我們將學習如何注意到眼前的美好。不同於第三章，這一章不是要指導你如何將時間花在不同活動。也不同於第四章，這章並不是要建議你如何改善最討厭的活動。這章要說的是，如何將你原本就已妥善支出的時間加以升級。

人就是會習慣

陪李奧走路到新幼稚園的前幾個月，我也會注意到花。這段路程代表著我和羅伯努力爲之奮鬥的一切，我們終於搬回加州，都做著自己熱愛的工作。還沒走到辦公室我就已經心花怒放，我再也不用脫下層層厚重衣物等身體回溫，也不用打開桌燈假裝是陽光。現在我可以打開辦公室的窗戶，眺望綠草如茵的小山丘，再過一會兒穿著夾腳拖的大學生就會在那架起吊床。我會感激地深吸一口南加州乾燥的空氣，再坐下來開始一天的工作。

但在每天陪李奧走這段路連續數月後，我習慣了。因爲**太過**習慣，我也就不再關注，停止關注後，這一切美好就不再有機會對我的心情產生正面影響。研究人員稱之爲**「享樂適應」**（hedonic adaptation）。人類在持續重複接觸事物後，會產生驚人的適應力。重複看到同樣的東西，做同樣的事，和同樣的人在一起，會降低這些事對我們的情緒衝擊。簡而言之，久了就習慣了。

人類的適應力非常有用，畢竟這世界不可能每天都風調雨順。就拿惱人的吸塵器噪音來說，持續聽上一陣子後，我們就會覺得沒那麼吵了，一群倒楣（但會逐漸不那麼心煩）的實驗受試者證實了這件事。❶同樣的，在冰冷的湖水裡走幾分鐘後，就會慢慢覺得沒那麼冷了，這時你就可以跳入湖裡游泳。

適應力讓我們能撐過不快和不適，也能熬過痛苦和困境。雖然面對某些失去時我們適應得不是那麼快，但人類的情緒適應能力，使我們出奇地有韌性。

就以新冠肺炎爲例，爲了抑制疫情擴散，二〇二〇年我們幾乎都被迫待在家中——不能和朋友到餐廳聚餐，也不能在辦公室見到同事，或是逛博物館，或是送孩子上學。我們被迫放棄努力用功換來的畢業典禮，或是精心安排、期待已久的假期。**然後**呢，等我們終於能回到共處的空間，卻不得不戴上口罩，這限制了交談，更遮住了親切的笑顏。

但我們適應了這些不便和失望，創造了新方式來連結和探索。我們沒有被打倒，甚至還能從中感受到一些快樂。透過適應，我們得以容忍逆境。研究甚至指出，囚犯能學會適應被隔離在單人囚室中。❷

享樂適應在減輕不幸遭遇帶來的痛苦上很有用，但也減少了美好體驗的愉悅。一旦生命中的美好事物，變成日常生活中一成不變的紋理後，我們就不再留心了。那些繽紛色彩帶來的感動減少了，於是就錯過了**太多**可能的快樂。

一杯冰淇淋就能生動演示這個現象。想像一下，你吃到第一口香濃的焦糖海鹽巧克力冰淇淋，吃起來怎麼樣？……超好吃！第三口、第四口也很好吃，第六口還不錯，第七口還可以。到了第十口，你只是機械式地在吃，一邊想著等一下要做什麼，而不是嘴裡的冰淇淋。你的享受逐步下滑，到了第二十口你已經膩了，說不定還覺得不太舒服。享樂適應解釋了爲何第一口總是最好吃（同時支持我向來認爲甜點應該先上的信念）。

但不是只有食物方面是如此。想想你聽到最愛的歌曲播放時的感動，你跟著唱和，等播放結束，你忍不住想再聽一遍。但要是不停地循環播放，歌聲不是成了背景音，就是開始讓你聽煩了。

問題是享樂適應不僅會弱化小小的快樂，像是冰淇淋、最愛的歌曲、或是晴空下的通勤時光，還會讓我們對巨大的快樂也逐漸麻木。回想你的另一半第一次對你說「我愛你」，盡可能讓那一幕鮮明地浮現，然後體會一下當時的感受。我猜會是因爲內心爆發的喜悅，而樂得不知所以吧。那快樂是如此豐沛，實在難以想像這三個字後來會變成更簡短有效率的「愛你」，常用在通話結尾，以及每天早上表示你要出門了。就連愛的宣言這樣刻骨銘心的舉動，也漸漸淡入背景裡了。

研究人員也記錄到，即使是極度幸運的事件，也有這種快樂逐漸下滑的現象。包括贏得樂透——這也是許多人最愛幻想的場景。當然，也許還摻雜其他因素，但一項研究比較了人口統計學特徵類似的樂透得主與非樂透得主，結果發現樂透得主並沒有快樂很多。❸不過能中樂透的畢竟是少數人，那麼大幅加薪的效應又如何呢？有一研究團隊探討了這個問題，他們追蹤了數千人長達十六年，衡量受試者的收入水準與快樂程度。根據受試者在收入變動後的快樂程度變化，研究人員得出的結論

是，收入顯著增加的確會使快樂程度在**初始時**明顯上升，但在四年內就會回到基礎線上。❹

金錢是這樣，那麼愛呢？同樣採取長期研究法，另一團隊衡量了受試者的快樂程度與婚姻狀態的變動。所得資料呈現山形曲線，最高峰是結婚當天，在婚禮日的前兩年快樂程度逐漸攀升，之後穩定下落回到基礎線。兩年內這些佳偶就從「我們結婚了！」的興奮，變成就是已婚。❺

你也許對這些研究結果感到難以接受，不過這種反應本身就是一種心理現象，叫做**「影響力偏誤」**（impact bias）。❻這些肯定能讓人快樂的事件，居然沒有持久效應，的確讓人難以接受。這是因爲你會想像，要是哪天幸運地大幅加薪或是找到眞愛時，**你會**有多開心，但在自己的想像中，你**只**想到這件事的效應，也就是單獨事件對快樂程度的影響。你沒有考慮到，其他眾多因素很快就會影響到你的日常生活感受及對生活的評價。

假設你眞的很幸運地找到了一個很棒的對象，這個人好到讓自己全心全意誓言與之共度餘生，也許一想到每天能在這人身旁醒來，就會讓你心花怒放。但很快的，每天就會變成了日復一日，結婚多年後，你還是在同一人身邊醒來，但睜眼時還會有一大堆其他因素影響你的情緒。也許你得急著起床準備上班，或是得幫孩子準備上學。接著又是交通、天氣、上司最新一輪的評語、兒子的親師會日期快到了、剛才和同事溝通困難……以上種種，還有其他更多因素，都會影響你的滿意度。多年來一直在同一人身邊醒來，讓你自在到根本就忘了這件事，更別提把這視爲無上幸運與喜悅的源頭了。

餘生有限

可是一旦你醒悟到，你的一生摯愛總有一天會不在了呢？或沒那麼嚴重，只是生活狀況使你們得以相伴的時刻減少了呢？你們共處的時光總有一天會結束，但在那之前，也許你們早就開始沒那麼常一起做喜愛的事了。或者是等你們難得一起做這些事時，總是有些地方變了，讓這些時刻變得沒那麼完美。沒錯，你和伴侶仍然會在同一張床上醒來，但行程表的衝突，也許會讓你們起床的時間總是錯開。或者你還來不及對伴侶說早安，就被肚子餓的學步兒從床上睡眼惺忪地吵起來。**或者**也許這項最基本的婚後福利被拿來換取一夜好眠，會打呼的那個人要睡沙發。

我現在不陪李奧走路上學了，因爲他上了小學，學校在八公里的車程外。幾個家長輪流接送，在我負責送他的日子，他在車上也只忙著和同學討論要選什麼歌聽。要是我早點領悟到，走路陪李奧上幼稚園的日子只剩那麼少，我一定會更加留心，也一定會注意到路旁盛開的花。

我們何時能體悟到剩下的時間有限？什麼能促使我們珍惜生命中的小小快樂？

年齡

以前還住在費城時，有一天週一上班時，我恰巧遇到博士班學生艾密特。他禮貌地問我週末過得如何，而我不假思索地歡快說道：「棒極了！」

他說：「哇！妳做了什麼？」

我頓了一下，其實我根本沒做什麼，至少絕對沒有刺激到足以這麼興高采烈。我說和羅伯及當時兩歲的李奧在家附近散步，我們試吃了一間新的早午餐，店裡有血腥瑪麗的台車，我們還去看了電影。我知道聽起來很平凡無奇，但還是頑強地說：「眞的很有趣。」

然後我問他週末怎麼過：他搭火車去紐約市和大學死黨會合，一起度過難忘的一夜。他們買到了當年度最熱門的演唱會門票，他滿臉笑容地說：「名不虛傳」。客觀來說，他的週末毫無疑問比我的要刺激許多，但我仍因爲和最愛的兩個人共度極爲滿足的兩天而容光煥發，眞不知道我們兩個**誰**比較快樂。

在艾密特和我走到辦公室之前，我們決定一起探討這項有趣的實證性問題。[7]我們發現在體驗式消費和享樂相關的學術文獻中，對何者較快樂並無定論。

而在流行文化中，我們找到相異的答案。我們回想起羅賓．威廉斯在《春風化雨》的經典場景中，如此鼓舞他的學生們：「及時行樂！抓住今天，孩子們，活出非凡的人生！」艾密特的週末得一分。

可是《一路玩到掛》又怎麼說？在這部電影中，摩根．費里曼和傑克．尼克遜飾演的角色，發現自己已是癌症末期，這促使他們展開一段別開生面的冒險——登山和高空跳傘。但到了最後（劇透警告），他們發現最大的快樂，是靜靜坐在自家後院，以及與家人摯友同坐一桌。我的週末得一分。

所以，到底是哪一種？是讓人興奮且與日常生活大不相同的非凡體驗，還是日常生活中平凡甜美的時刻？是非凡還是平凡對快樂更有助益？

爲了以實證方法回答這個問題，艾密特和我首先詢問數百人，受試者包含各種性別、年齡、收入水準與種族。我們請受試者形容最近一次的快樂體驗，並要求其中的半數人描述**非凡**的體驗，另一半人則請他們描述**平凡**的體驗。人們回想起的經歷包括「我潛入貝里斯的藍洞。」「喝了一杯超好喝的星冰樂！超適合那一天的，因爲那天又濕又熱，而星冰樂冰冰涼涼的。」「我結婚了！」「狗狗跑來沙發上和我貼貼。」「在後陽台看豔陽高掛。」「收到好友傳來的簡訊。」我想你能猜出這些經驗算是哪一類。

在尋找主軸時，我們發現人們分享的快樂經驗有明顯的差別：

非凡的經歷通常屬於以下三類：

1. **人生里程碑**——畢業、找到好工作、結婚、有小孩、有孫子。
2. **一生一次的度假**——登上馬丘比丘、到巴黎旅行、到貝里斯的大藍洞潛水。
3. **文化活動**——看演唱會、現場看職業體育賽事、到世界知名的餐廳用餐。

平凡的經歷則是完全不同的類別：

1. **與所愛之人（包括寵物）度過的簡單時刻**——收到朋友的簡訊、伴侶的早安吻、和兒子一起散步、和狗狗一起窩在沙發上。

2. **小享受**——香醇的葡萄酒、美味的三明治、熱水澡、一本好書、大熱天來一杯星冰樂。

3. **自然**——注意到日落、美景或盛放的玫瑰。

哪一種比較好——非凡，還是平凡的經驗？為了回答這一點，我們請受試者除了描述經驗外，還要以九分量表評定他們的快樂程度。結果是視年齡而定，對較年輕的人來說，非凡體驗比平凡的帶來更多快樂。但是對較年長者來說，平凡經驗產生的快樂和非凡的一樣多。換句話說，在較年長的區段中，非凡與平凡經驗的快樂值在統計學上沒有顯著差異。

也許你會問，怎樣是「較年輕」和「較年長」，在【圖表5-1】中是指三十五歲以下及以上。不過這個三十五歲的分隔線其實沒什麼神祕之處，只不過它是受試者年齡的中位值，所以我們用它來將資料分組。事實上，源自平凡經驗的快樂程度會隨著年齡而增加。隨著年齡增長，人們益發意識到餘生有限這件事，明白時間有多

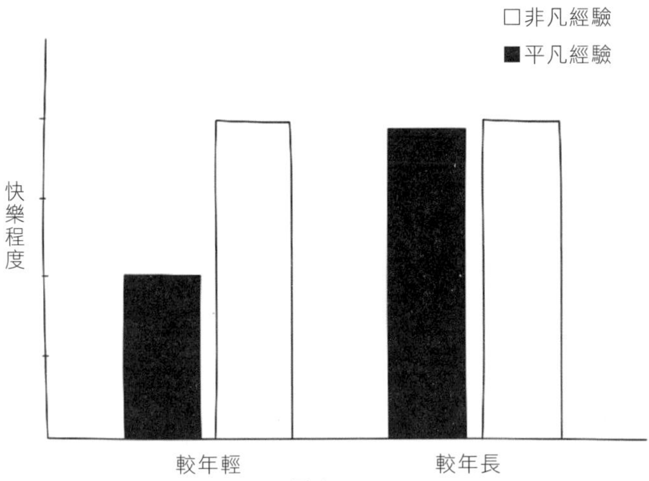

圖表 5-1

寶貴後，即使是最簡單的時刻，人們也開始更加珍惜。這項結果指出，雖然我並沒有比艾密特年長太多，但我已經邁向人生的下一階段，這也說明了我們兩人的快樂週末為何如此不同。

危機

年齡只是我們還有多久可活的指標之一，更令人心痛的提醒是目睹其他生命逝去。看見死亡，迫使我們體認到留給自己的時間可能少得令人害怕。二〇〇一年九月十一日，恐怖分子在短短幾小時內奪走近三百條人命，雖然大多數喪生者集中在紐約市，但全美國和全球各地的人們都不禁想到自身。人們將所愛之人拉得更近、

抱得更緊，研究人員觀察道：「當環境中的線索彰顯生命的有限性時，人們會更加傾向親近且有意義的關係。」❽

新冠肺炎也促使更多人珍惜簡單的共處時光。在疫情期間，死亡的陰影在所有人頭上籠罩不去，電視、廣播和報紙不斷報導最新的死亡人數，許多人痛失所愛。在被無情地提醒生命有限的同時，我們也被迫暫停，不得不待在家以減少病毒擴散。居家隔離讓我們除了專注在此時此地之外，無事可做。

當時李奧是一年級，被迫停學在家。為了找個藉口走出屋外，我們重拾每天走路穿越UCLA校園的舊活動，只不過我不用再趕著上班了。意識到生命如此脆弱，餘生終究有限後，我更專注在當下，更專心在李奧身上，於是我們一起慢下來欣賞玫瑰花。

在這無疑令人不快的時期，發現意外快樂的人不只是我。對部分人來說，處境確實更加艱困，但對其他人來說，生活慢了下來。一位朋友這麼描述他們家晚上新的固定活動：他們七歲的兒子會布置桌子，準備迎接一頓悠閒的家庭晚餐和之後的桌遊時間。她回想道：「詹姆士的桌面造型還真的很有創意！他每天晚上都會訂定主題然後依此布置，昨天晚上是聖誕節主題——有一排排的節慶蠟燭、紅色餐巾和特殊餐盤。之前我每天都排得滿滿的，但沒有幾件事是令人感到充實的，這段時間讓我們更親近了。」

生命階段

當然，我們不必等到危機來臨或白髮蒼蒼，才想到人生終須一別。一個**人生階段**的結束，也能促使我們善用時間。

有時這會發生在即將搬遷時。如果你曾搬離一座城市，也許有注意過自己在離開前，會花更多時間和親近的朋友及鄰居相處。你也許會重新造訪最喜愛的地點和自己覺得最友善的店家。道別會促使我們細細品味曾經喜愛的事物。

你也許在大學即將畢業前，也曾體驗過這種重溫最愛活動的衝動。這段黃金歲月的最後幾天感覺起來似乎格外耀眼，這一點也呈現在一項針對大四生的實驗中。在畢業前六週，學生被指示寫下他們的大學經驗——一組被提示所剩時間無幾（「就快畢業了」），另一組被提示還剩許多時間（「畢業還早」）。兩週後，這些學生回報他們的快樂程度，被引導認爲所剩大學時光有限的組別較爲快樂，他們比較快樂是因爲善用了時間。他們把時間用在縱情享受最愛的活動——和好友廝

混，流連最喜愛的校園地點。❾

這些發現透露了人的深層動機就是會設法畫下快樂的句點，也解釋了為何連續吃巧克力實驗的受試者，會認為標示為「最後一條」（對比「下一條」）的第五條巧克力最為美味。❿

數一數

我們該怎麼做才能時時記得，我們在日常生活中所享有的每一刻，其實都是有限的？不論我們現在幾歲或處在何種人生階段，到底該如何抵消適應快樂喜悅的傾向？有個靈感來自提姆．厄本（Tim Urban）的練習，可以幫助我們持續注意並享受美好事物。⓫我每年都會讓學生做一遍，引導他們計算所愛的體驗還剩下多少比例的時間。

但首先，我會強調人的壽命是多麼的易於計算又有限。我會給學生看一張圖，圖上有九排圓圈，每排各十個——視覺化呈現九十年的歲月（假設他們幸運地活到超過全美平均壽命）。接著是另一張圖，呈現以月計的人生（一〇八〇個較小的圓圈，請見【圖表5-2】），然後是週（四六八〇個更小的圓圈），最後是天

以月計的90年人生

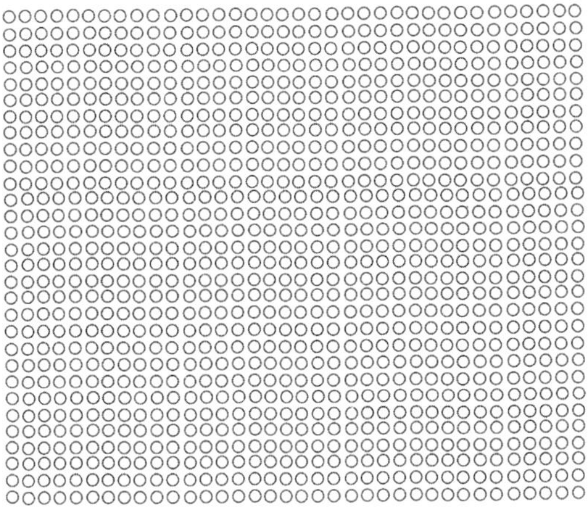

圖表 5-2

（三二八五〇個點）。雖然最後一張圖上很多點，但值得注意的是，**所有的**點——每一個週二或週五或週日——全都能輕易地塞在同一張圖裡。充分呈現了我們的日子數量有限，可以輕易數算。

然而，時間單位（日、週、月）無法表達時間的真正價值。時間的價值來自於是什麼填滿了這些日、週、月——是我們在這三二八五〇個日子裡體驗到的事件：二十二次冬季奧運（假設沒有因戰爭或疫情而取消的話），八二一二個夏季日落，九十個春季，四六八〇頓週日晚餐，以及二三四〇〇個週末早晨。

但有許多事件是發生在這九十年中較短的區間內——也許是年紀太小時不能做

（如性事），或是年紀太大了沒辦法做（如性事）。更關鍵的是，既然我們最快樂的時刻通常是和其他人在一起，那也得計入這些人還能陪我們多久。這些每週（像是週日和父母共進晚餐）或是每個平日（像是走路送李奧上幼稚園）的活動，只會發生在人生中的一小段區間中。我走路送李奧上幼稚園很多次，因爲那段期間內幾乎每天都發生，我就把它當成了一項日常活動。結果就是我逐漸適應，好像會永遠持續下去一樣。但我沒有去算，也沒想到在催著李奧**快一點**的那天早上，我們已經完成了八〇％的早晨通勤時光。我們只剩二〇％的時間可以經過玫瑰花叢，一起走過校園。

爲了促使學生持續注意到美好事物，我要求他們先找出一件喜愛的事，大多數人想到的都是和所愛之人共享的活動。一個學生選的是週六早上遛狗，另一個人想到的是和死黨一起看體育賽事，另一個人挑的是和父母共進晚餐。

接著我要他們計算，在目前爲止的人生中，已經做過多少次這個活動。

再來，我請他們計算未來自己大約還能做多少次這項活動：還剩下多少次。我知道這看起來好像過度在意大限之期，畢竟我們的文化通常避談人生有限這件事，但請稍加忍耐，因爲這能增加你的享受及滿意度。

學生在計算未來次數時，我會提醒他們，記得要納入限制因素與可能會變化的條件。舉例來說，他們目前是否與對方住在同一地，將來是否會持續如此？對方的家庭或工作變動，是否會影響其應約的可能性？他們自己的家庭或工作變動，是否會影響自己應約的可能性？對方與他們自己的預期壽命是多少？

計算結果總是有如當頭棒喝。舉例來說，計算週六遛狗次數的學生算出，他已經帶五歲的狗兒散步約二三〇次了（因為領養時毛夥伴已經六個月大了，又有幾個週末因為出差而錯過）。假設他的狗可以再活五年（在這期間他可能還是要出差），那麼他們的週六散步只剩五二%。發現他們的週末散步已經用去將近一半，只剩下一半，學生於是對自己（和他的狗）承諾，絕對會好好善用僅剩的時光。下個週六不再只是在附近走一小段就了事，他開車載著狗兒去了海邊，一人一狗都開心極了。

我的學生雖然知道他和毛夥伴剩下的時間有限，但實際計算後才發現他們能共度的週六時光比預期的還少。六個月後這個學生又修了我的另一門課，他在小組的期末報告時遲到了，這對向來認眞的他來說頗令人意外。之後他解釋說剛從獸醫那裡趕過來，他把狗兒送去安樂死了。在一開始做計算時，他不知道狗兒會罹患迅速爆發的癌症，雖然傷心，但他很慶幸做了這項練習——感謝能讓他善加珍惜這些散步時光，感謝他們去了海邊。

另一名學生計算的是和死黨窩在沙發上看體育賽事的時間，他尷尬又震驚（但又有點驕傲）地算出，他們在電視前花了將近四七〇〇個小時。這包括了他們在中學和高中期間放學後及週末時共度的歲月，以及他們各自上了大學後返家時專程相聚，一同爲支持的隊伍搖旗吶喊。自從大學畢業搬到不同城市後，工作使他們返家的時間無法太長，於是他們開始每年造訪對方一、兩次。但現在我學生有了認眞交往的女友，他朋友也已婚且家有一名兩歲兒，要找到彼此都有空的時間益發困難。等他們終於約好週末相聚，也不能再花那麼多時間邊看體育賽事邊天南地北的聊。發現自己與好友相聚的時間剩不到五％令他十分難過，下課後他立刻打電話給好友——跟他說聲嗨，並安排下個月來一次男人的聚會。

在那次下課時，我還聽到計算和父母共進晚餐次數的學生打電話給她爸媽。在上大學前，她幾乎每天晚上都和爸媽一起吃晚餐（除了有幾次到朋友家過夜，以及有一個暑假到海外留學）。她注意到自從上大學後，他們共進晚餐的次數銳減，聖誕節和暑假時她會回家幾週，每年她爸媽會有幾個週末來學校看她。大學畢業後她在紐約工作的六年期間，仍維持這種最低見面頻率。爲了離家人近一些，後來她搬回南加州讀研究所。現在她離爸媽住處只需一小時車程，每週日晚上他們都會共進晚餐。

因爲爸媽都已經六十多歲了，我的學生醒悟到他們的每週晚餐最多只剩二十年，計算後更證實餘下的晚餐數不到總數的一％。她向我坦承，有幾個週日因爲課業或與朋友相約而取消晚餐，這讓她感到很愧疚。驚覺爸媽正在老去，也讓她感到悲傷，不過，這次計算的正面效果還是遠勝負面。往後，她決心保護這些晚上——不管學校課業有多忙，或是朋友的邀約有多誘人。過一陣子後我問起她後續情況，她說自己不僅支出了這些時間，也更享受這段時光了。這項計算使她在晚餐聊天時更用心——會問起她出生前爸媽的生活、尋求他們的建議、追憶他們共度的歡樂時光和有趣的回憶。她也承認，以前媽媽的評語會讓她有點心煩，但現在已經不太在意：「沒必要把這麼珍貴的時光浪費在爭辯小事。」

剩餘次數練習

為了抵消享樂適應與不再留意美好事物的惡習，算一算某件你喜愛的活動還剩多少比例。

1. 找一項你最喜愛的活動，什麼都可以：和某人一起做的事、最近一直往後排的事……總之，要是一件對你很重要的事（如打電話給好友、悠閒閱讀、和父母共進晚餐）。

   例如：二十九歲的研究生計算和父母共進晚餐的次數還剩多少。

2. 計算過去總共做了幾次這項活動。

   大學前的晚餐數：

   18年×365天＝6,570

但還要減去海外留學兩個月期間的晚餐（60），和偶爾到朋友家過夜（20）。

所以大學前是6,490次晚餐。

大學期間的晚餐數：

四年的三週節日假期（4×21＝84），加上

四年的三週暑假（4×21＝84），加上

四年的三次父母週末來訪（4×9＝36）

所以大學期間總計204次晚餐。

住在紐約市期間的晚餐數：

六年的一週節日假期（6×7＝42），加上

六年的一週夏季返家（6×7＝42）

所以大學後居住紐約期間共84次晚餐。

搬回加州後的晚餐次數：

一年的週日晚餐（52），減去

因其他事而取消（6）

所以過去一年內有46次晚餐。

總計（6,490＋204＋84＋46）過去與父母共度6,824次晚餐。

3. 計算未來還剩幾次這項活動——以你喜愛的方式，以及若有的話，與你喜愛共度的人一起。在預設未來時，記得計入限制因素及可能變動的條件。例如：若你的活動涉及特定一人，考慮對方目前與未來是否會繼續住在你附近。此外，對方的家庭和工作狀況，以及你的家庭及工作變動，是否會影響對方或你自己做這項活動的興趣或時間？對方的預期壽命是多少？你的呢？

假設現年六十五歲的父母可以活到九十歲，也就是還剩二十五年的每週晚餐（25×52），總計為1,300次。

不過謹慎起見，你也許會想採用平均預期壽命（男性為七十六歲，女性為八十一歲）。

那麼與雙親共度的每週晚餐就還有十一年（11×52），也就是還剩572次晚餐，而這是假設不跳過任何一次的情況。

4. 計算剩下活動次數占總數的百分比，餘下的時間是否比你想得還少？

在總共的晚餐數（6,824＋572＝7,396）中，只剩下八%與父母共度的時光。

$$\frac{572}{7,396} \times 100$$

認清一項看似日常的活動其實不會永遠持續，就能讓你更加留意。這項計算能幫助你下決心優先保護這段時間，並善用這些時刻——更用心、更珍惜。

認清餘生終究有限，能讓你支出的時間更加快樂。雖然注意到人生如此短暫，也許會讓人緊張，但你會更加留心，也會更善於注意到簡單的快樂。認知到「這也會過去」，不但能讓你度過困難的時期，也能提醒你停下腳步，以免錯過路旁的美好事物。

將慣例化爲儀式

還有一個方法能抵消享樂適應。除了更留心平凡事物之外，你還可以化平凡爲非凡。

到了李奧的妹妹莉塔要開始上UCLA校園內的幼稚園時，我知道能接她上下學的時光不會太久，所以得善加利用。這項體認促使我創造了莉塔和我的**週四早晨咖啡之約**。我把這個名稱以粗體表示，是因爲這件事就是**那麼**重要，讓我**那麼**重視。我們的**週四早晨咖啡之約**，是我和莉塔都非常期待的重大事件，受到高度尊重，甚至讓爸爸和哥哥都有點嫉妒。它在我的日曆上受到嚴密保護，也在相片中完整留念（我用手機拍攝的），而且很多人都知道：莉塔的老師和朋友，以及我的學生都聽說過，它聲名遠播。

每週四早上輪我開車接送各家小孩，等大孩子都跳下車後，我們倆的約會就開始了。開場是一首歌，「嘿，Siri，播放……」你也許不會想聽我唱雷鬼樂鼻祖巴布·馬利（Bob Marley）的《三隻小鳥》（*Three Little Birds*），不過莉塔重新編唱辛蒂·羅波的《女孩只想玩樂》（*Girls Just Want to Have Fun*）和惠妮·休斯頓的《崇高之愛》（*Higher Love*），可是讓人耳目一新。在抵達附近的咖啡廳時，店員們以微笑迎接我們（這本身就是得來不易的成就），雖然我們毀了店裡的氣氛，但他們最後還是喜歡上我們，也欣賞我們每週的儀式。雖然後面還排著長長的隊伍，但輪到我們到櫃檯前時，他們還是耐心地等待害羞的莉塔鼓起勇氣點餐：「請給我一份小杯的熱巧克力和一份原味可頌。」他們知道我喜歡點脫脂馥列白。麥克斯負責倒咖啡時，莉塔會特別興奮，因爲他會格外用心地在奶泡上做出一個愛心。喝著溫熱的飲料，一邊在桌上掉滿可頌屑屑，莉塔和我歡慶這個早上。這是我們珍藏的時光，只屬於我們兩人。

我們轉化了原本例行的買咖啡差事，把一個習慣化爲受珍視、儀式化的傳統。我們爲它命名，建立心照不宣的明確行事流程，拍照。多虧這些刻意營造的細節，我們可以談論它，知道接下來會怎麼樣，還有照片幫忙把它留存在記憶中。我們讓它變得特別。習慣讓我們不須多加思索就能度過一天，傳統則賦予這些易逝的時刻更多意義。傳統讓我們能彼此連結且延續至未來，提供一種歸屬感。

為了抵消享樂適應，為你的事件命名吧。除了把和伴侶（或朋友）外出用餐的時間排入行程表外，還可以給它一個「XX之約」的名稱，這樣一個重新定義的小小舉動，就能使它更為特別。為這個事件的細節投入更多心思，就像七歲的詹姆斯為了符合當晚主題，在餐桌上擺放特殊餐盤，或者使用不同餐具。一項實驗證明，被指示以筷子取用爆米花的受試者（而不是像平常一樣用手抓），覺得爆米花更好吃，整個點心時間也更愉快。⓬特殊巧思不需要很花俏。當然，你可以挖出結婚時收到的水晶杯和銀製餐具，打造居家約會的氣氛。但你也可以簡單地從後院摘一束綠葉，放進玻璃罐裡做為點綴。或是試著更動前廊物品的擺設，藉以告訴孩子（還有你們自己），你們要「外出」去一週一次的**晚餐約會**（這在新冠肺炎居家期間特別有用）。

在關係中找出一件你們都喜歡的共同例行活動做為儀式，將它訂為你們的傳統。這可以應用在任何事上——下午和同事出去買咖啡、晚上和室友去看電影，或是和伴侶出門吃晚餐。我認識的一對夫妻，每次外出用餐時都會以一杯龍舌蘭酒做爲開場。我有一次參與了他們的這項傳統，我可以作證，這眞的立刻將整個晚上化爲一場慶典！擁有共同儀式很有價值，研究證實，在愛情關係中擁有明確共享的儀式，能提升關係滿意度和承諾度。⓭

擁有既定傳統不只能惠及平凡事件。透過將我們彼此連結，並連繫過往與未來，傳統讓我們能熬過葬禮，也讓婚禮更具意義，同時豐富了年度節日的體驗。一項研究指出，有節慶傳統的家庭，較可能在節日時相聚。⓮不只是相聚的可能性更高，他們也更享受這段時光。⓯所以，將你的家庭傳統發揚光大吧，如果原本沒有，就自己創造。我們家每年聖誕夜都吃起司火鍋，沒什麼特殊原因，就是「向來如此」……再說麵包沾融化的起司實在是好吃得不得了。

重點是大肆慶祝這些時刻，讓你**不由自主**會注意到。將這些時刻變得神聖，使它更具意義。

中場休息一下

要怎麼確保這些珍視的儀式，不會淪爲例行事件呢？讓我們回到那杯冰淇淋，來說明下一個策略。如果你在吃了第八口後休息一下——你把湯匙放進洗碗機，冰淇淋放回冷凍庫——下一口（第九口）應該就會和第一口一樣超好吃。研究證實，在按摩、看電視、吃巧克力時中斷一下，就能重拾享受程度。⓰舉例來說，在巧克力實驗中，研究人員指示愛吃巧克力的部分受試者暫停吃巧克力一整週，另一組則是想吃多少巧克力都行，最後一組則是沒有任何跟巧克力相關的指示。一週後，所有受試者都被邀請回實驗室吃一片巧克力，之前被禁吃巧克力的受試者，在吃的時候比較慢也比較快樂，他們比其他兩組更仔細地品味。⓱

中斷後又復得的快樂，不只適用於小小的放縱之樂，像是巧克力和看電視。介紹一下凱兒的故事，凱兒向來討厭愛情電影以婚禮做結尾，她認爲這給人一種錯覺，以爲結婚後就會「從此過著幸福快樂的日子」。凱兒自己倒是很清楚我先前提過關於婚姻的山形曲線，她知道在大喜之日和蜜月期結束後，大多數夫妻的幸福度就會逐漸下降，最後回到各自的基礎線上。所以，等她要結婚時，她決定走一條不同路線。

她以每天早上再次選擇結婚來保證幸福的延續。也就是說，除了在正式婚禮上，看著對方的眼睛做出一生一世的承諾之外，她和丈夫每天早上都會重申他們的誓言——並爲對方套上婚戒。不過他們並沒有說一長串誓言就是了。他們只是聲明，今天選擇了對方，餘生也將如此，然後他們每天都這麼做。如果每天都是結婚日，他們的幸福程度就能一直維持在結婚當天吧。

不盡然。在結婚十年後，即使是這樣浪漫且深具意義的儀式，也淪爲了習慣，變成每天早上不經意帶過的例行公事，失去了特殊性。所以他們喊了暫停，不是離開對方或婚姻，而是暫時不在刷牙後爲對方套上戒指。

暫停了幾個月之後，有一天早上，凱兒的丈夫從放在牙刷旁的小托盤上拾起戒指，再次向她求婚。凱兒的心中漲滿喜悅，如同最初，她想起自己是多麼幸運，才能遇到這麼聰明貼心的好男人，然後她說：「我願意！」……她當然會和他共度餘生！

再美好的事暫停一下也會有好處，偶爾中斷日常生活中你喜好的事物，有助於抵消適應效應。

增添變化

最後，讓我們再跳回我陪李奧走去幼稚園的那天早上。如果我們不是住在終年溫暖晴朗的南加州，而是還在四季分明且溫差大的東岸呢？如果那是春天第一個和煦的日子，我一定會注意到那天早晨的完美。

享樂適應會出現是因爲我們不再注意一再出現的美好事物，而變化就會使我們駐足留意。舉例來說，如果你在吃了第八口巧克力焦糖冰淇淋後，突然吃到一口薄荷口味，你就會注意到。喬丹．艾金（Jordan Etkin）和我所做的研究發現，美好事物有較多變化時，能使我們更爲專注——因此也就更快樂。

事實上，單是注意到現有事物之中的多樣性就已足夠。在一項研究中，我們請部分受試者描述在一週之中所做的**不同**事情，而其餘人則要描述他們在一週中所做的**類似**事情，結果顯示專注於多樣性的受試者較爲快樂且滿意。在另一項實驗中，我們直接告訴受試者如何過這一天，其中一半的人受指示要做許多不同的事，而另一半則要做許多類似的事。在一天結束後，做許多不同事情的受試者表示較爲快樂且滿意。⓲

多樣性也可以使關係升溫。知名關係學者亞瑟・艾倫（Arthur Aron）和同事所做的研究指出，婚後做較多新鮮活動的夫妻，較不會對關係感到無聊，對配偶也較爲滿意。[19]所以，如果你和另一半已經有固定的約會之夜，可以出門嘗試不同活動。我知道有一對夫妻發明了一個傳統叫週三漫遊日，每週三下班後的晚上，他們就會做一件新鮮事。有時候是品嘗沒去過的餐廳，有一次是去參加陶器上色課，也去看很多不同的音樂會和表演，碰到想不出什麼新點子的晚上，他們就會在街角的酒吧點一樣沒吃過的東西。多年後，他們依然手牽著手，相伴著在人生中漫遊。

本章摘要

★ 享樂適應是一種心理傾向，即人會逐漸習慣某一事物而不再留意。

★ 享樂適應能幫助人們熬過負面事件。

★ 但從快樂的觀點來看，享樂適應則有害，因為它會讓我們忽略生命中的喜悅——或大或小。

★ 為了持續體會生命中的愉悅：

1. 認清你剩下的時間有限，因此十分寶貴：
   - 這種體認在年華老去、面臨危機或某一人生階段結束時會自然出現。
   - 你可以透過計算某件愛做的事（通常是與你所愛的人）所剩次數來積極提醒自己。
2. 將例行公事轉化為值得慶祝的神聖儀式。
3. 偶爾暫停你愛做的事。
4. 在生活中安排多樣化的活動。

第六章
易於分心

活在當下
—— 一行禪師

凱特總是隨身攜帶待辦清單，在（有時枯燥的）工作會議中，她會檢視清單，並不時在工作任務旁添幾條私人任務：

- 買康諾的生日派對禮物。
- 預約與史瓦茲夫婦的晚餐餐廳。
- 寄信提醒足球隊的家長輪流帶點心。
- 明天會議的投影片做最後確認。
- 打給瑪麗亞告知計畫進度。
- 參加研究研討會。

在一次研究研討會上，講者分享該實驗室關於科技使用的駭人發現：因手機而分心的駕駛人，比酒醉駕駛人還要危險。❶但這項令人震驚的簡報，還是敵不過清單對凱特的吸引力。她正反覆檢視待辦事項，思索著接下來該做哪一項才好。她一邊點頭假裝認真在聽，一邊悄悄拿起手機訂購康諾的生日禮物，以及搭配的卡片和主題包裝紙。

凱特的待辦清單吸引並驅策著她，即使正在做其中一項時，她的腦海中仍不斷安排協調著其他事項。等研討會結束後，凱特滿意地劃掉其中兩項，完成更多事項了，成就感油然而生。

但這樣不間斷地管理追蹤待辦事項，又會如何影響凱特**正在做**清單上事項時的體驗呢？她聽進講者說的任何資訊嗎？她忙著在手機上挑選適合七歲小孩的包裝紙時，是否錯過了車禍是連續多年全球十大死因之一這項事實？等到了週末，她會不會在兒子的足球賽上又忙著看手機，急著想完成待辦事項而不是專心看兒子比賽？趕完一個又一個活動，凱特始終忙著安排未來的事件，卻鮮少活在當下。

研究顯示，你我之中有許多人都和凱特一樣，始終追逐著生產力。❷但這種傾向**做事**（doing）的驅力，是否會讓我們忘了**存在**（being）？我們能**做**（do）些什麼，好提醒自己少花點時間計畫未來，多點時間活在當下？最後，這會讓我們更快樂嗎？

分心

爲了評估人們的分心程度，兩名哈佛心理學家麥特．基林史沃茲（Matt Killingsworth）和丹．吉爾伯特進行了一項研究，檢視人們的思緒有多常飄忽到其他時空，而非專注於此時此地。

基林史沃茲和吉爾伯特運用一支手機應用程式，在一天之中不定時檢查受試者的狀況。每一次檢查時受試者都會被問到：一、你正在做什麼？二、你是不是在想其他事而不是正在做的這件事？三、你現在的感受如何？追蹤數千名受試者連續數月後，研究人員蒐集了近二十五萬個時刻。這份數據證實了容易分心的人不是只有凱特，每個人的心思都會亂飄——**經常**。事實上，人們有近半數的時刻都**沒能**專注於正在做的事情上（準確數字是四七％）。❸

此外，不是只有枯坐著開會時會讓人走神，事實證明，人們正在做的事情，對其是否專注，並沒有顯著影響。除了身陷性愛激情期以外，人們不管是在運動、換衣服、通勤、工作、做家事、放鬆、看電視、看書、照顧小孩或和朋友聊天時，都一樣容易分心。

這很令人震驚，因爲早上準備出門時在腦海中安排一天行程是一回事，但我想大家都會同意，朋友在對我們說話時應該要專心聆聽。我們當然不希望保姆在照顧孩子時心不在焉，也會希望老師和醫生集中注意力。

不過，在腦海中旅行到另一時空不見得是壞事。胡思亂想其實是人類獨有的認知天賦，當我們身陷困境時能讓心靈得以自由，也能想出解決之道。它讓我們能爲未來預做準備，也可以對過往加以緬懷。它讓我們能想像其他人的模樣和他們正在做什麼，即使對方不在身旁。可是，如果有半數時間我們的心思都在他處，那就有在精神上錯過一半人生的風險。

的確，基林史沃茲和吉爾伯特的數據警告道，如果我們的思緒飛遠，當下就會被犧牲。別忘了，除了請受試者回報當下在做的事，以及他們是否在想正在做的事之外，研究人員還詢問了他們當下的感覺。結果十分明確：人們分心時較不快樂。如果我們有將近一半的時間都在分心，這一點實在重要得可怕。

這些研究成果還有另一發現。基林史沃茲和吉爾伯特證實了，人們**是否**專注於當下所做的事，要比他們正在做**什麼**，更能影響快樂程度。這意味著關注眼前活動的這個舉動，要比活動本身更能決定你的快樂程度。這也警告了我們這些忙著做事的人，分心可能導致的不快後果。

不過，在我們這個快快快的文化裡，想慢下來眞正專注於當下可能不太容易。我們都需要具體工具，好提醒自己何時與如何從做事模式轉爲存在模式，以充分運用時間。以下有四個有實證根據的策略可以嘗試：

#1 把週末當成度假

你上次早上醒來後不用急著起身去做某件事是什麼時候？上次賴在被窩裡，或是在早餐時閒聊，或是手邊有咖啡、桌上擺好報紙是什麼時候？你記憶中是否曾和朋友一起坐在餐廳，面前的早午餐吃得精光，然後你又點了一杯柳橙氣泡酒，因爲，這個嘛，有何不可？你沒有要去哪裡，也沒有什麼急著要做的事。假設你能回想起這樣的場景，很可能當時你正在度假。

度假令人心曠神怡，研究人員想確認其美好程度，結果證實度假對滿意度、健康、創意、甚至是工作表現都有正面效應。❹在分析蓋洛普美國每日民調（US Daily Poll）調查的數十萬美國人資料之後，柯林．威斯特（Colin West）、山佛．迪沃（Sanford DeVoe）和我記錄了度假的快樂程度。民調中有一項問題是詢問人們有多常「空出時間和家人朋友去旅行或度假」，我們的分析顯示，優先排出時間度假的人，在日常生活中享有較多正面情緒、較少負面情緒，對生活的整體滿意度也比較高。❺

整體幸福度之所以提高的一大關鍵，就是度假使我們得以中場休息——暫時抽離忙碌的日常例行公事。可惜的是，我們總是忙著對付待辦清單，結果常常忘了給自己這些必要的休息，也就是沒能空出時間度假。

事實證明，美國人特別不擅長休假。美國是唯一沒有法定度假日的工業化國家，法國、英國、德國等歐洲國家，都提供工作者每年二十到三十天不等的有薪假期，而美國工作者中每四人就有一人連一天有薪假都沒有。❻不過這個問題不光只在於政策，也和個人決策有關。即使有假可休，超過半數的美國人也不會請假。❼原因之一是金錢，另一主要原因是**時間**。❽人們覺得有太多事要做，他們沒有時間度假。

慶幸的是，有些休息時段早已深植於我們的固定行程之中。比方說，週一到週五的工作日結束後就是週末。大多數工作者都能（也會）在週六和週日放假。那麼問題就在於，爲什麼週末**感覺**不像休息？爲什麼我們不會懶懶地賴在床上，或是在週六悠閒地吃著早午餐？這是因爲，就和凱特一樣，我們把待辦清單從平日帶到了週末，我們仍舊因爲那些待辦事項而分心。

那麼，要是你試著把週末當成度假呢？會不會感覺更像是你需要的休息？我不是說一定要跑到大老遠的地方去，就算你不是在夏威夷的酒店裡醒來，也能多賴一會兒床，你也不需要多請幾天假，就能享受多點一輪早午餐飲料的快樂。只要你把週末當成度假，也許就更能享受這段休息時間，再帶著好心情返回工作崗位。

柯林、山佛和我爲了驗證了這個想法，就在一般週末期間，對全職工作者進行實驗。[9]在週末前夕的週五，我們給予受試者一組簡單的指示，告訴其中一半人：「把這個週末當成度假，也就是盡可能地採取度假時的思考及行爲模式。」做爲對照，我們指示另外一半人：「把這個週末當成普通的週末，也就是盡可能地採取平常週末時的思考及行爲模式。」

我們讓受試者自由解讀並運用這些指示，然後在週末結束後聯絡他們，詢問他們週一回去上班時的感受。事實證明我們的想法正確無誤。將週末當成度假的組別之後較爲快樂、壓力較小、也較爲滿足。他們在週末期間也較爲愉快，更享受週六和週日。[10]

即使事前已有預料，但我們還是有點意外，也對這些結果感到十分興奮，因爲它意義重大。這意味著，只是簡單地重新定義時間，就能讓我們在期間及之後都更快樂。柯林、山佛和我想知道**怎麼會**這樣。

我們首先檢視受試者如何度過週末。原來，把週末當度假的受試者，表現得就像他們在度假：他們花較少時間工作和做家事。他們也花更多時間在「投入親密關係」——所以的確在床上賴了比較久。他們也花較多時間用餐，所以也許的確在早午餐桌旁待了比較久。這些結果顯示，「度假者」分配較少時間給不快樂的活動，而把較多時間用在快樂的活動。不過，有趣的是，返回工作崗位時快樂程度的最終決定因素，並不是他們花在這些活動的時間總量。

能提升度假者在週一時快樂程度的確切因素，是他們在週末期間**提高的專注力**。他們在進行週末活動時較少分心，這使他們在週末期間較爲快樂，之後也更爲滿足。

把週末當度假，對凱特會很有幫助。雖然她還是得去看兒子的足球比賽，也得帶他去參加康諾的生日派對，但心態上的轉變，也許能讓她以不同方法去看待這些活動，也更能樂在其中。說明一下，在平常的週末，當她處於典型的一心做事模式時，她會像教官一樣喊著家人趕快裝滿水壺、綁上護脛，然後衝出門趕往球場。在比賽中的大多數時間，她都會盯著手機——發簡訊約遊玩時間、訂午餐、在亞馬遜網站買東西。因爲被這些事分心，所以她沒看到兒子在球門前救下一球。之後她還會抱怨得載他去參加生日派對——她想盡可能有效率地做完這件差事，好讓她能繼續處理壓在心上的待辦事項。

然而，如果她能把週末當成度假，她的家人就能不用在吼叫聲中抵達球場。也許她還會在邊線旁輕鬆地窩在折疊椅上，開心地和家人一起沉浸在新鮮空氣和陽光之中。也許她會和旁邊的家長閒聊，等看到兒子英勇救球時，還會興奮地跳起來爲他歡呼喝采。到了下午送兒子去生日派對的路上，她會珍惜能和兒子單獨相處的時光。他們會放下車窗，打開音樂，一起放聲歌唱。

我們的實驗證明，度假的好處之一在於**心態**的轉變。我們放自己一馬，從做事模式抽離，給自己一些單純地存在當下的片刻。結果就是我們會感到更快樂——即使沒有搭飛機或花大錢住昂貴酒店。

雖然柯林、山佛和我是在週末中驗證觀察這些益處，但你可以把度假心態應用在一週中的任一休閒時刻。例如：你可以把週三下午或週四下班後的晚上時間當成度假。你不再憂心待辦清單，全然放鬆，打開音樂，悠閒地進食。就這麼簡單，強力推薦你試一試。在你早已擁有的休息時間中讓自己暫時放下，把下一個週末當成度假。關上筆電，放慢節奏，享受風景。

#2 練習冥想

雖然練習不一定能臻至完美，但絕對會讓你更熟練。冥想就是**練習**忽略分心事物，將注意力集中於當下。這能增加正念程度，其定義爲「處於專注並意識到當下所發生之事的狀態」。⓫你也許聽過這個詞，正念在佛教中歷史悠久，不過近來才在西方廣爲人知。

雖然有些人認爲正念有點做作，但其實它經過完善的研究，其廣泛的好處也經過科學證實。研究顯示，正念與心理健康、身體健康、行爲控制及人際關係等方面的改善有關。⓬舉例來說，不管個人是天生傾向或是受人鼓勵，實踐正念的人都回報在當下更爲快樂，對整體生活更滿意。越來越多的證據顯示，除了使我們更快樂外，正念冥想還能使人更聰明（提升執行功能）、更善良（提升連結感）。⓭

冥想就是將心思集中於當下，這能撫平所有關於未來的憂思，消弭急著想完成一切的念頭。因此冥想是對抗焦慮極爲有效的方法⓮——在我們這個時間匱乏的文化裡，這種情緒太常見了。焦慮症[15]被列為美國[16]及全球[17]最普遍的心理健康問題，且女性受影響的機率是男性的兩倍[18]，而在新冠肺炎疫情期間，此類病例增加了三倍之多。[19]所以若你正為焦慮所苦，冥想也許會是個好工具。

那麼，該怎麼做呢？主要目標是將你的注意力，集中在目前環境中的單一參照點上。呼吸會是一個很好的聚焦點，因為方便且連貫，當你隨著一次次深長的吸氣及吐氣沉澱思緒，心也會跟著安靜下來。

該持續多久？這個嘛，研究一般是檢視每天冥想十分鐘的效果，不過靜坐十分鐘不動，對初學者來說久得有點痛苦，既然你的目標只是要冥想，就不要因為標準定太高而嚇退自己。我建議先從三分鐘或五分鐘開始，習慣後再逐漸拉長時間。

多年來我們都習慣匆匆忙忙，想要慢下腳步專注當下可能會是個挑戰。冥想練習本身就需要練習，我建議你一開始可以尋求指引。幸運的是，現在你擁有許多選擇，比如UCLA的正念意識研究中心，就提供多種語言的免費實體及線上引導課程。[20]此外像是Headspace和Calm等應用程式，也提供冥想引導，且可自由選擇長度、主題及聲音。重點是找到適合自己的方案，因為要是冥想時間太長或是引導者的聲音你不喜歡，就會降低你下次繼續的動力。

我的課程中最後一項作業，是要求學生設計並實行（三週）他們預測能提升幸福程度的「生活竅門」。多年下來，我注意到冥想是這些計畫中最常見的方案。這些冥想練習經證實可有效降低焦慮並提升快樂——只要我的學生能找到喜歡的引導聲音和風格，適合的長度，以及訂下可行的時間表（例如：早上醒來第一件事就是坐到床尾，或睡前在床上，或上班前在車內坐五分鐘）。

雖然知道有種種好處，但我實在太躁動又沒耐心，靜坐冥想對我來說極爲困難。如果你跟我一樣需要更多補救方案的話，我可以分享一個自己喜歡的簡單冥想練習。你可以獨自進行也可以和別人一起，我都是和孩子在附近散步時一起做。

五感冥想練習

運用五感將注意力集中於當下環境。

請在周遭環境中找出：

- 五樣你能看到的東西。
- 四樣你能觸摸到的東西。
- 三樣你能聽見的東西。
- 二樣你能聞到的東西。
- 一樣你能嘗到的東西。

你可以獨自做這個冥想或和其他人一起，若是和同伴一起，你們可以大聲念出用五感注意到的東西彼此分享。

在冥想中你就是在**實踐**正念，練習讓自己不分心——一種集中注意力於當下的方法。但終極目標是應用你鍛鍊出的肌肉，將冥想融入日常活動之中。你的目標是不管做什麼事，**當下**都能專注，在日常生活中更能時刻臨在。

#3 關上門

不管你的正念有多熟練，只要小孩來討零食，或電話響了，或是同事走到你桌邊，你就一**定**會分心。雖然冥想可以幫助你集中思緒，但還是得安排好實體環境，以保證自己不受干擾。如果你接下來要進行深度或創意思考的話，這一點尤其重要——如果你想進入「化境」（the zone）的話。

化境也被稱為處於「心流」狀態之中，這是一種高度集中的超然狀態，由米哈里・契克森米哈伊研究提出。這位匈牙利裔美國心理學家，長年訪談及觀察世界各地數千人——包括僧侶、登山客、職業運動員、世界知名音樂家、大學生與普通人一般工作生活的情形——以找出並了解他們最充實的時刻。在他的開創之作《心流》中，契克森米哈伊主張人們身處心流時最為快樂。

當你處於心流狀態時，會完全沉浸在所做的事情之中，渾然忘我。等你回神後

（也只能等到你回神後，因爲在活動中會太過投入，無法顧及自己有何感受），你才發現那感覺有**多棒**。這通常會發生在你打從心底喜愛，且需要一定技能的活動。

問問自己——你上次處於心流狀態是什麼時候？若能說出一個時間，你回想起來時也許覺得既得意（因爲是顛峰經驗）又感慨（因爲在忙亂的日常生活中很難達到）。回想起這類經驗，會讓你很想再次體驗。運動員通常是在比賽中進入心流或在訓練時體驗到「跑者的高潮」，不過普羅大眾通常是在工作中進入心流狀態。[21]視你的工作形態而定（以及哪些專業任務你特別拿手又喜愛），你也許會在寫程式時進入心流，或是在寫作時，甚至有可能是在設計簡報時。要有生產力，你就**需要**這樣的時間，想過得充實，你會**想要**這樣的時間。在這樣的時刻你最具創造力，但它只能在對的環境下發生，而且即使如此也不是那麼常出現。

爲了設置適當的環境進入心流，你必須移除所有分心物。以下就以工作環境就例，提供一些訣竅。你可以自由調整，創造出自己的化境：

(1) 清除空間中與其他待辦事項相關的事物。

重要任務通常格外費力，所以人們會傾向拖延，先做較簡單的小任務（但又能覺得自己在做事)。研究指出，我們會先做看似緊急但不重要的任務，藉以逃避重要任務。[22]清空桌子，避免這類誘惑，把和其他專案有關的檔案移走，或乾脆連桌上植物都搬走。我桌上的三小盆多肉植物就受到了過多關注，尤其是該做重要工作時，我卻常常忙著檢查盆栽的土壤濕潤度和修剪枯葉。

(2)在行程表上空出至少數小時。

研究指出，在不同任務之間轉換很耗費成本，因爲這會讓你在任何一項任務中都無法進入最佳狀態。[23]比如我知道對自己來說，開會需要特別的社交能量，之後也要花一段時間才能回到自己的思考模式，所以我會保留大段的時間寫作，然後把會議集中在某幾天或下午三、四點後。因爲心流會讓人忘記時間，所以讓自己不必時時查看時間以免下一件事遲到，這一點也很重要。

(3)在一天中最清醒的時段創造這個空間。

睡眠專家表示，即使再怎麼努力調整生理時鐘，有些人天生就是雲雀(醒得早且在早上精力充沛)，其他人則是夜貓子(晚起且在別人都入睡時思緒最爲清晰)。[24]我絕對是雲雀，我知道自己腦袋動得最快的時段是在午餐之前，所以我把早上時段保留給需要深思的工作，然後把處理信件、開會和其他任務留到下午。看你是雲雀還是夜貓子，再依此分配自己的時段。若你的工作沒有這種可自行安排的奢侈可言，那可以藉助咖啡因，讓自己在空間與時間許可時能啟動大腦。

(4)關上門。

就這麼簡單，但是非常有效。關上辦公室的門，就是在對你的同事說（如果你是居家辦公的話就是對家人），你現在不想被打擾。雖然能讓同事和學生有需要時找得到我很重要，但即使只是「問一句話」也會使我分心。我必須保護這些寶貴的時段，以進行高強度的工作，這樣當我的門**是**打開時，我才是眞正有空。若你的工作場所是採開放式設計，根本沒門可關，那可以試著借一間有門的會議室。

(5)戴耳塞或戴上耳機。

談話聲、電視聲響、隔壁的施工聲，無可避免地會將你的注意力從正在做的事上引開。爲了將這些聽覺上的干擾最小化，你可以戴上耳塞，或戴上耳機播放白噪音或背景音樂。（如果你是在開放設計的辦公室，這也能提示其他同事，你正處在關門狀態中。）

（6）**關掉電子郵件**。

即使我們再努力，也很難**眞正**做到一心多用。研究發現試圖同時做多項非自動任務的人並不是同時進行，而是交替進行——一次仍然只做一項。㉕舉例來說，有一項研究顯示，筆電開著的學生，在上課時學到與記住的較少㉖（因此我的課堂禁用筆電或平板）。所以我建議你在工作時關掉電子郵件，這樣不但能避免立即回信的誘惑，或想順便劃掉待辦清單上的幾件簡單任務（結果就會忍不住想清空收信匣），還能防止你聽到新信件送達的提示聲就瞥一眼。

（7）**收起手機**。

不要只把手機轉成震動或朝下放在桌上，把它完全地收起來，移離你的視線範圍，這一點之後會再詳談……

雖然心流狀態很罕見，不過還是值得努力。這時候你會有最佳表現——將技能發揮到極致，完全投入在做事或創造上。等你回過神來，會發現這樣的時刻的確快樂無比。

#4 收起手機

近來讓人們嚴重分心的罪魁禍首就是手機。最近一項研究發現，美國人每天拿起手機至少九十六次——平均每十分鐘一次，且十八到二十四歲的年齡層查看手機的次數是兩倍。[27]這種頻率代表沒有一種活動能避開手機干擾，即使神聖如晚餐約會或上教堂。[28]會議、陪孩子到公園玩、和家人朋友相聚等等，都可能受到干擾。

除了會造成嚴重的道路危害之外，這類分心代價還很高昂——對個人、人與人之間皆是。我們之前已經知道分心對快樂的負面影響，但每次你查看手機，就是在對身邊的人發出信號，說你現在的注意力在別處，也意味著他們不值得你付出完整的注意力。

除了減低我們的臨在程度，光是手機的存在，就足以傷害社交連結——能讓我們最快樂的事。

社會心理學伊莉莎白・唐恩（Elizabeth Dunn）及其研究團隊進行了一項實驗，生動簡潔地呈現了這個現象。他們徵求小群的友人到簡餐店用餐，並編了一套說詞以免受試者猜到實驗的真正意圖，然後指示其中一部分人把手機收起來。做爲對照組，研究者讓其他人把手機留在桌上（即他們原本的習慣）。結果顯示，把手機收起來的人更享受用餐經驗，把手機放在明顯可見處的人，對用餐經驗則沒那麼滿意，因爲他們較爲分心。[29]

這裡的要點很簡單：把手機收起來。

事實上，我課程的第一項作業就是這個——不過我不只要學生收起手機，也不只是一頓飯的時間，而是要求他們中斷所有數位設備整整六小時。這項要求當然毫無意外地遭到抗議，學生都不相信自己做得到——也不覺得會有什麼好處。但我還是堅持，並表示這項作業占期末成績的五%。

數位排毒練習

在你的清醒時間中劃出六小時做為「斷線」時間——意思是在這段時間內不用手機、電子郵件、社群媒體、電視或任何形式的網路（串流音樂或閱讀電子書還可以，因為這些的數位元素在於硬體而非活動）。之後，針對這段數位斷線時間對你情緒、思考和行為的影響，寫一篇簡短的感想。

因爲我們及周遭的人都已習慣不斷查看手機，也就很容易以爲自己需要手機，所以從不把手機收起來。這篇感想會是很好的提醒，讓我們之後能回想起這段斷線時間有多麼顚覆。感想文也讓我能夠衡量學生是否有做作業，而且讀到他們因此感到快樂，也讓我（暗自）心情愉悅。

雖然每個人都有自己豁然開朗的時刻，不過這項練習的體驗曲線大家倒是都很類似。首先是惴惴不安，每個人都很擔心是否會錯過別人找他，同時也很氣我限制了他們在這段時間內能做的事。這種煩躁大概會持續一個小時，在此期間他們常會習慣性地探向平常放手機的位置。在這段初始難熬期內，有些人形容他們在社交場合會覺得不自在，很想在等待時有點事做，以避免尷尬——例如：在咖啡店裡排隊或是在教室裡等上課時間到。

但很快的，轉變發生了，人們開始投入當下在做的事，或是專注於當下身邊的人。中斷遠方消息的傳遞，完全與當下連結，帶來了安定與滿足感。他們體認到，其實沒人會急著找他們，就算眞有，晚個幾小時回覆也無傷大雅。*

他們發現，沒了這麼唾手可得的拖延工具後，自己更容易主動去做早就該處理的重要任務。原本擔心什麼事也做不了，結果卻正好相反，他們在這段期間內生產力更高了。

*注：當然總是有例外，我有一位學生在數位排毒時間結束後，面臨了憤怒的媽媽及朋友們。如果你的生命中有些人期望你立即回應（你的老闆應該屬於這一類），最好事先向他們預告，你在這段期間將會斷線。總之，不要因爲其他人的期望，就錯失給自己一段斷線時間的機會，因爲更重要的是——重新與自己連結。其他人會知道這段短暫的分離，不會影響你們的關係（或生產力），甚至是會有所改善。例如：我先生的工作團隊，現在已經很習慣他在週五晚上六點準時下線，等他週日晚上把孩子送上床後會再度上線——活力充沛且興奮地回歸。

這項練習的益處還能擴展至社交圈。因為沒辦法埋頭玩手機，我的學生更常和陌生人聊起天來，而我們知道這項行為超乎預期地令人感到愉悅與連結。[30]而且不只是對陌生人，不再有手機讓人分心後，我的學生彼此之間也建立了更深的連結。一名學生描述在做這項練習之前和練習之中，和同一位同學用餐的經驗。在排毒練習前，他們一起用餐時兩人都在看 Instagram，只有在看到好笑的東西分享給另一人看時才有互動。大家在用餐時，應該或多或少都體驗過或見過這類狀況。這名學生說道，他們後來在數位排毒期間用餐的經驗就截然不同，她把手機收起來了，他也收起了手機。雖然他們以前也一起用餐過，但這次他們才眞正熟悉起來，一起說說笑笑。吃完這頓不分心的飯後，兩名同學成了朋友。

另一名同學指出——如同蒂芙妮．史蘭（Tiffany Shlain）在她的著作《24／6：一週一日不插電的威力》（*24/6: The Power of Unplugging One Day a Week*）所述——這正是他們家和猶太社群每週五日落到週六日落的做法。他將自己與家人和朋友之間的親近，歸功於他們奉行安息日，他很高興能和同學分享這項傳統。

雖然一開始不情不願，並且經歷一段退縮期，但許多同學後來都發現，在這段中斷數位設備的期間，他們建立了許多美妙的連結，以至於他們自發性地把它納入固定行程中——不過期間較短就是了。但這依然有效，因為一旦你曾數位排毒過，即使再度執行時的期間較短，斷線的好處依舊立竿見影。

警語

在本章中，我說明了分心的不利影響，並提供多種將干擾最小化的方法，幫助你在付出的時間中取得最大效益。然而，我們有時候會**想要**分心。如果當下的情況真的很糟，這至少能讓我們轉移注意力，就算短時間也好。研究顯示，在經濟不景氣時期，人們會偏好閱讀輕鬆讀物、看搞笑電影，正是這種精神上逃離的明證。[31]

此外，我也必須事先警告，移除干擾會揭露出你目前的真正處境。在新冠肺炎隔離期間，因為無法再讓自己忙碌，部分人發現家人間關係惡劣，或感到無可言喻的寂寞。在隔離期間，除了焦慮程度升高外，抑鬱與家暴的比率也接連攀升。[32]沒了分心事物，我們被迫看見生活與自身的深層面貌。我希望在移除干擾後，我們能專注於應做出哪些改變，更希望每個人都具備方法和力量，去做出這些修正。

本章摘要

★ 我們經常因為心思飄忽而分心，這會減損當下的快樂。因此，想要增加快樂程度，就要有策略地除去干擾，專注於此時此地。

★ 度假能提升快樂程度，並提升創意及工作表現。

★ 即使只是把週末當成度假，也能提升快樂程度，因為你在這段休息期間會感到更全心投入。

★ 練習冥想可以幫助你學習在當下保持正念，這有助撫平對未來的憂思。

★ 安排讓你能免於受到外界干擾的環境，提升進入心流狀態的可能性。

★ 智慧手機的存在就足以令人分心，請收起手機，享受更快樂的時光。

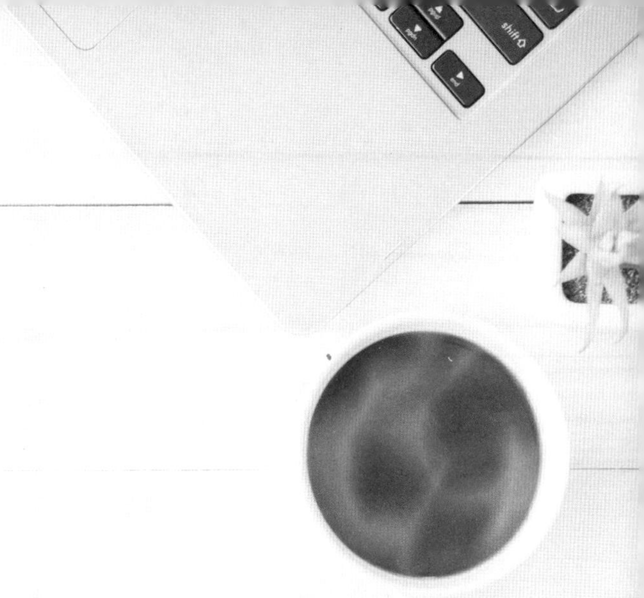

第七章
時間罐

時間就是你人生的貨幣。是你唯一擁有的貨幣，只有你可以決定該如何運用。小心別讓他人代你花掉。
—— 卡爾・桑德堡（Carl Sandburg）

一名教授走進座無虛席的教室中，他拿出一個大玻璃罐放在講桌上，又放了一只大袋子在一旁的椅子上。他從袋子裡拿出一盒高爾夫球，把球全倒進罐子裡，當最上面的高爾夫球觸及罐口時，他問學生：「罐子滿了嗎？」全班都點頭回答：「滿了。」

教授似乎也同意，但他又伸手到大袋子裡，拿出一盒小石頭倒進罐子裡，小石頭滾落在高爾夫球四周，塡滿了空隙。教授又問學生：「現在滿了嗎？」全班再次點頭回答：「滿了。」

這時，教授從袋子裡取出一盒沙子倒入罐中，細沙覆蓋了高爾夫球和小石頭，塡滿了所有縫隙。教授輕輕搖晃玻璃罐，在重力的作用下，細沙沉到罐底。「現在呢？罐子滿了嗎？」學生邊點頭邊微笑，開始明白教授的用意。

這場演示似乎即將結束，畢竟罐內已經沒有多餘空間了。但接著教授又拿出兩瓶可樂娜啤酒，全班見狀開始大笑出聲。教授從口袋拿出開罐器，把兩瓶酒都打開，其中一瓶澆在高爾夫球、小石頭和沙子上，另一瓶他自己喝了一口。

教授拿著啤酒走到講桌前，站定在玻璃罐旁，他解釋道：「這個罐子代表了你們的人生，高爾夫球就是最重要的事物：家人、朋友、健康和自己的熱情所在。小

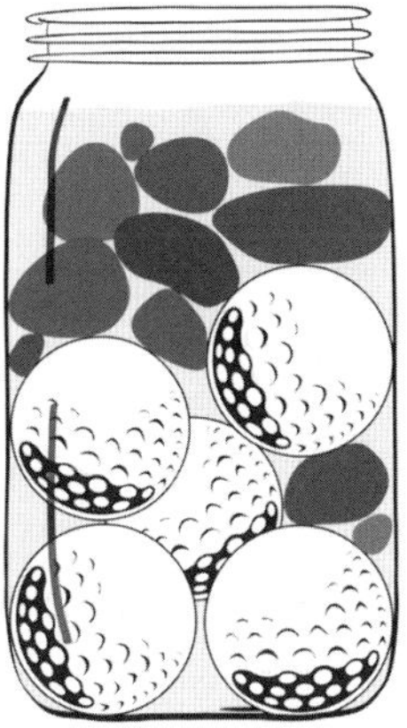

石頭是其他重要事項……工作、房子。沙子則是其他一切瑣碎事物。如果你在罐子裡先放了沙子，就不會有空間放小石頭和高爾夫球。人生也是如此，如果你把時間和精力花在一些小事上，就不會有時間做對你眞正重要的事……先放高爾夫球，設定你的優先順序，因爲其他一切都只是沙子。」

其中一名學生舉手問道：「教授，那啤酒代表什麼？」教授笑著說：「很高興你問了，這代表不論你的生活有多滿，總還是有空和朋友喝幾杯啤酒。」

這部由梅爾・凱（Meir Kay）拍攝的短片，我會在第一堂課上播放，提醒我們應該有意識地分配時間。❶每個人都有一個代表一生時間的罐子，我們應該深思熟慮，再決定要在罐中放入哪些活動——讓哪些活動在自己的人生中占有一席之地。

這是很有用的時間譬喻，我在決定如何運用時間時也經常採用：要再看一集嗎？要答應這場演講嗎？接受這場社交邀約嗎？要接下學校委員會的工作嗎……或是當家長代表……或是當莉塔的足球教練？要不要看一下收件匣裡有沒有需要立刻回覆的訊息？要不要和羅伯單獨去度週末？

這部短片說明了一個大道理：**重點在於優先順序**。若是教授先在罐子裡裝沙，就不會有足夠空間容納最重要的活動——高爾夫球。若你把時間全花在瑣事上，就像是在罐裡填滿沙子，就不會有時間給高爾夫球——對你最重要的活動。你會發現自己始終時間匱乏，日子塞滿各種無關緊要的活動。

唯有當你明白什麼對自己來說最重要，才能留出並保障這些時間。重點在於先放高爾夫球，等這些重要事項在你的一週行事曆裡都保有固定位置後，才能把時間分給其他待辦事項、新要求或放空一下。

就像罐裡的空間，我們的時間同樣有限。一天只有二十四小時，其中有三分之一在睡覺，所以只剩下十六小時。乍看之下似乎很多，但請想一想，每個上班日這些時間將有一半在辦公室度過，另外通勤還要一小時（去程三十分鐘，回程三十分鐘），早上準備出門也要一小時。這樣就只剩六小時——僅僅是一天的四分之一——能做其他所有事情。

「其他所有事情」包括所有你**必須做**的事（遛狗、採買食材和日用品、準備晚餐、洗碗、送孩子上學、接孩子放學、哄孩子睡覺、洗車、洗衣服、打掃房子、買一雙新鞋、繳拖了好久的停車費、剪頭髮），以及所有你**眞心想做**的事（跑步、去看女兒上舞蹈課、悠閒地和家人吃一頓飯、念床邊故事給孩子聽、和另一半啜飲葡萄酒），以及所有你**會想做**的事（約老朋友見面喝一杯、約新朋友見面喝一杯、看完讀書俱樂部的書、做美甲、讀伴侶知道你會感興趣所以貼心留下的文章、清空你的臭襪子堆）。顯然你能自由運用的六小時裡，無法塞進所有的事情。事實上，你的每週行程只能排進其中幾項，所以得精挑細選。

沙子陷阱

雀莉是超級大忙人，除了擔任全職醫療行政人員，她還利用週末和夜間攻讀MBA。雀莉做了第三章的時間追蹤練習，回顧自己過去兩週的時間數據，統計出做不同活動（如在醫院工作、上課、做作業）的總時數。最讓她震驚的是花在社群媒體上的總時數：

我算出第一週花了十二個半小時，第二週花了十個半小時在社群媒體上。想到我有那麼多事要做，這個數字就已經夠驚人了，但我自己知道，這些數字還不足以反映我全部的用量。我真的是整天都離不開手機，就算是短短的休息時間，我也會立刻查看社群媒體，要是覺得無聊也會看。雖然我只是想看一下，但結果總是滑得比預期的還久，很顯然，這些時間積少成多。此外，不時查看社群媒體也讓我要花較久時間才能完成其他事，比如早上準備出門。我看著看著就會忘記時間，忙著留言給別人，或讀給我的留言。

螢幕時間似乎成了許多人的大型沙子陷阱。如同雀莉所述，原本只是想偶爾滑個一兩分鐘，一週累計下來卻成了可觀的數字。或者就像第三章中雀莉的同學一樣，原本以爲只是陪伴侶在下班後放鬆一下，結果卻變成每週有二〇%的時間坐在電視前。

雀莉的社群媒體運用方式並不特別，晚上窩在沙發前放鬆也不是特例。研究顯示，美國人每天平均花三個小時使用智慧手機，而且不只是手機上癮的年輕人。是沒錯，千禧世代每天使用手機的時間（平均三・七小時）多於X世代（平均三小時），但沒有多出太多。嬰兒潮世代每天同樣有數小時（平均三・五小時）盯著小小的螢幕。❷統計數字進一步指出，平均而言，各世代的成人每天約花五小時看電視。❸這意味著每週花數十小時在被動螢幕時間上，其實很常見。

當然，不是所有看電視或用手機時都是在浪費時間，無意識地沉迷和有意識地使用當然有差別。教育安全使用媒體的非營利組織常識媒體（Common Sense Media）就說得很明確：不是所有創造出來的螢幕時間都平等。如果是用於教育、能強化同理心的故事、或是與所愛之人積極互動，那麼螢幕（不論大或小）就是通往善的入口。但是，時間仍然是個問題。

如果不是時間有限，雀莉滑手機多久都不是問題。但就像時間罐的故事所強調，時間**確實**有限。雀莉惋惜地表示，由於工作與課業忙碌，她「沒有時間」與朋友或妹妹交流。但是，如果能減少使用社群媒體的時間（這項活動在快樂的十分量表中她給的評分是平庸的五分），她就能有時間和朋友見面（她給的平均分數是七．五分）或是和妹妹吃飯（十分）。

你的沙子是什麼？是什麼無意間占據了你的時間，讓自己回頭看時感到懊惱後悔，真希望能更善用時間？

電子郵件信箱是我最大的沙子陷阱，不論是在工作或在家時，回覆信件同樣吞噬著我的時間。我太常在工作了一天之後，發現自己根本沒完成任何實質性的事，因爲時間都耗在回覆信件了。事實上，光是這一頁就花了我整整一天才寫完，因爲我一直被「緊急」信件打斷！要是我不斷查看信箱，就別想寫完任何一章（更別說整本書了），或是完成研究論文，或是準備演講。

電子郵件不但降低自己的生產力，還威脅到我眞正的享受時間。晚餐後，我總是忍不住想上線，確保沒漏掉訊息。問題在於，**總是**有新的請求、新的問題、新的信件等待回覆。這項永無休止的任務，塡滿了我撥出的時間。但是我撥給電子郵件這些時間，就表示減少了做其他事情的時間，像是和羅伯一同品嘗葡萄酒，或是和鄰居一起散步，或是悠閒地看書、看電影，或者是打電話給我弟弟問候他和孩子們好不好。

無論是不是以電子郵件的形式出現，如果不能果斷地管理紛至沓來的要求，這些雜事很快就會塡滿我們的罐子。這些要求永無止境，足以令人窒息。你能否擔任該委員會的委員？能幫我個忙嗎？我想問問你的看法，一起喝杯咖啡好嗎？你能去載孩子嗎？您可以來演講嗎？你可以幫忙帶點心嗎？你來安排我們要送的禮物好嗎？您能否協調此次活動？……你甚至沒注意到自己已經被淹沒，等你發現時已經太遲了——你答應了太多事，暈頭轉向，而且還不確定哪些值得（若有的話）。

這種困境的部分難處在於，在被詢問時，答應會比較容易。所以我們答應去演講或帶點心，雖然現在連一秒空檔都擠不出來，但到時候總會有時間吧。結果到了演講或要帶點心的活動當天，我們在瘋狂加速時總會忍不住懷疑，當初答應時到底在想什麼啊？

研究人員蓋爾．楚波曼（Gal Zauberman）及約翰．林區（John Lynch）所做的實驗，解釋了人們傾向過度承諾背後的心理學。❹在一項研究中，他們要求受試者想想今日預定活動及可能有多少空檔，之後再請同一批受試者，想想一個月後一週中的同一天會有的活動及可能空檔。在鮮明地預想了目前和未來的忙碌程度後，受試者要以十分量表評定他們的空檔時間，一分代表**今天有更多空檔**，十分代表**下個月有更多空檔**。蓋爾和約翰的實驗，揭露了一個所有人都一致的信念：下個月的空檔，肯定比今天多出許多。

當然，這很荒謬。現實生活中的今天和其他天沒兩樣，包括一個月後同樣如此。還是和今天一樣只有二十四小時，我們依舊因為先前答應的事而陷入過度承諾。可是，就是因為我們以為未來會有更多空檔，現在才會說好。蓋爾和約翰很傳神地把這項發現稱為「好……糟了！效應」。

幸好，有個很簡單的解決方法。只要知道了背後的心理學，你就能抵抗這項效應。對抗沙子陷阱的策略，就是只答應你**今天**會樂意花時間去做的事。

這個問題的另一個麻煩之處在於，拒絕很困難——在這一點上女性比男性明顯更不擅長。❺雖然學術上已有實證，但這種場景簡直是隨處可見。莎拉．米契爾（Sara Mitchell）和維琪．海希（Vicki Hesli），針對一千名政治系的大學教師進行調查，她們發現與男教授相比，女教授明顯較常被要求擔任委員會委員，以及做其他無關聲望也無益於職涯發展的任務。但她們不只是較常被要求，也較常**答應**。❻

經常答應做行政工作，就會排擠研究時間。然而，研究才是許多人追求學術生涯的主要原因：它令人感到充實。此外，研究也是晉升評等的基礎，這或許也解釋了為何女教授較難在學術階級上有所進展。值得注意的是，雖然有三六％的助理教授為女性，但只有一九％的終身教授是女性。顯然，難以開口拒絕的代價高昂——在情緒和專業上皆是。這些結果是很重要的警告，提醒我們別總是對各種要求來者不拒，雖然當下答應能輕鬆一時，但後患無窮。

話說回來，有時候也會遇到值得接受，而你也**很想**答應的要求。這時認清你的時間罐空間有限會很有幫助，它能提醒你用更嚴格的標準濾去沙子。這些過濾標準應該根據你的個人目的（讓你的時刻更有意義），以及能提供最多快樂的活動（讓你的時刻更有趣）。

目的過濾器

我在第四章中解釋過找出工作目的的價值所在：**爲什麼**你要做現在這份工作。釐清自己的目的至關重大，因爲這能幫助你聚焦於達成目標的關鍵任務，也能提升做這些任務時的愉悅度和動機。然而，找到目的的價值能遠擴及專業範疇之外。認清自己的目的還具有更廣泛的價值：**爲什麼**你要做現在做的事。什麼能驅動你？你的終極目標是什麼？

在多年來的談話中，我聽過許多人用不同方式說出自己的目的：

「為沒有聲音的人發聲。」

「將我看見的未來化為現實。」

「當一個好爸爸。」

「娛樂他人。」
「打造能改善生活的事物。」
「保持清醒。」
「交朋友。」
「讓世界變得更美好。」
「幫助他人。」

認清自己的目的，能幫助你濾去沙子，並判定哪些活動有意義，值得付出時間。就像我的小莉塔用來蒐集貝殼的塑膠製沙灘玩具，你的高層次「爲什麼」也是極爲高效的篩子，能篩選出值得的活動。它能幫助你釐清活動的優先順序：哪些該付出時間，哪些該跳過。

以我自己爲例，現在你已經知道我的目標就是傳布快樂學，這與我在第四章分享過的專業追求密切相關：創造並傳布什麼能讓人們快樂的知識。明白這一點後，我就能更準確地預測哪些活動對自己來說會是有趣且有意義的。如果有人請我演講，我會看這是否有助於散播對情緒健康的理解，再答應或婉拒。或者在被邀請擔任委員會委員時，我會考慮這是否能增進自己所關心之人的福祉：我的孩子、他們的社群、同事和學生的社群。這項過濾器減少了我在回應要求時的情緒負荷和時間，因爲對的答案顯而易見。

快樂過濾器

做完第三章的時間追蹤練習後，你已經知道日常生活中哪些活動最能帶給自己快樂，也認出了它們的共同特徵。這項認知可以做爲過濾器，讓你區辨哪些活動能帶給自己喜悅，哪些只會不經意地塡滿自己的罐子。

我再次以自己爲例。在分析我的時間追蹤數據後，我發現偏好的活動都有一個共同特徵，就是和孩子一**起**做（其他不那麼有趣的活動則是**爲孩子做**），我能從和李奧及莉塔一起做事中得到極大的快樂。明白這一點對我很有幫助，因爲能以此做爲和孩子相關支出的過濾器。舉例來說，如果學校請我擔任晚會委員，我可以乾淨俐落地拒絕，因爲這份差事不會讓我和莉塔或李奧有共處的機會。不過，如果莉塔的班級請我當家長代表，我會答應。當然，這份差事需要寄信給其他家長並協調班級活動，但我可以在該年度幫女兒的班上創造正向體驗。更重要的是，在這些活動舉辦時，我可以到班上陪她。李奧的班級請我陪同孩子到葛萊美博物館進行戶外教學時，我也答應了。請假陪李奧和他的朋友，同時還能知道錄音音樂是如何創造及表現，完全值得我付出時間，而且還可以和兒子共度一整天的時光。

你我當中有許多人都苦於時間匱乏，過度承諾的行程表，讓我們因爲有太多事要做但時間太少而疲於奔命。然而，只要濾去沙子，你就可以在時間罐中創造出空間容納最重要的事。

你的高爾夫球

目的和快樂過濾器能幫助你回應不斷湧來的要求，但最終極的目標，還是要更主動積極地決定該如何運用時間。你得先在自己的時間罐裡放高爾夫球，下一章將指引你，如何將高爾夫球排進一週行事曆裡最理想的位置。不過在那之前，得先決定你的高爾夫球是什麼？哪些是你最重要的活動——最能讓你眞正快樂？

第三章的時間追蹤練習，是以數據導向的方式找出你的高爾夫球，強力推薦你實際做一次，因爲結果可能讓自己大爲意外。不過，就算你沒有做完整的練習，也能選出自己的高爾夫球。請回想你的過去兩週，問問自己：哪些活動最能讓我怦然心動？

其實這很像整理大師近藤麻理惠提出的居家整理術，她建議把每件衣服一一拿在手裡，問問自己，它是否能讓你「怦然心動」。❼如果沒有，就感謝它的服務然後將它送走。當然，這建議不只適用於舊衣物，你可以自問同樣的問題，來決定如何運用你最寶貴的資源。

羅伯回顧過去幾週，想找出哪些活動最讓自己開心時，他發現和李奧一起讀《哈利波特》讓自己十分樂在其中。燈光調暗後，坐在床邊陪著李奧，讓羅伯感到心滿意足。在這個安靜的空間裡，他和兒子的能量同步，兩人的心靈一起飛進擁有無限可能的魔法世界。雖然工作繁重，晚上家裡的時間表也很緊湊，但羅伯明白了，和李奧共讀的三十分鐘是每天必須保障的時光，是優先事項。

我的弟妹克莉絲緹娜回想自己的過去兩週時，發現週末和朋友去健行最讓她開心。她喜歡這種體能活動，但除了身體感覺很棒之外，她更喜歡置身戶外及和朋友交流。頭上是開闊的天空，身邊沒有待辦任務，她很珍惜這個能傾聽分享的空間。不過這種連結感和快樂不需要整日健行才能達成，其實只要和她喜歡的人一起到戶外散散步就行了。

對我來說，和羅伯的約會之夜最讓自己心花怒放。當只有兩人外出用餐時，我們遠離了誰該做事的日常爭論，也不用清理廚房，心裡、眼裡只有對方。就連在新冠肺炎疫情期間不能外出用餐時，我們還是點外送，然後在另外布置的小桌子上用餐，點上蠟燭放著音樂，地點是前門廊——在我家大門**外面**。整整一週的工作日都和對方在家裡一起生活工作，但只有在這時，我們才面向彼此眞正地談話。這段時間能確保我們不會在日復一日的忙碌中漸行漸遠，所以它必定是優先事項。

雀躍活動練習

1. 回顧過去兩週，有哪些活動令你「怦然心動」？

2. ______

3. ______

4. ______

5. ______

思考時間

除了你自己發現的時刻外，我建議你將另一顆高爾夫球列爲優先：「舒茲小時」。《紐約時報》的專欄作家大衛·萊昂哈特（David Leonhardt）寫道，前美國國務卿喬治·舒茲（George Shultz）每週如何保留一小時安靜反思：

他拿著一疊紙和筆在辦公室坐下，關上門並告訴祕書不要打擾他，除非以下兩人找他：「我太太或總統」，舒茲回憶道。

舒茲……告訴我，唯有藉著這獨處的一小時，他才能找到時間思考工作上的策略方向。否則他會不斷被扯進眼前的戰術問題，永遠無法聚焦於國家利益的宏大議題。不管在任何領域，要想做出一番偉大事業，唯一的方法就是找到時間去思索更宏觀的問題。

我並不是在支持舒茲的對外政策，不過我很贊同他的思索習慣。試試看，留一段時間安靜反思，也不必非要一小時——先半小時或者十五分鐘也好，在這段時間中讓你的思緒滿盈。

在你的舒茲小時（或四分之一小時）中，清除俗務干擾，包括人、電子郵件、簡訊、電話、廣播、電視。就像創造空間迎接心流一樣，在這段時間內關上門、收起手機。或者你也可以離開書桌，到外面去走一走。

舒茲小時的價值超越移除分心事物所帶來的快樂，這點我們之前已經談過。更重要的是，你在這段時間內，可以更深層地處理、更自由地創造、更清醒地推敲有待你關注的重大決定：現在的關係要不要更進一步？要不要踏出艱難的一步，結束這段關係？該不該搬到另一個城市／另一州／另一國？該不該提出辭呈，即使你還沒找到下一份工作？要不要回學校念書？你想爲家庭打造什麼傳統？要不要再懷下一胎？該不該答應孩子養小狗？是否終於是時候和朋友開誠布公地談一談？

這些決定都值得在你的時間罐裡獨占一方，你也不應該匆匆帶過。萊昂哈特這麼說道：「如果你把時間都用來收集新資訊，就不會有時間去理解其意義。」請優先爲思考留出空間。

將優先事項排出先後

黛安娜和賈斯汀收到一份超級新婚大禮：聖伊西多農莊的三天兩夜之旅。聖伊西多農莊位於加州聖塔芭芭拉山腳，是一處風景如畫的祕境。園內有覆滿綠藤的小木屋，每一棟都有精緻獨立的造景花園，最適合讓愛侶悠閒地度過假日早晨。你可以賴在舒適的大床上，大口享用裝在籃子裡送來的溫熱可頌搭配手工果醬。在這裡，窗戶會大大敞開，以迎接茉莉花和橙花的香氣，還有蜂鳥和蜜蜂歡快的嗡嗡聲。這裡是完美的浪漫之地，就連美國前總統夫妻約翰和賈桂琳．甘迺迪都在這裡度蜜月，好萊塢巨星勞倫茲．奧利佛和費雯莉也在其綠蔭下交換誓言。雖然古樸別緻，但聖伊西多農莊的住宿費十分高昂，不消說，這是一份**非常**好的禮物，黛安娜和賈斯汀也迫不及待想去享受一番。

然而，十年後，他們仍未兌換這份禮物。他們依舊是夫妻，也過得很幸福，只是十年來始終空不出時間就兩個人去度假。不是因爲他們不喜歡對方的陪伴，也不是在恬靜早晨吃著溫熱可頌的魅力不再，錢當然也不是問題，畢竟這是一份禮物。黛安娜和賈斯汀之所以還沒去住聖伊西多農莊，純粹只是因爲總是被別的事絆住。他們有好幾次都已經預約了小木屋，結果又是表親生日，又是小孩的足球賽，或是工作壓力使然，害他們每次都不得不取消行程。雖然這是兩人的優先事項，但他們從未眞正將它排在優先。

在我專長的行爲決策領域，大多數研究人員都探討過人爲何會短視近利——屈服於近在眼前的誘惑。這讓人會選擇可立即享受的選項，而忽略這些選項在未來可能造成的負面後果。大多數的研究也的確著重於如何幫助個人選擇「應該」而非

「想要」，堅持美德而非惡習。也有許多好書摘要了這些如山的報告及數十年的研究，包括凱蒂．米爾克曼的《零阻力改變》，書中提供多項策略幫助人們增進自我控制：以現在也許不那麼有趣，但長期而言更健康也更聰明的方式行事。屢屢目睹人們因爲在飲食習慣或財務決策上始終難以自控而造成的嚴重下場後，我很同意這是極爲重要的工作。

但我也經常注意到，有些人苦於正好相反的原因。這些人總是犧牲眼前的享受，以免之後因未能達成最佳成果而內疚。高度競爭的學校體系和職業環境，迫使他們覺得應該選擇工作而非玩樂，選擇做事而非放鬆。身爲此陣營人士，我承認自己最有挑戰性的新年新希望不是每天上健身房，而是在週末時**不工作**。

研究人員安娜特．基南（Anat Keinan）和藍恩．吉維茲（Ran Kivetz）同樣觀察到此一現象。他們巧妙地稱之爲「長視」（hyperopia）：即傾向看得過度長遠，總是選擇未來而非現在。這裡的問題是過度自我控制。❽兩位學者指出，沒錯，以蘋果當點心的確是比吃巧克力蛋糕健康，但是，要是你每次都選蘋果那類的東西，就永遠無法體驗巧克力蛋糕的美味。如果你**總是**選擇應該而非想要，那你就**永遠**沒有機會享受。年復一年地只做出應該的選擇，等你回過頭看，也許會極爲後悔錯過了生命中的種種快樂，包括落在純白床單上的可頌碎屑。

基南和吉維茲做了幾項實驗證明了這一點。在其中一項實驗中，請受試者回想多年前的某一情況，是他們在考慮該把時間花在工作或愉悅上，而最終自己選擇了工作或愉悅。和選擇愉悅的人相比，選擇工作的人明顯較為後悔，感覺錯失了什麼。在另一實驗中，基南和吉維茲請大學生回想去年寒假。在回想當時怎麼運用時間時，學生明顯較認同以下句子：「我應該多去一些地方玩」勝過「我應該更努力工作」。

要避免這類遺憾，就要排定活動的優先順序。重點在於找出你的高爾夫球之後，還要確實地把它們放進自己的時間罐。黛安娜和賈斯汀光是預約了聖伊西多農莊還不夠，他們要眞的**去了**才算數。

我承認，有時候到了週五下班時間還有工作沒做完的話，我的確會覺得應該加班做完再走。取消約會之夜再簡單不過了，羅伯向來體諒我的工作繁忙，再說，他也不介意上了一天班後看個電視放鬆一下。要不就往後延吧？不行。就是因為這段時間太容易**不被**支出，所以決心付出這段時間才格外重要。

為了確保自己能遵守約定出門約會，我們運用了行為經濟學家所說的「承諾機制」（commitment device）。承諾機制是一種確保自己履行目標的手段，如果沒有實踐承諾就必須付出代價。例如：黛安娜和賈斯汀可以向聖伊西多農莊做不可取消的預約，如果他們取消行程，還是得支付住宿費。至於羅伯和我約會之夜的承諾機制，我們會事先安排好每週五晚上的臨時保姆，這樣不但能免除尋找麻煩（或藉口找不到），而且同一位值得信賴的成人每週五晚上六點出現在我們家門口，也會逼得我們不得不出門。毫無例外，等羅伯和我眞的會出門，遠離了生活中其他俗務的拉扯，我們從未後悔。

除了這類承諾機制與我在下一章會分享的預先安排策略之外，單是體悟到時間有限，就能給你足夠的動機去運用這段重要時間。就像第五章的剩餘時間練習提醒你，善用能帶給自己快樂的時光，時間罐的比喻則提醒你要優先選擇能讓自己喜悅的時刻。

黛安娜和賈斯汀終於去住了聖伊西多農莊，他們回來後幾天，我見到了黛安娜，她看起來容光煥發。賈斯汀在我的課堂上看了時間罐的短片，於是他們決定把時間留給最重要的事。

空出時間

我希望你在決定如何運用時間時，能回想一下時間罐的比喻，提醒自己時間是多麼有限。你能分配的時數就這麼多，如果讓沙子——砸到你頭上的事或要求，或引誘你混時間的「東西」——塡滿這些時數，就不會有足夠的時間去做眞正有趣且具意義的活動，也不會有時間去做眞正值得的事。你必須深思熟慮該如何運用時間，主動積極地決定要把時間花在哪裡，而不是被動反應。不管你當下的心情如何，或又有什麼沙子被沖過來，記得先放高爾夫球，並確實付出這些時間。

本章摘要

- ★ 我們很容易不經意地讓日子被無足輕重的活動占滿。
- ★ 原因之一是經常答應別人的請求，因為我們（錯誤地）以為未來會有更多空檔。
- ★ 另一原因是我們經常選擇未來的酬賞而非當下的享受。
- ★ 然而，總是延遲愉悅的活動，可能導致強烈的後悔。
- ★ 所以，找出能讓你快樂的活動，做出承諾，在自己有限的時間罐裡為它們優先安排空間。

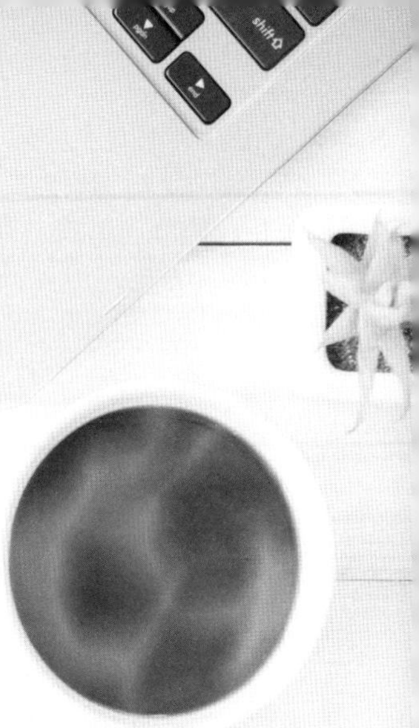

第八章

形塑工作

你無法停下浪潮，但你可以學著衝浪。
—— 喬·卡巴金

現在你已經知道原理，是時候放手創作一番了。我會協助你將散落的時段，串連成理想的一週，就像拼湊馬賽克磚一樣。我把這個過程視爲時間形塑。

在形塑時間時，你可以把活動想成磚片，花色尺寸各有不同，有些就是比其他的更討喜。看到這一章時，你應該已經知道哪種磚片最漂亮：就是對你來說最有趣也最有意義，能讓你「怦然心動」的活動。但你也知道，只要改變觀點，就能讓任何磚片亮起來。此外，你也有策略在手，可以抵消享樂適應並消除分心，使原就漂亮的磚片加倍美麗。你甚至也有策略，可以讓最不起眼的磚片（家事、工作和通勤）更閃亮。

在本章中，我將幫助你找出將所有磚片串起的最佳方法，來打造出絕佳的馬賽克——能反映出你的目的，可以激勵你，而且可持續。我會引導你如何將新磚片巧妙有序地嵌入既有磚片之中。在此過程中，你可以提升最喜愛之事的效應，同時將最討厭之事的影響減到最低。

雖然你的馬賽克看起來會很繁複，但時間形塑的步驟很基本，建議也都很實際。在本章中，我會複習先前提過的概念，並建議簡易的運用方法，藉以設計出理想的一週。其實這就是一項行程安排練習，但不同於你之前與行事曆徒手搏戰的做法，現在你有科學做後盾，還有個人優先順序及目的做爲武裝。你會刻意且專注地決定該將哪些磚片置於何處——也就是形塑你的人生時間。

你的畫布

下頁的空白週行事曆就是你要擺放磚片的畫布，建議你到「圓神書活網」：www.booklife.com.tw/baike-detail/3/1760 上列印出來，依步驟用鉛筆畫出你的設計草稿。請準備好橡皮擦，因爲在此過程中，你很可能會想回頭重新調整。

因爲有實際範例會較容易依循，所以我會示範如何形塑自己的一週。但請記得，你所投入的活動與擺放的方式，必須是專屬於你的，重點是哪些對**你**來說有趣又有意義——哪些能帶給**你**喜悅。另外也請注意，你的一週必須配合自己的後勤現實及家庭結構，以及你的工作和工作本身的彈性度。舉例來說，因爲我家有幼兒，所以在他們的非上學時段，我的行程都必須配合孩子、托育服務和羅伯。如果你家中沒有幼兒，在設計行程表時就會有更大的自主權。就另一方面來說，比起大多數職業，身爲學術人員讓我對

週行事曆下載

工作時間的運用有更多主控權。雖然有些教學責任是在固定時間到教室裡，但我工作的絕大部分都能自主決定。我可以決定要做哪些計畫，以及何時進行。就這方面來說，我是自己的老闆。所以能應用在我的工作時數上的幾個設計元素，只能供具有類似彈性工作表的人參考。

因爲知道許多職業的工作日沒有這種彈性，所以我還會分享我的弟妹克莉絲緹娜的範例。身爲學校的特教組長，她在上學期間必須一直待在辦公室。除了「白天的工作」之外，克莉絲緹娜還提供居家課程，爲特教學生做個別輔導，而這些居家課程在整學年的每一週都是固定時段。所以克莉絲緹娜的上班日行程很固定，對自己的工作時段幾乎沒有主控權。她就是很好的例子，這樣的人對下班後和週末時間的形塑格外有動力，希望能徹底善用這些能自由運用的時間。

雖然特定的時間形塑策略對某些人來說，會比其他的更適用，不過基本步驟對每個人來說都是一樣的。所以，請印出你的畫布，拿好鉛筆，我們要開始了。

步驟1：擺放既有的固定磚片

你很可能每週在固定時間都有一些必要活動，在做決定之前清楚掌握這些活動

圖表 8-1

你的畫布

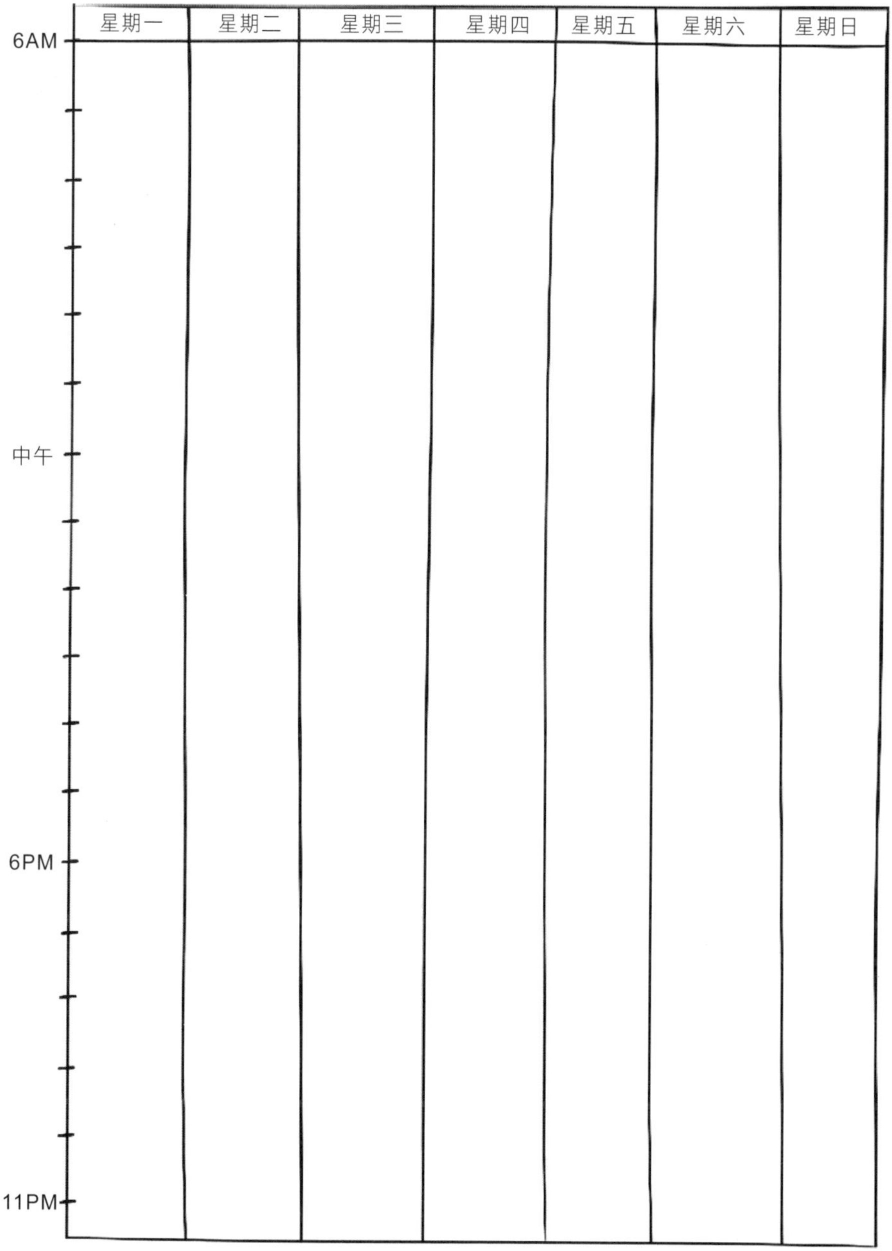

是哪些會很有幫助。用鉛筆畫出這些磚片，能讓你知道哪些時段可自由形塑。

在畫布上首先置入這些固定活動，框出這些時段並加以標示。別完全塗掉這些區塊，因為在稍後的形塑過程中，也許會有機會更善用這些時段。舉例來說，你也許會決定將其中一項活動與另一項更有趣的活動捆綁在一起，也或許打散或集中這些時段來因應其整體影響，使你從中得益。

你應該很清楚自己的固定活動有哪些，但這並不是把目前每週行事曆標記上去這麼簡單，只有**你對是否要做及何時要做毫無選擇**的那些活動才能算是固定活動。比方說，如果你的工作是在家以外的地方，且有明確的上班時間，那就應該把工作和通勤時間列為固定磚片。或者你每天都要在特定時間接送孩子，或每週都有例行會議及必要會面，只有在緊急狀況下才會取消，這些就應該列為固定磚片。

以克莉絲緹娜為例，她從週一到週五，早上八點到下午三點半都必須待在位於曼哈頓的學校，而她住在紐約郊區，單趟通勤就需要一小時。此外，每逢週一、週三和週四，她還得到學生家提供一對一家教，在這幾天她要到晚上七點才能回到家。因此，她的固定磚片就包括她的通勤及工作時段。

圖表 8-2

克莉絲緹娜的時間形塑：固定磚片

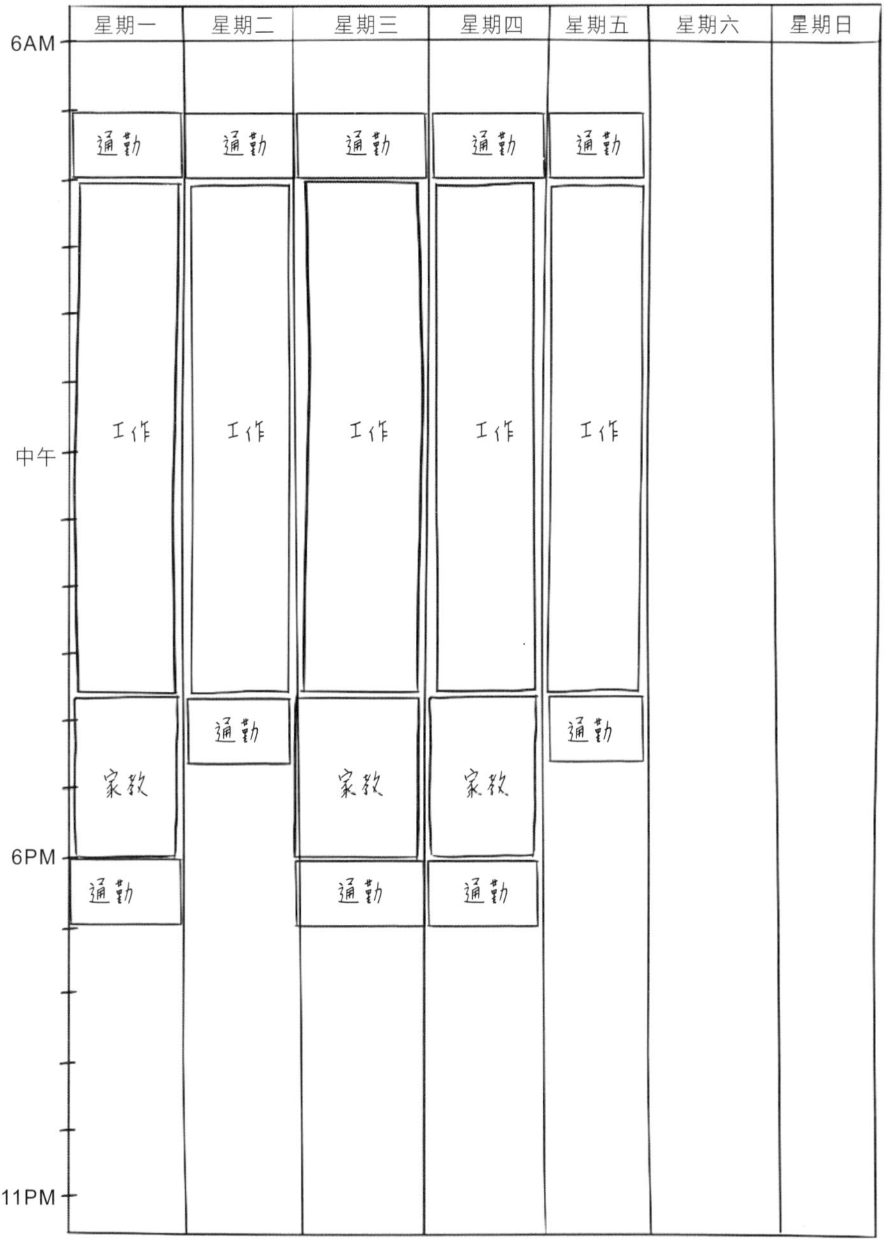

圖表 8-3

凱西的時間形塑：固定磚片

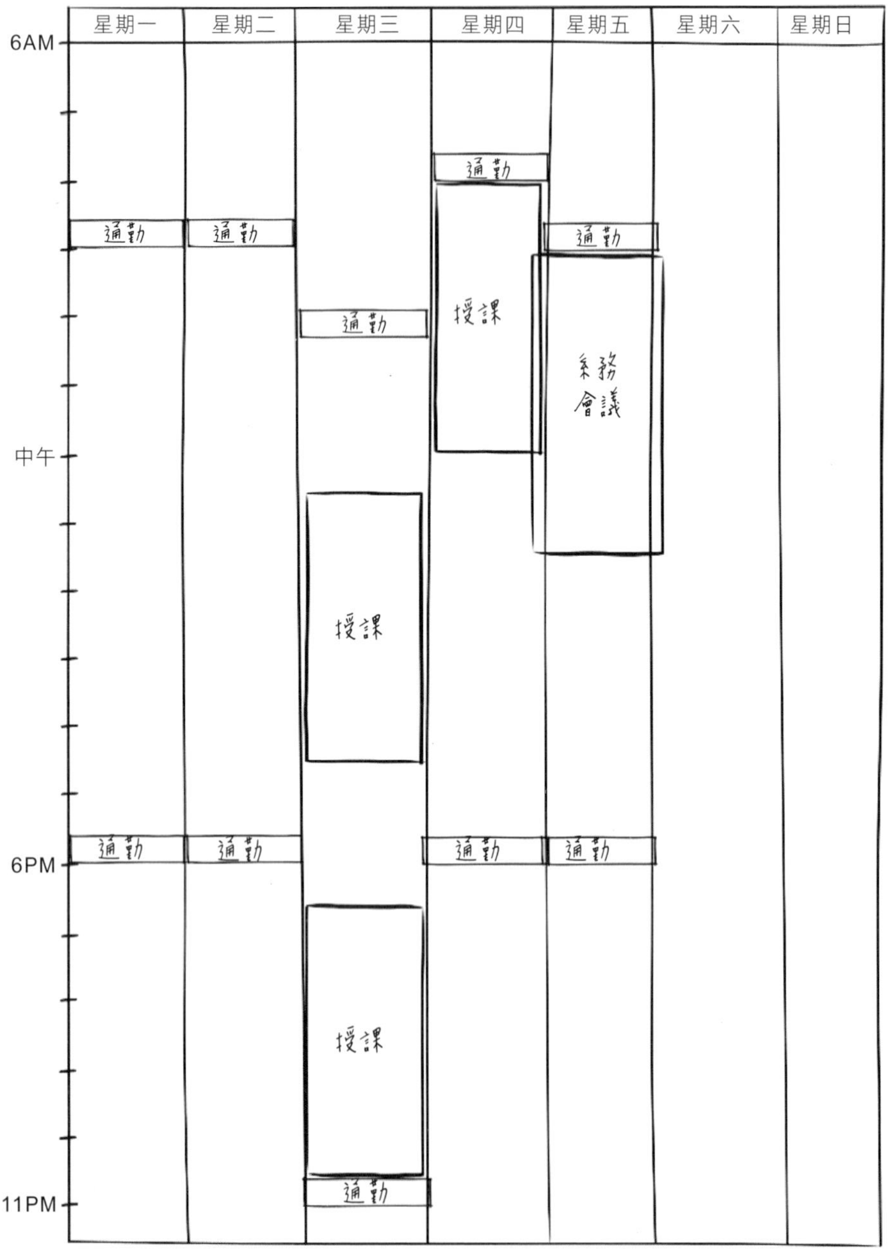

至於我的例子，則是在形塑UCLA學期中某一月的一週。我的課堂時間是週三下午一點到四點、週三晚上七點到十點，以及週四早上八點半到十一點半。我通常會在上課前半小時提前到教室讓學生問問題，而且課程結束後也會再留下來一會兒。所以我把這些課程磚片擺在畫布上的固定時段。此外，每週五早上直到午餐時間，我有必須參加的系務會議及研討會，所以我把這些也列爲固定磚片。當然，如果加上備課、研究和行政職責等時間，我每週還要再工作數十小時，不過我要在何時做這些工作是有彈性的，所以這些時段不會算做固定磚片。

步驟2：先放你喜歡的磚片

等固定磚片都放好後，你就可以一眼看出有哪些時段可供形塑。接下來這一步驟是整個過程中最重要的：**先放你喜歡的磚片**。

前一章強調了優先保障你眞正關切的活動有多重要，這一步驟就相當於先把高爾夫球放進你的時間罐裡。不過這裡稍有不同的是，你必須明確標示，要把高爾夫球放在罐子的哪裡。在形塑時間時，記得把黃金時段留給最有意義的活動，而且要排除其他一切活動，以保障這些珍貴的時段不受其他責任、要求及漫不經心的螢幕時間侵占。

做這一步時，首先必須蒐集這些關鍵磚片：能讓你「怦然心動」的活動。這些是你一定要撥出時間的追求，因爲它們眞的有趣又有意義。爲了找出這些磚片是哪些，請回頭看第七章的雀躍活動練習，以及第三章時間追蹤練習Part2中最快樂的活動。

時間形塑策略1
保障社交連結時間。

如我們在第三章所學到的，你所喜歡的磚片有些很可能是和社交連結有關。如果你是內向型（就像我），你最快樂的時刻很可能就是與最愛的人交流；如果你是外向型（就像我家李奧），你的快樂也許是來自與任何人有所連結。

但忙碌的行程通常會排擠掉我們留給彼此的時間。我們把日子塞得太滿，導致經常忽略一些簡單的舉動，像是撥電話問候家人朋友，所能帶來的喜悅。行程如此緊湊，所以我們總是沒能放慢腳步，用心體會身邊人的陪伴。爲了確保不會再有任何一週徒然度過而沒能建立及享受這些關係，請先把這些磚片放在自己的畫布上，在你的週行事曆上，劃出並保障這些時段。

約會之夜。之前說過，和羅伯的對話能提供我深層的連結感，給予我莫大的喜悅。也許有人會認爲，反正我們住在一起，想聊天隨時都可以，沒必要這麼愼重其事。但就是因爲看起來很容易，所以才會輕易被延宕。事實上，我們倆不是各自沉浸在工作中，就是被孩子拉走全部注意力。所以我們**需要**撥出這段單獨相處的時間，做法就是在行事曆中安排每週的約會之夜。

除了留出時間外，把這塊磚片放在理想位置也很重要。週五晚上最合適，我畫布上的這個位置，使得週五夜晚變得特別。約會之夜讓我們在工作日時有所期待，而美酒佳餚更是迎接週末的歡樂開場。此外，因爲隔天不用早起或追求生產力，我們也就不會因爲工作上的煩心事而掃興。

這塊磚片就位後，羅伯和我會把公事飯局或朋友聚餐安排在週間其他晚上，和孩子一起的社交活動則安排在週末的其他時段。

時間形塑策略2
將重要時段列為「禁用手機區」，免除分心干擾。

我們現在知道，智慧手機的存在會使人從正在做的事上分心，並減少自己的享受。而你肯定不想在能爲自己帶來最大喜悅的活動之中分心，所以最好將這些時段列爲「禁用手機區」。收起你的手機，讓它遠離視線範圍。當你不再偷瞄電子郵件或社群媒體通知，就能體驗到更深層的連結。

家庭晚餐。雖然前美國總統歐巴馬的工作可說是永遠做不完，但他每天晚上六點半都會準時離開辦公室，好及時趕回家和妻子、岳母及兩個女兒共進晚餐。在接下來的兩個小時內，直到他把莎夏和瑪莉亞送上床之前，他的部屬都知道不要去打擾。在這段時間內，他關心的不是國家或世界的未來，而是全部心力都放在兩個女兒身上。他專心聆聽她們在遊樂場遇到的紛爭、在學校學到的東西、哪些歌正流行——這些正是大多數家庭晚餐桌上流動的話題。這位美國前總統形容這些例行的家

庭晚餐是他的生命線。❶

我也很重視晚餐時間所帶來的穩定感和連結感，所以一到下午五點半（要授課的晚上除外），不管工作是否告一段落，我都會啓程返家，羅伯也一樣。我們家的慣例是從六點打開音樂開始。

接下來兩個小時是禁用手機區，所以羅伯和我都會把手機留在前門。克莉絲緹娜在做時間形塑時發現，將晚上劃爲禁用手機區，對她而言是最有效的策略。她將它形容爲「改變人生」，並說她更了解孩子們了。只是移除分心物一、兩個小時，感覺卻像是補回了錯失多年的時光。

時間形塑策略3

透過外包雜務將愉快時間最大化。

在我們家，讓晚餐上桌只需要大約十五分鐘。因爲從下班抵家到李奧和莉塔入睡之間的時間實在太短，所以我優先選擇將這段時間用來陪伴他們，而不是自己去採買食材再勞神費力地做菜。因此我們付費給外送服務，請人將健康美味的餐點送到家門口。如此一來，等孩子們布置好餐桌，餐點也正好可以熱騰騰地上桌。

時間形塑策略4
指定時間專注於美好事物。

我們家如同歐巴馬家，晚餐談話同樣是一個好時機，能聽聽彼此一天的遭遇，與彼此的生活保持同步，我還額外利用這個機會，讓家人專注於發生的好事上。研究顯示，定期回顧一天生活，並寫下感恩事項的人，在日常生活中會感到更快樂，對整體生活也更滿意。❷

寫感恩日記很有效，因爲這會訓練我們將注意力集中於生活中的美好事物，以及世上多不勝數的善與美。這項練習甚至可以讓原本習慣「杯子半空」的人，變成更能時時感到喜悅，並幫助所有人抵消享樂適應，持續留意簡單的愉悅。我並沒有要求家人寫感恩日記，但在晚餐時，我會請每個人分享一天中最快樂的時光，或是遇到的好事。述說這些聚焦正向的故事，讓我們得以分享彼此的經歷，同時也擴大了自己從這些經歷中獲得的快樂。

我的一位朋友也和孩子建立了類似的貼心時間，他們是趁開車從學校返家時進行。等每個人都扣好安全帶後，她就請孩子輪流分享他們的玫瑰（遇到的好事）、刺（遇到的壞事，但也有益，因爲可以展開解決問題的對話），以及芽（期待的事）。這項活動不只適用於孩子，一名學生告訴我，她和好友也有類似做法，在每週電話之約的開場，他們會彼此分享當週感恩的事。甚至也不需要別人參與，你可以在任一例行活動中撥出幾分鐘（比如睡前刷牙時），想想好事。不管在何時以何種方式進行，抽空專注於正向事物，都能讓你對生活更加滿意。

時間形塑策略5

建立定期相聚的傳統。

如我們在第五章所學到的，擁有節慶傳統的家庭更有可能相聚過節，同時也更享受這段時光。理由之一是傳統讓每個人都有所依循，能預先計畫並加以期待。此外，透過確立家人下次會再相聚的意圖，傳統維繫了跨越時間的連結感並提升歸屬感。你可以和家人或朋友建立什麼樣的傳統呢？你們可以在每週的同一時間安排什麼活動，將這段特殊時間儀式化？

週四早晨咖啡之約。在第五章中，我描述了莉塔和我的傳統，週四早晨的咖啡之約。每週四早上，等和李奧共乘的同學們都下車後，在送莉塔去托兒所的路上，她和我會到波非塔進行咖啡之約。可是等莉塔開始上幼稚園，要和李奧一起下車時，就得另找專屬於我們的時間。週六早上不行，因爲我們經常得趕著參加足球賽或生日派對。但身爲家中的早起者，我們決定讓李奧和爸爸繼續賴床，我們倆則在週日早上約會。所以現在每週日一到早上七點半，我們就套上運動衫穿著夾腳拖，輕聲地走出家門。我們手牽手一邊聊天一邊走上八百公尺的路去咖啡店，等店家八點開門時，我們排在隊伍的第一位。

時間形塑策略6
撥出時間維繫友誼。

我在剛到華頓商學院擔任助理教授時，曾向一位（我很尊敬的）女性前輩尋求忠告：「妳怎麼能面面俱到？」她不僅是一位備受尊敬的學者和明星教師，同時還婚姻美滿，也和兩個長大成人的孩子關係融洽。更厲害的是，在她剛開始教書時，商學院的女教授屈指可數，這讓她得面臨更多挑戰。而她依舊能游刃有餘，所以我希望能從她的成功中學習。

她給我的回答是她一貫的實事求是：「做就是了。」我從旁人那裡得知，她所謂的「做就是了」，包括在生產五天後教一整班（大多數是男性的）MBA學生。幸好，現在政策已經改革更新，讓我這一代的「做就是了」更人性化一些。雖然她的務實主義讓人受教，但她接下來說的話才讓我大為震撼，進而影響我投資時間的方式：「凱西，我並沒有面面俱到，我錯失了女性友誼。」

這一點我很能感同身受，因爲我可以輕易想像在同一處境二十年後的自己。孩子、羅伯和工作占去我絕大部分的時間及情緒能量，幾乎所剩無幾。再說，我知道建立和維繫良好友誼，需要投入許多時間和情緒能量。不過，在聽取前輩的告誡，且認清與我喜歡且尊敬的女性共處所能獲得的能量後，我決定將它列爲優先。

莉塔的舞蹈課。我在週四下午兩點離開辦公室，去學校接莉塔帶她去上舞蹈課。看她和朋友們跳著舞步的樣子實在很可愛，不過，我之所以撥出這段時間，是爲了有機會認識其他媽媽並和她們建立友誼。

讀書俱樂部。我每個月第一個週四晚上都會去參加讀書俱樂部，我喜歡有這個動機讓我爲娛樂而閱讀。但同樣的，我付出這些時間的眞正動機，其實是與欣賞的女性交流並向她們學習。我承認目前和姊妹淘相見的形式，可能會讓你頓住（「莉塔的舞蹈課不該是妳和女兒多些相處時間的藉口嗎？」）或打呵欠（「不好意思，姊妹之夜就該喝酒跳舞啊。」）。但我覺得以這些方式和朋友在一起確實很愉快。

把這些磚片放在週四很理想，因爲到了週四時，我已經完成了教學任務，所以會覺得壓力較小，心態也較開放。再說，週五晚上要留給羅伯，而週末則是保留給羅伯和孩子們。

時間形塑策略7

為了確保你付諸實行，可將想做的與必須做的活動捆綁。

在第四章中，我們學到可以捆綁活動來提升做雜務的動機。在這裡，我建議利用捆綁，確保自己會撥出時間做你喜歡的事物。藉由連結一個你**想做**的活動（例如：和朋友說話）和你**必須做**的活動（例如：通勤），你就比較有可能花時間去做自己想做的事。更棒的是，如果連結的是兩個你**想做**的活動（例如：和朋友說話加出門跑步），你就更有可能視為非支出不可的時間，所以就一定會去做。當然了，時間形塑的重點在於刻意將時間支出於值得的事上，而非僅著重於效率。不過在這種狀況下，你能兼顧兩者：有效率地將時間以值得的方式支出。

電話約會。我有些好友住得很遠，為了參與彼此的生活，我們排定了電話約會。不過因為大家都忙於事業和家庭，很少有時間可以停下來講電話。所以我試著把通話時間安排在移動期間：比如走路上班途中。

和朋友一起跑步。在上一章中，我提到克莉絲緹娜的高爾夫球之一。在克莉絲緹娜回顧過去幾週時，發現自己在和朋友到戶外健行時最愉快。她喜愛在戶外活動和健康的感覺，也喜愛社交的時光。這讓她想出一套方法，更規律地將運動與朋友相聚捆綁在一起。現在每週二和週四早上在上班之前，克莉絲緹娜會和朋友相約晨跑。早上五點半的鬧鐘很值得，這幾天她總是以喜悅展開一天。

時間形塑策略8
保留時間不受分心干擾，以追求自己的目的。

只要能增進目的感，工作活動可以充滿意義並令人滿足。爲了打造理想的一週，請找出能有益於你更高層次目標的工作（無論是否給薪）。你可以翻回第四章的五個爲什麼練習，來找出這些活動。將一週行事曆中，心智最爲活躍、最能減少外界分心事物的時段保留給這些活動。爲了找出你的黃金工作時段，觀察自己在一天之中何時最爲清醒（不藉助咖啡因），且最能免於干擾。

時間形塑策略9

將必須保持警醒的時段，安排在你自然警醒的時刻。

將這些關鍵磚片放置在畫布上最適當的位置。即使你一週有七天，一天有十六個小時清醒著，但沒人能始終保持最佳狀態。你一天當中何時心智最爲活躍？哪些時段生產力最高？把需要全力投入的活動安排在這些時段。

快樂工作。我是晨型人，在一天開始時最爲清醒，我的博士論文幾乎全都是在黎明時分寫就。每天一醒來，我就把筆電拉到床上，然後一直寫到身體告訴我該吃早餐了。家裡有了要吃早餐的孩子後，我現在當然不能再待在床上，從早上五點工作到中午了。不過等孩子們都上學去，我也到了辦公室後，還是會保留早上這段時間給最需要思考的工作。

在每個工作日，我都會盡可能將早上九點到下午一點保留給研究和寫作——有助於我的目的的工作：我的「快樂工作」。

時間形塑策略10

在想要有生產力的時段，移除分心物並營造有助進入心流的環境。

我在行事曆中上保留這段時間，同時也封閉所有外界干擾。依循第六章中所建議的技巧，我營造適當的環境來進入心流。在這些時段，我會關掉電子郵件、將手機改靜音、關上辦公室的門。我甚至還會先準備好午餐，這樣就算餓了也能繼續工作。雖然要是能每天和同事一起吃飯也不錯，但對我來說，爲了讓研究有所進展，且不至於占用到陪羅伯和孩子的晚上及週末，我必須保護最具生產力的時段。然後到了下午——我的心智活躍度略降時——我會開門做「繁務工作」，包括開會、應付少不了的電子郵件信箱，以及行政事務。

圖表 8-4

凱西的時間形塑：愉悅磚片

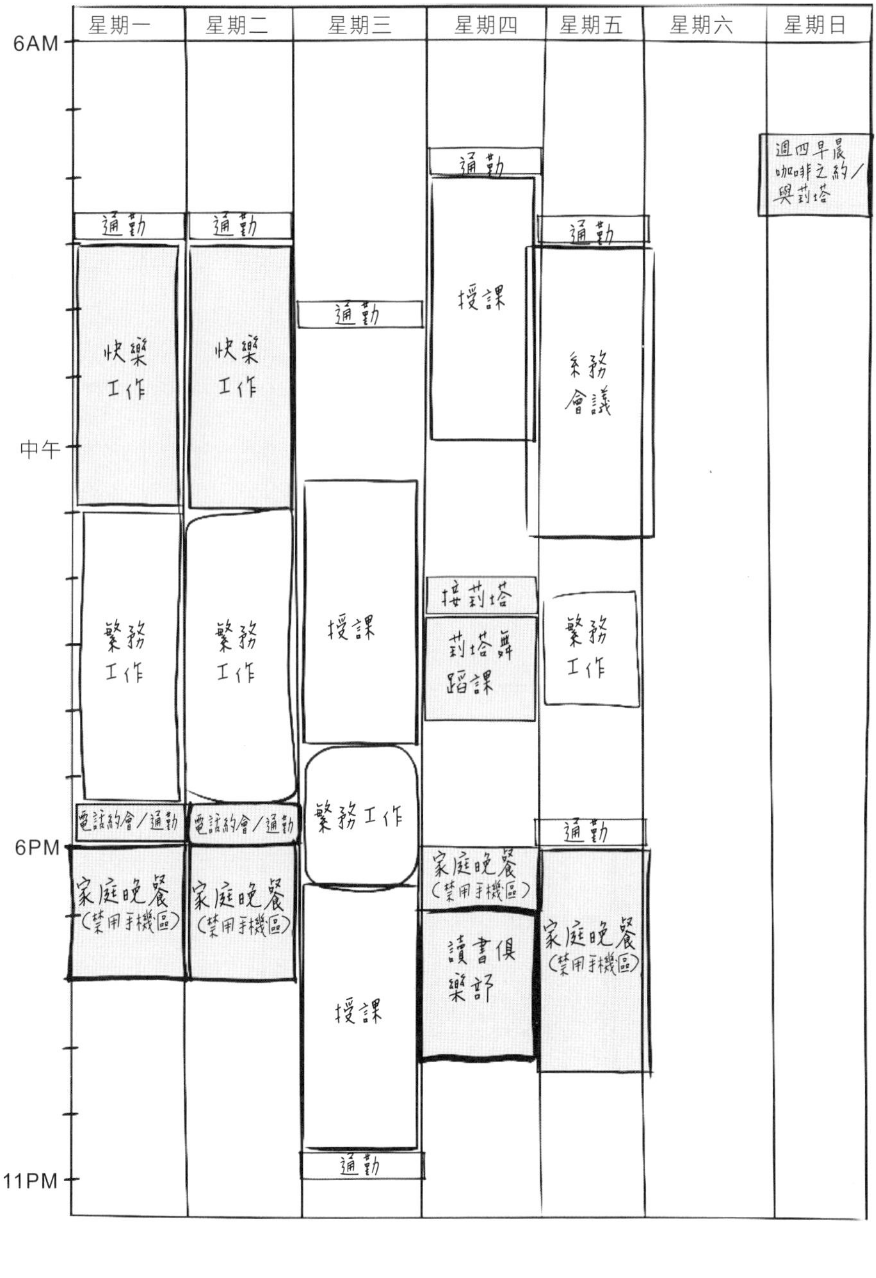

星期一
星期二
星期三
星期四
星期五
星期六
星期日
6AM
中午
6PM
11PM
通勤
快樂工作
繁務工作
電話約會／通勤
家庭晚餐（禁用手機區）
通勤
快樂工作
繁務工作
電話約會／通勤
家庭晚餐（禁用手機區）
通勤
授課
繁務工作
授課
通勤
通勤
授課
接莉塔
莉塔舞蹈課
家庭晚餐（禁用手機區）
讀書俱樂部
通勤
系務會議
繁務工作
通勤
家庭晚餐（禁用手機區）
週四早晨咖啡之約／與莉塔

圖表 8-5

克莉絲緹娜的時間形塑：愉悅磚片

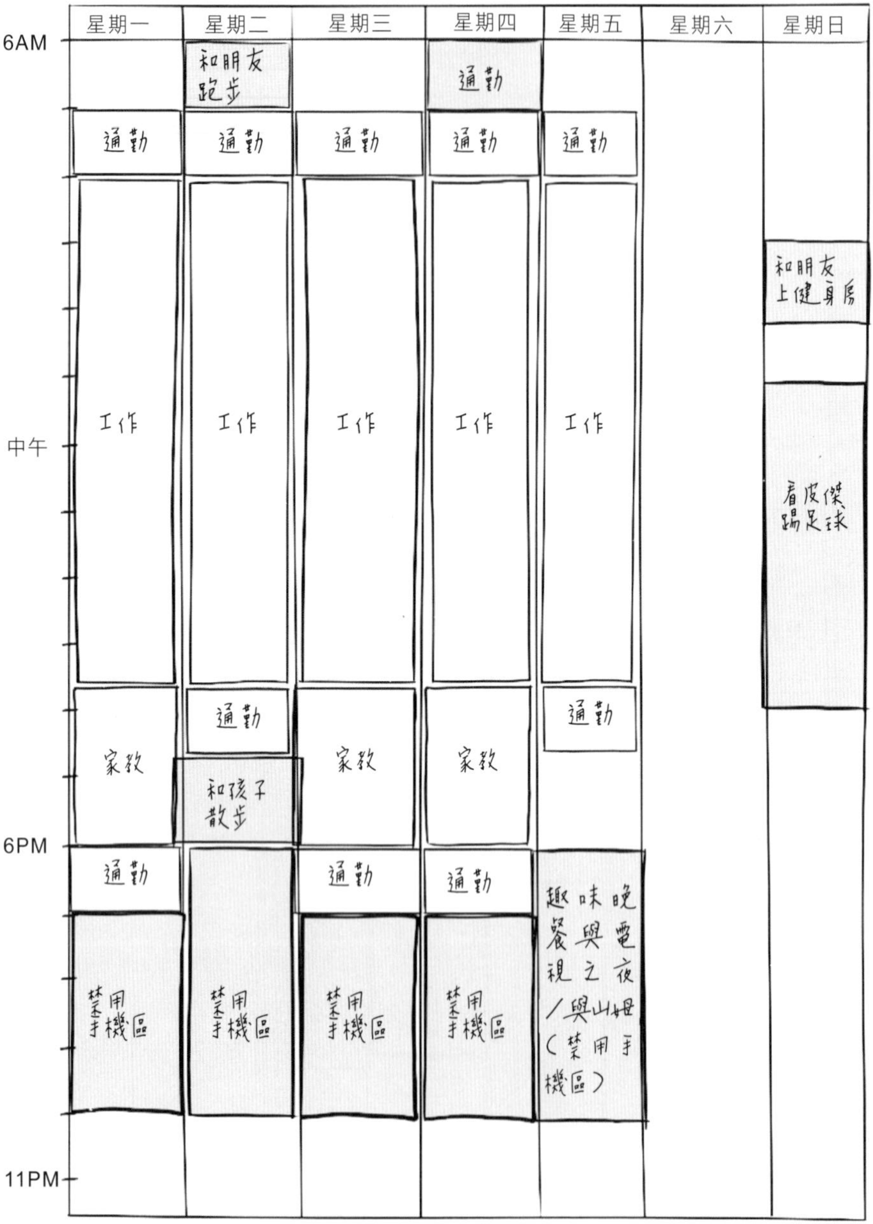

步驟3：留些空間

藝術家會刻意在色彩間留白，有時他們會讓畫布的某些部分空白，藉此提升其他部分的視覺衝擊。同樣的，在形塑你的時間時，也應該考慮讓某些時段空著。不過，爲了確保這些時段不被其他顏色覆蓋（或塞滿沙子），你也許得特別劃出這些時段——讓自己休息、反思、自由發揮。

時間形塑策略11
撥出可供你自由運用的時間。

身爲家有幼兒的家長，就得應付層出不窮的要求。要幫孩子餵飯、洗澡、刷牙、穿衣服、寫作業、整理書包、準備午餐、安排行程、玩耍、教與學、保持專注（並關掉螢幕）、保持家中整潔、讓冰箱隨時有食物，幾乎難有片刻喘息，時時都在處理孩子的需求。若你還有其他工作，能剩下的空檔就更少了。即使當下沒人要求你做某件事，但腦袋仍然會忙著檢視一連串的待辦清單，畫布上的空白處從來沒能自由運用。

這就是爲何家有幼兒的家長會是時間最匱乏的族群——而且母親又比父親更爲嚴重。❸研究顯示，在家有孩子且家長皆外出工作的雙薪家庭中，母親通常會比父親擔負起更多育兒和家事責任。❹也許不令人意外的是，在新冠肺炎疫情期間，母親的職業生涯受創最深——孩子們停課在家時，母親離職在家的所占比例比父親高出許多。❺艾希莉．威蘭斯及其同事蒐集了全球逾三千人在這段期間內的時間運用資料，結果顯示，當全家人都因疫情而待在家時，比起父親，母親明顯花更多時間在做家事，且擔負起更多育兒責任。此外，母親也明顯較不快樂。❻

早晨輪休。有了孩子以後，我最懷念的就是平常日的早上。那是我最精力充沛的時刻，我渴望出門跑步，也急切地想做有意義的工作。在叫孩子起床準備上學的忙亂，取代了極富生產力的早晨後，我並不開心。羅伯努力想平等付出，所以沒出差的日子他都會在一旁幫忙。但如實反映了統計數字，我才是那個擔負最多的人，他也知道，我則希望自己不是。

所以羅伯和我想出了一個解決辦法。我們不再同時於**每天**早上打理孩子，而是輪流分攤。每天早上只由一人「值班」，完全負責孩子早上的行事，而另一人就「輪休」，可以自由選擇要如何運用早晨時光（晨跑、早點開始工作、約朋友喝咖啡等等）。

而我們（其實是我）在「輪休」日唯一不能做的事，就是干涉另一人如何打理孩子。如果我對莉塔的頭髮梳出來的樣子有意見，或李奧的衣服有些不搭，我也只能忍了。沒有雪柔・桑德伯格所描述的「母職守門」（maternal gatekeeping）。❼我們遵循伊芙・羅德斯基（Eve Rodsky）的公平原則，夫妻平均分擔家事。❽羅伯和我同意，值日就代表要負起充分且完整的責任。我知道羅伯能勝任，孩子們也會很好。此外，這項解決之道的好處，遠勝過李奧偶爾會穿不成對襪子去上學的代價。

在一週中找出能留給自己的空間非常重要。舉例來說，克莉絲緹娜發現週六早上去上瑜伽課，對她而言最爲理想。平靜安祥地度過一小時半後，她回家時感到煥然一新，迫不及待想和家人朋友共度剩下的週末時光。而你也可以自由運用自己的時間，可以用來追求嗜好，像是報名畫畫課或是加入網球教學中心，或花一小時散步逛街，或窩在你最愛的椅子上看書。

這段專注於自身需求及發展興趣的時間，對經常因照顧他人而心力交瘁的女性來說特別重要。不要因爲把時間留給自己而感到內疚，要記住，只有照顧好自己，你才能完完整整地照顧所愛的人。就像飛機上的氧氣罩：在緊急情況下，成人必須先爲自己戴上氧氣罩。

時間形塑策略12
撥出時間思考。

舒茲小時。在第七章中，我提到「舒茲小時」的價值：保留給安靜反思的一小時。在急著完成事情的忙碌之中，這段時間讓你能停下來思考——深度、廣度且有創意的。在你的畫布上留出一段舒茲小時（但如果只能撥出半小時或十五分鐘也沒關係）。

每逢週一早晨（我每週的第一個「輪休」日），我就會去跑步。如我在第二章所述，在這個時候我自信最爲高漲，相信自己能完成我所設定的一切，也是我最不會感到時間匱乏的時刻。我把自己的舒茲小時和週一晨跑捆綁在一起，如此一來，在思索較爲重大的人生及工作決策時，就能樂觀以對。我可以理智地衡量對不同選擇的喜好度，而不只是考量可行性。在這種特殊跑步時間裡，我不聽音樂或podcast。而是把這段時間完全用來思索目前遇到的難題，比如我該給這本書取什麼書名？或就讓思緒漫遊。

把你的舒茲小時安放在自己在客觀或主觀上都最不匆忙的時段，克莉絲緹娜把她的這段時間安排在週五下班回家後。在被孩子及週末玩樂拉走前，她把家裡的狗史拉許套上狗繩，一起出門散步半小時。在遛狗的同時，克莉絲緹娜回想她的一週，並定下全年的大方向。或者你也可以學習這段時間的名稱由來之人喬治·舒茲：在辦公室裡把門關上，在面前擺上一疊紙，關掉手機鈴聲。不管你是與其他活動捆綁，或是單獨撥出專屬時間都好，在一週內留點時間給自己思考。

時間形塑策略13

保留時間無所事事。

現在你已經知道，人很容易過度承諾。我們不好意思拒絕，答應太多未來事件，因爲覺得到時候會比較有空。此外，我們也被驅策著要有生產力和參與社交。我們無意間將時間罐迅速填滿，甚至是有意地將畫布塗滿。

但這會讓你筋疲力竭，也沒有留下可供自由發揮的空間。這會讓你沒了能活在當下的餘地。爲了保留身處當下的時間，你也許必須安排一段時間不做任何安排。

清空行事曆的價値，在新冠肺炎疫情期間徹底體現。不再被各自的活動拉走後，許多夫妻和家人都變得更爲親近。少了要趕赴某處的壓力，我們全都被迫慢下來。沒了外界娛樂，我們得設法自娛娛人，也因此變得更具創意。我們的時間開放給當下最適宜的活動——不管是玩一場地產大亨、睡午覺，或是什麼也不做。雖然體驗過開放行程表的輕鬆感，一旦限制解除，得以恢復日常活動，我們還是立刻將行事曆塡滿。

留白。爲了維持家人們從開放時段中共同感受到臨在感，我們將週日下午保留爲空白時段。這段時間我們想做什麼都可以，也可以什麼都不做。我們也把這段時間列爲禁用手機區，以免它被漫不經心地塡滿或浪費。

圖表 8-6

凱西的時間形塑：保留空檔

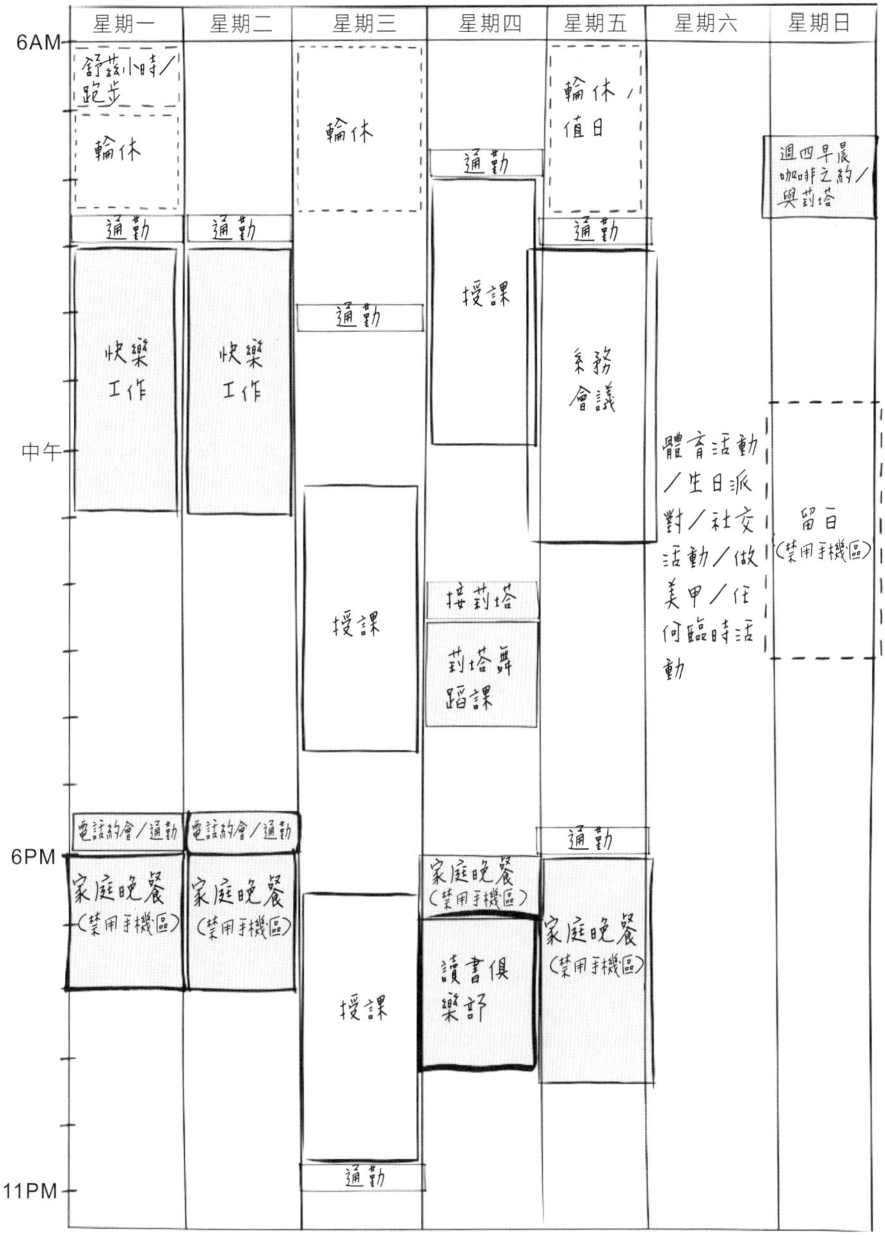
星期一
星期二
星期三
星期四
星期五
星期六
星期日
6AM
中午
6PM
11PM
舒茲小時／跑步
輪休
通勤
快樂工作
電話約會／通勤
家庭晚餐（禁用手機區）
通勤
快樂工作
電話約會／通勤
家庭晚餐（禁用手機區）
輪休
通勤
授課
授課
通勤
通勤
授課
接莉塔
莉塔舞蹈課
家庭晚餐（禁用手機區）
讀書俱樂部
輪休／值日
通勤
系務會議
通勤
家庭晚餐（禁用手機區）
體育活動／生日派對／社交活動／做美甲／任何臨時活動
週四早晨咖啡之約／與莉塔
留白（禁用手機區）

步驟4：安排磚片次序

當你找出固定磚片、愉快磚片和空檔磚片，以及一週中必須做和想做的其他活動後，下一步就是將它們拼湊在一起。現在我們要安排所有磚片在畫布上的次序，目標是將好時光的影響最大化，並將苦差事時間的影響最小化，這樣就能打造出更快樂、更滿意的一週。

時間形塑策略14

分散你喜歡的活動。

在第五章中，我描述了年復一年享樂適應所導致的效應，它會使你對結婚等重大事件的情緒反應趨於平緩。對看電視等日常活動來說，同樣的模式也會出現在一週內，甚至是幾小時內。

因爲我們會隨時間習慣事物，所以在活動剛開始的時候最爲敏感，這時的注意力最集中，對活動的感受也最強烈。因此，爲了抵消享樂適應，你應該分散所喜愛的活動——創造更多的開始，避免無聊滋生。將好時光分散，也會讓你有更多次數可期待。

以看電視爲例就能清楚說明。因爲享樂適應，看電視這項活動雖然有趣，但是能產生的整體幸福感通常不如預期。在剛開始觀看的時候，你會覺得全神貫注、由衷愉悅，但隨著你在沙發上窩得越久，會開始走神，也不那麼樂在其中了。要不是好萊塢編劇的寫作技巧高超，又擅長在一集劇末留下懸念，你可能也不會想再看下一集了。

不過，要是你應用這項策略，不再一次看五小時，而是把電視時間改成五次各一小時，分散在一週之內，你就能更享受這五個小時。事實上，一項研究指出，因爲廣告會打斷節目創造更多開始，所以能讓人們更喜愛所收看的節目。❾

如果你想要另一種策略來逃離好萊塢編劇的魔掌，可以學學我朋友的招式。她會在一集結束前十分鐘關掉電視，這樣不但能避免整個晚上都因爲不知節制而報銷，而且下次你再開始看時，直接就能進入緊張刺激的最高潮，還能很快看到難關如何被化解。

在應用時間形塑策略14時，請考量最適時長，以發揮活動的最佳效用。有些活動要花較長時間才能進入狀況，那你就不會想把它們打散。就像你不會想把某個活動拆成小段，結果反而打斷心流狀態，你也不會想在談話逐漸深入時，中斷一場約會。在我和喬丹·艾金一同進行的多樣性衍生快樂研究中，我們發現如果人們試圖在一段時間裡做太多不同活動，會變得**較不**快樂。[10]活動之間的不斷轉換，會讓人們覺得沒有一件事做得完。不過，在一週中安排多樣化活動，能讓人們覺得有趣、投入且較爲快樂。

時間形塑策略15
合併你不喜歡的活動。

至於那些你不是特別喜歡但非做不可的活動，同樣的心理現象意味著最好將這些時段合而爲一，這樣你視爲畏途並厭惡的開頭次數就會少一些。[11]以雜務爲例，即使你聽取了我的建議盡量外包，但免不了還是有些事要做。有人曾經告訴我，如果一天做一點，就不會覺得太糟。然而，因爲享樂適應，這並不是一個好建言。這會讓要開始做雜務的煩躁分散在整週中，要是每天都得做，只會讓我想到就怕。這裡提供的則是有憑有據的忠告：合併所有的雜務。如此一來，你就可以有效率地解決它們……而且說眞的，因爲享樂適應，一旦你開始動手後感覺就沒**這麼**糟了。

雜務。克莉絲緹娜採用了這項策略，將週三晚上訂爲洗衣打掃時間，不再讓家事越堆越多，留到週日晚上才來解決。這片合併且妥當安放的磚片，讓這件苦差事不會壓在她心上一整個週末。我是更急著解決家事雜務，所以訂了週一晚上對付待辦事項。

時間形塑策略16

用喜愛的活動捆綁雜務。

爲了降低週三晚上做雜務的艱難度，克莉絲緹娜運用了第四章的捆綁策略。她一直都很想聽podcast，同事和朋友推薦了一些很棒的節目，說她一定會喜歡。而她正好可以用這段時間來拓展視野，所以她把朋友建議的節目都列入清單，在打掃和摺衣服時聽。結果相當成功：她重新形塑的這段磚片，化苦差事爲享受。

時間形塑策略17
在負面活動之後緊接著安排正向活動。

你從特定活動中感受到的快樂或不快樂，可能延續至活動結束後頗長一段時間。明白這一點後，你可以審愼地安排磚片次序，將這些延續效應最佳化。

舉例來說，你知道某些活動做完後會讓自己心情惡劣，遺憾的是，這些負面情緒——不管是壓力、憤怒或難過——通常會徘徊不去，影響你的一整天，甚至是一整週。爲了減輕這些持續效應，你可以在這些烏雲籠罩的活動之後，緊接著安排能提振情緒的活動。這不僅能縮短糟糕活動帶來的壞情緒時間，而且因爲知道黑暗期結束後就有好事等著，這也會讓你更有動力開始並熬過去。

珍奶散步。全校教師會議總是讓我坐立難安，雖然我很喜歡和同事一對一談話，但不知爲何，眾人齊聚的場合卻會引發我的焦慮。有鑑於此，每當我看到行事曆上有全校教師會議時，就會安排在之後和一名同事一起去買珍珠奶茶。一邊和朋友交流，一邊走過我們共有的美麗校園時，也迅速抹除會議帶來的壓力。

時間形塑策略18
持續在心裡重溫正向經驗。

你現在已經知道，有大量的研究證實，比起實質物品，體驗能產生更立即且持久的快樂。原因之一是即使我們會適應這些擠放在架子上的所有物，卻能在心裡一再重溫當時的體驗，並使每一次都像是重新經歷。⓬ 所以，在寫下你的感恩事項時，記得數算這些幸福。既然都投資了這些時間，就別忘了經常回想這些快樂碎片。

這項策略十分關鍵，這讓我們所支出時間的品質對生活滿意度的影響，遠勝過所支出時間的數量效應。對我們這些時間匱乏、渴望更多時間的人來說，這一點至

圖表 8-7

凱西的時間形塑：理想的一週

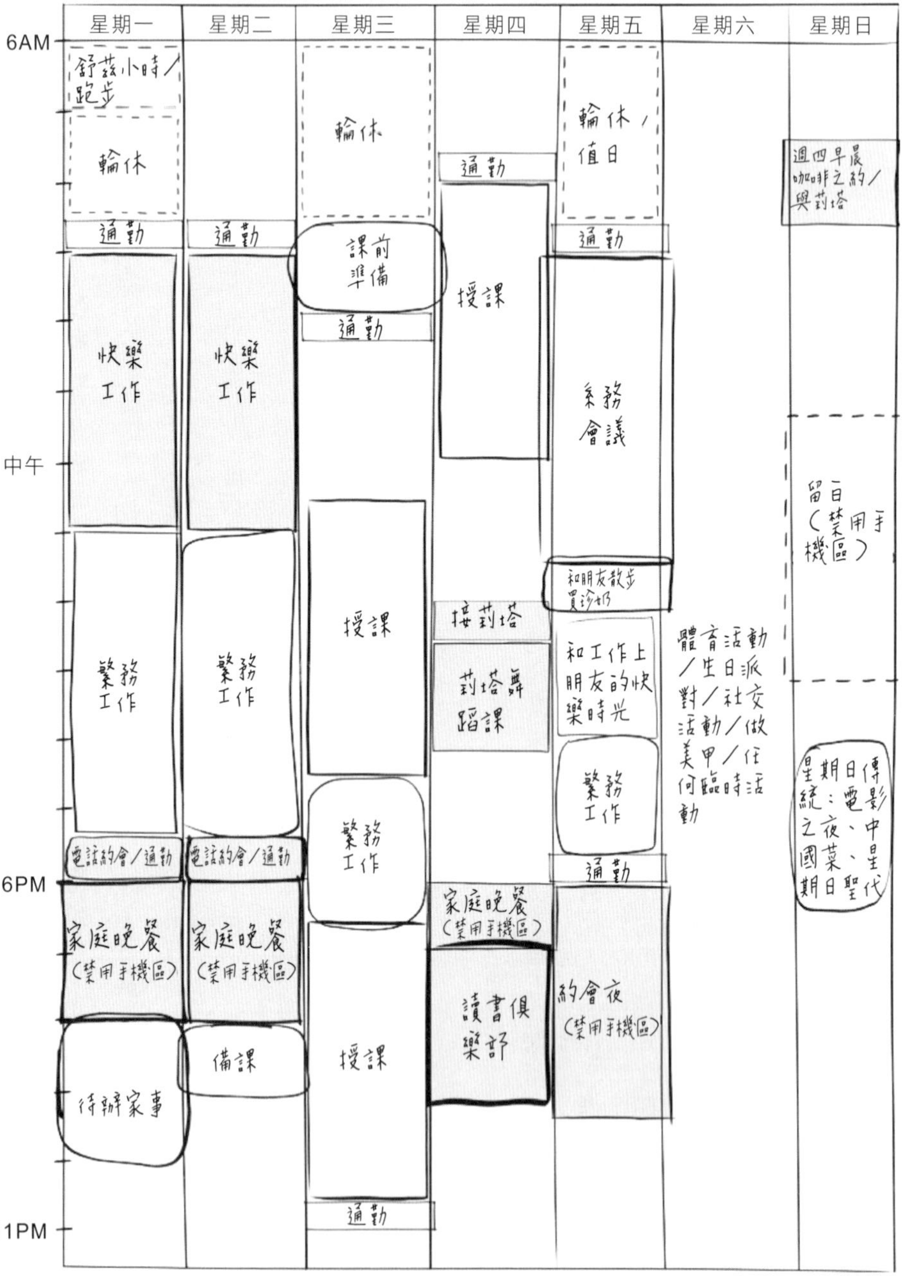

星期一
星期二
星期三
星期四
星期五
星期六
星期日
6AM
中午
6PM
11PM
舒茲小時／跑步
輪休
通勤
快樂工作
繁務工作
電話約會／通勤
家庭晚餐（禁用手機區）
待辦家事
通勤
快樂工作
繁務工作
電話約會／通勤
家庭晚餐（禁用手機區）
備課
輪休
課前準備
通勤
授課
繁務工作
授課
通勤
通勤
授課
接莉塔
莉塔舞蹈課
家庭晚餐（禁用手機區）
讀書俱樂部
輪休／值日
通勤
系務會議
和朋友散步買珍奶
和工作上朋友的快樂時光
繁務工作
通勤
約會夜（禁用手機區）
體育活動／生日派對／社交活動／做美甲／任何臨時活動
週四早晨咖啡之約／與莉塔
留白（禁用手機區）
星期日傳統：電影之夜、中國菜、星期日聖代

圖表 8-8

克莉絲緹娜的時間形塑：理想的一週

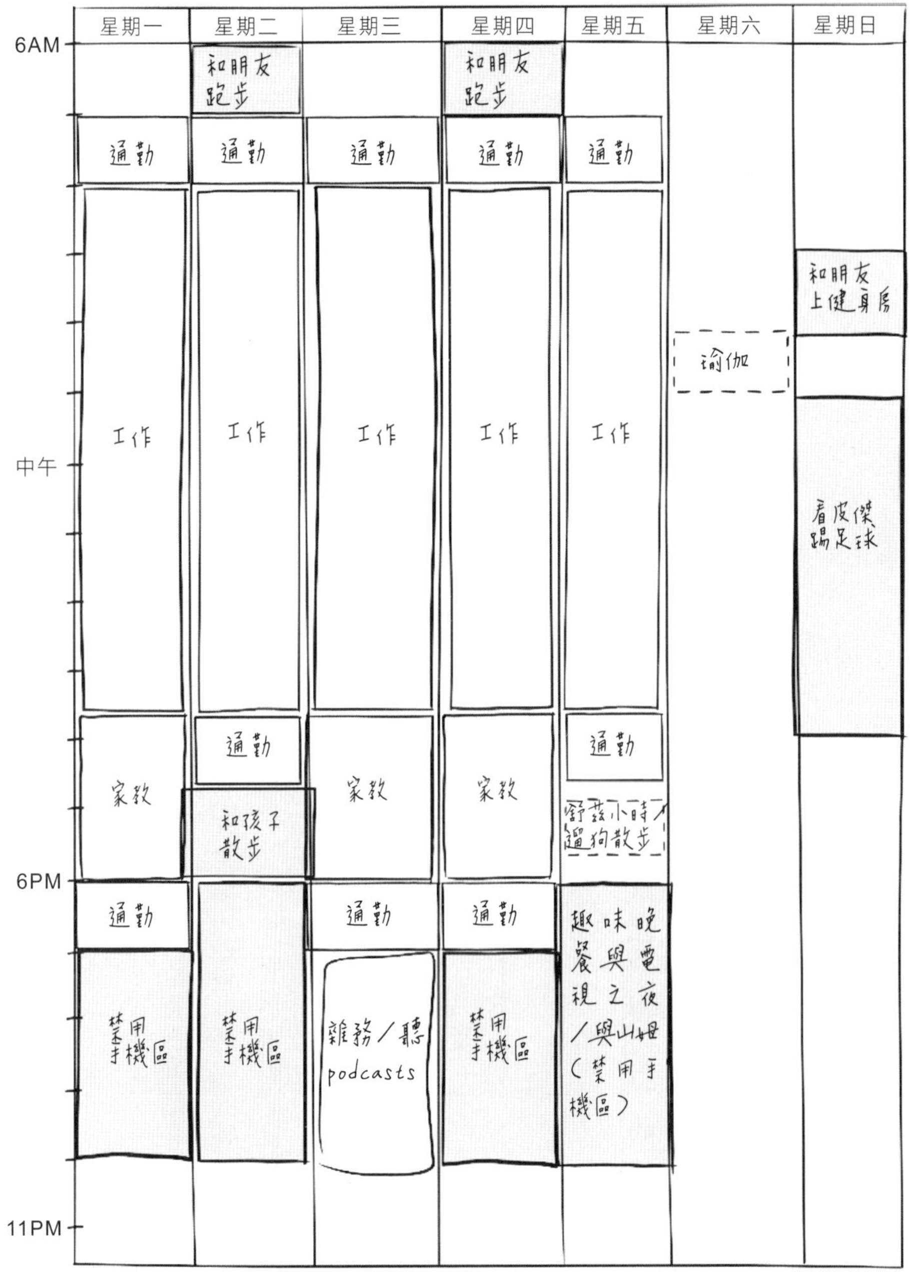

關重大。

沒錯，我希望能有更多時間陪伴羅伯、孩子和朋友；不過約會之夜、莉塔和我在週日早上的早晨咖啡之約、讀書俱樂部的討論，以及在李奧床前爲他哼唱的時光，都讓我感受到深深的連結感。這些感受浸染了我整週的心情——尤其是在腦海裡重溫時。若是在其他時候感到低落或有壓力，我就能引領思緒重回這些歡欣時刻。

馬賽克之美

近看時，任何磚片都可能顯得漂亮或難看，但磚片不會單獨存在，你的生活也不只是一個片刻。你擁有許多時刻，這眾多時刻串起之後，就形成了自己日子的質地，一週又一週的花樣，人生的馬賽克。唯有等到你後退一步，看出其色彩之斑爛，才會懂得欣賞這些時刻眞正的美。

可惜的是，我們很少後退一步。我們的注意力太常卡在眼前的單一磚片，被迫在眉睫的憂慮占據心神，因爲時間不斷流逝而備感壓力。我們迷失在一段段的時間裡，忘了去想這些時段其實是更大畫面的一部分，或是該如何將它們拼湊出更壯麗的畫面。

這種短視的觀點，使我們將時間的運用看成全有或全無的決定，造成衝突、愧疚和遺憾。不管你是選擇將時間投資於**想做**的事或**該做**的事，到頭來都會後悔沒選擇另一邊。如果你選擇留在辦公室，而不是去和朋友見面吃飯，就會覺得愧對朋友，也會遺憾錯過連結的機會。如果你選擇在仍未完成手上專案時就停止工作，趕去和朋友見面，就會因爲不夠認眞看待工作而感到內疚。怎麼選都不對。

然而，如果你退後一步看自己的馬賽克，就能將這些時刻看成是更宏大畫面的一部分。當你縱觀一週時間（以及一年的每一週，人生中的每一年），你的支出決定就會從問**是否**，變成問**何時**。你不再對眼前這一小時該做什麼而感到矛盾，因爲你有機會決定該在哪一時段做自己眞心在乎的事。你可以選擇要在**何時**做那些能帶給自己快樂的活動。如果和朋友共進晚餐，對你來說是愉快的泉源，那就撥出時間去。你也不會覺得心裡有愧，因爲可以立刻查看一週中其他不受干擾的時段，那是自己特別爲重要工作保留的，會很安心地知道自己也會支出這些時間。不過，如果這樣的晚餐更像是義務，對增進連結感沒幫助，那顯然它就不值得占據你畫布上的空間。

以馬賽克的觀點看待時間，有助於釐清，單獨的一小時不足以判斷你的價值——或你的人生。單獨的一小時不能定義你是誰，而是所有時刻的總合，才能呈現**所有**自己所重視的事物，以及你的**所有**面向。你有可能有多個優先事項和多個喜悅來源。那些約會之夜、家庭晚餐、和朋友跑步、快樂工作及輪休日，都閃耀著喜悅的光譜。你不必只挑一種顏色，也不必在當好父母與擁有事業之間抉擇。以**何時**而不是**要不要**，來回答時間的問題，能讓你在生命中建立起深度連結，也能產出充滿意義的工作。所以當你在下午三點離開辦公室去接小孩時，就不是一個衝突、自責、定義個人的決定。看著自己的馬賽克，可以輕易看出你有許多時間全心奉獻給工作，同時也有許多時間是陪伴孩子。你的畫布很充實，這令人感到滿足。

這個觀點，就是命運的那一夜我在火車上尋找的答案。沒錯，在任一小時內，我無法做到全部，也無法做好所有角色。但我**可以**在一週內的許多時刻中做到，我**可以**在生命的許多年月中做到，你也可以。

這種觀點還有另一好處：它能讓你以更活在當下的方式支出每一小時。經過深思熟慮而嵌入馬賽克中的位置，使個別的磚片顯得更加閃亮。看到其他磚片，可以減輕你**是否**能完成一切的焦慮，因爲你知道**何時**可以。你不再匆匆忙忙趕著做完，因爲這段時間只專屬於這項活動。你可以放慢腳步，享受當下所做的事。因爲將時間分配給值得的事物，你的時間也變得值得。不同於其他的時間管理法，時間形塑的重點不在效率，而是你在時間中所體驗到的喜悅，是將時間付出在對自己最重要的事。

更重要的是，你才是在畫布上揮灑的藝術家，而不是只能被動看著的旁觀者。這是**你的時間**，由你挑選並安放磚片，由你決定它們在一週中的最佳排放順序，你創造出的馬賽克，就是**你**能活出的瑰麗人生。

本章摘要

★ 形塑你的時間，最好是使用視覺輔助。就像藝術家創造馬克賽畫一樣，挑選、間隔、串連你的活動以打造出理想的一週。

★ 你可以安排活動時間，將好時光的效應最大化，雜務的影響最小化。

★ 確保最重要的活動不受干擾（也就是最有連結的活動、能實現你目標的活動、思考時間、放空時間、專屬於你的時間）。

★ 在這些時間應用「禁用手機區」，讓自己在這些時段中免於分心。

★ 為了保證確實支出這些時間，將**想做**的事與**必須做**的事捆綁在一起。

★ 為了讓雜務時間好過些，將這些**非做不可**的活動與其他你**想做**的活動捆綁在一起。

★ 將快樂的活動分散在一週中，以強化你在從事時的愉快體驗，同時也讓自己有更多次的好時光可期待。

★ 合併較不愉快的活動，盡量將感覺繁重和在心裡推拒這些雜務的時間減少。

★ 以週為單位看待時間，可減少衝突和愧疚，將時間運用的決定從問**是否**轉為問**何時**。

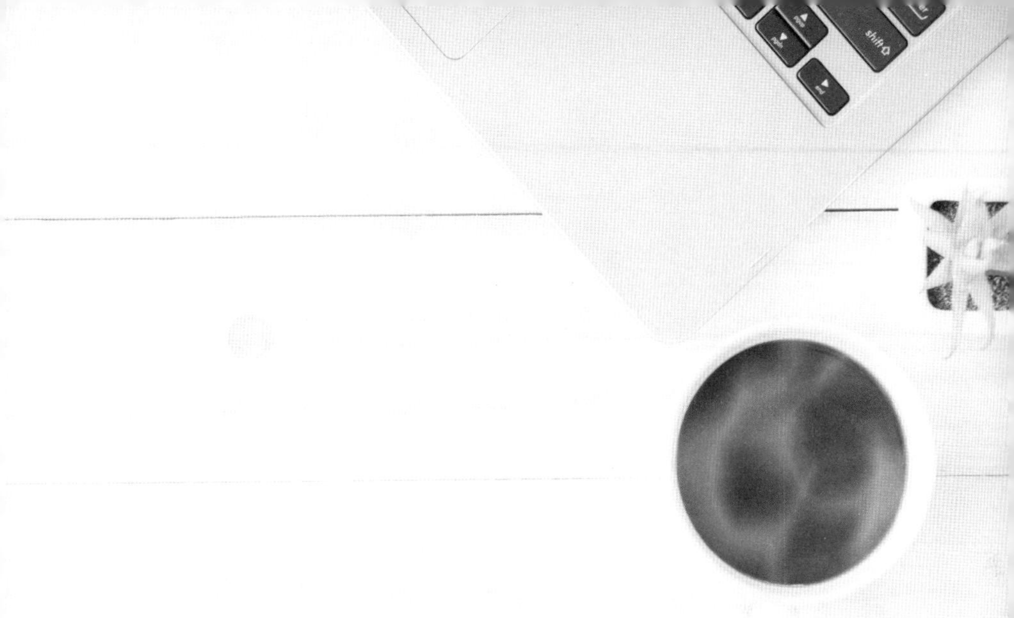

第九章

一生的時間

對等待的人來說時間太慢，
對害怕的人來說太快，
對悔恨的人來說太長，
對狂喜的人來說太短，
但對去愛的人來說，時間是永恆。
—— 亨利．凡．戴克（Henry van Dyke）[1]

齊聚一堂慶賀生命，提醒我們人生可以有多美好。講者因爲感觸太多而微微顫抖，她走到廳室前方，拿出一張紙放在講台上。

今天我們站在這裡追念妮可，我想先澄清一點，這場喪禮是違背她意願的。在最後那幾天時她說：「我知道你們會幫我辦體面的喪禮，但我討厭成為注目焦點。把我埋了就好……噢，記得餵飽大家……用小罐手工穀麥當派對禮物，怎麼樣？」

這就是妮可。她熱愛的生活，是在小小的歡樂時刻中得到滿足，以及身邊圍繞著自己所愛的人。她是一個親力親為、慈愛的母親，但也很小心不讓孩子感到窒息。當她的大兒子說：「我不想上大學。」她只是聳聳肩說：「我沒意見……我存了一筆錢當你的大學基金，等你想出一個能過得快樂且自立的計畫再來找我，這筆錢就隨你怎麼花。」如各位所知，她的兩個孩子都過得很快樂、自立又成材。

妮可也是貼心的妻子，她所著的《想法，重新思索》中的一篇短文一時蔚為風潮。她率先提出一週五天婚姻的想法，解釋為何一週分開兩天對每個人都有好處。她和先生用積蓄買下一間小公寓，兩人交替享受獨處時光。這對他們似乎很適用，畢竟他們維持了四十五年的幸福婚姻！她永遠在質疑現狀。「人為什麼要把動物關在家裡，使牠們與家人分離，然後又依據牠們的便溺習慣安排人的所有行程？」她在談養寵物之荒謬的文章中這麼寫道。她也質疑：「人為何要在有小孩之前就結婚？為何不先決定要生小孩——這比婚姻更能有效地將兩人連結在一起——等這樣過了十五到十八年後，再決定是否要共度餘生？」《想法，重新思索》是妮可流風遺澤中的最佳典範。她鼓勵身邊的人從不同觀點去思索習以為常的一般想法。

妮可的一生也致力於善待他人，並幫助他人善待自己。她發起的慈善計畫「與長輩一同烹飪」連結了想學習烹飪的年輕人，以及缺少收入來源的老年人。這些長者可以把自己的拿手菜教給年輕人來賺取收入，但妮可的設計讓此計畫的益處更為深遠：孤單的長輩有人陪伴，能為家中多賺一份收入也使他們更有尊嚴。整個社區因食物而凝聚，而不意外的是，超過半數的長者都是出生於國外，這也使整個社區更能包容與欣賞其他民族。

我們會懷念妮可，但她的精神仍長存在她的孩子身上，以及《想法，重新思索》、「與長輩一同烹飪」，還有她精心照料的美麗蔬果園。為了紀念她，我希望各位試著對一件你視為理所當然「就是這樣」的事轉換觀點。噢，對了，別忘了拿你那罐手工穀麥。

紀念妮可的生平，提醒我們善加發揮自己的人生。

但該怎麼做？如何才能活出圓滿的人生？如何運用時間才能使人生充滿意義？你想留給這世界什麼？哪些抉擇才會讓你眞正幸福快樂？這些都是本章會探討的人生大哉問，也是貫穿全書的核心主旨。將視野拉高到眺望一生，你就能清楚看見該如何善用每一小時、每一天。

採取鳥瞰觀點

本書到目前爲止的焦點都在於小時。我們討論了該將時間花在哪些活動，以及如何帶著正念運用時間，我們也學到該如何恰當地將這些時數安排在一週之內。現在我們要採取更寬廣的觀點，以幾年和十年爲單位。我會帶領你將人生視爲一個整體，目標是要使你快樂，而且我有數據支持（當然了），這項鳥瞰策略有用。

泰勒．珀斯東（Tayler Bergstrom）、喬伊．瑞夫（Joey Reiff）、海爾．赫胥菲德和我進行了一項調查，詢問數百人對時間的看法，我們發現經常採取較寬廣觀點的人較爲快樂。❷

我們的研究結果顯示，不分年齡及其他相關人口統計學變數，對時間採取鳥瞰觀點的人，在日常生活中會感覺到較多正向情緒，較少負向情緒。他們對整體生活的滿意度也較高，具有較高的意義感。我們發現這些人相當同意以下敘述：

「我以鳥瞰觀點看待時間，同時俯看並縱觀人生所有時刻。」

「我傾向以看月曆的方式看待時間，看到所有日、週、月同時呈現。」

「我試著以較寬廣的觀點看待時間，以年為單位思考而非小時。」

「我做決定時會想到能活的壽命。」

你的馬賽克

以較寬廣的觀點看待人生能提升快樂有幾個原因。其一是馬賽克之美。在前一章結尾，我描述了把一週內所有時數，看成是磚片鑲嵌而成的整體畫面——而不是執著於單一磚片的限制及其單一的色彩。將目光拉得更長遠，從幾小時和幾週，拉到幾年和十年時，這些好處持續浮現。你體認到當下只是更大畫面的一小部分，不好的一年會過去，就算是幾年也會過去。一段痛苦的關係、感情的低潮期、錯的工作、痛失所愛、全球疫情……你的畫布上仍有空間可以重新開始，可以繪製新花樣，你還有更多人生。

以年來看待人生，讓你明白無需匆忙度日。從大學畢業到退休，有超過四十年的時間，千禧世代平均每份工作待四年，這意味著現在大多數人在職業生涯中會經歷約十個不同工作。這對我的學生是很重要的提醒，他們常對畢業後第一份工作感到沉重壓力，其實不必一踏出校門就搞定一切。

這一點父母也該謹記於心。若你有孩子，他們在你羽翼之下的時間，只占你四十年職業生涯中的十八年；還不到一半。你需要爲他們半夜起床的時間也只有一、兩年，勞心勞力的階段意外地短，但最美好的時光同樣如此。

接著在這四十年的職業生涯之後，你還有二十五年的時間，是分配給退休後的生活。鳥瞰觀點能一次呈現過往許多鮮明繽紛的歲月，同時也照亮了有待形塑的未來。

這張更大的畫布，需要更多層次的色彩——投資在多樣興趣與優先事項的時間。雖然你無法在同一時間做到全部，但在一生中你可以達成許多追求。記住，這項觀點可以有效地使你運用時間的決定，從問**是否**轉變爲問**何時**。你何時能奉獻較多時間給家人、給一個使命、給另一個使命、給學習、給冒險、給自己（不管這對你的意義爲何）？此外，你不需要把大段時間都塗上單一顏色。你可以有創意地讓不同色彩交織在歲歲年年之間，只要調整每一階段中每一顏色的量即可。

根據年齡的轉變

縱觀人生，還能讓你欣賞其自然發生的階段。現在讓你覺得急迫的事，和你在青春期煩惱的事不一樣，而在遲暮之年會讓你夜裡清醒的挑戰也絕對不同。若你有寫日誌的習慣，在比較現在和以前的紀錄時，也許早已注意到這些轉變，或是聆聽和你有年齡差距的關愛之人述說煩惱時，也會發現這件事。

閱覽網路上的「數位世代日記」也能清楚看到這個現象。❸賽·卡姆瓦（Sep Kamvar）和強納生·哈里斯（Jonathan Harris）編寫了一個電腦程式，可以自動爬搜部落格（社群媒體世界的前身），瞬間提取所有情緒表達。這個名爲We Feel Fine的電腦程式，能捕捉到任何以「我覺得……」或「我現在覺得……」開頭的句子。再搭配上部落客的簡介訊息，We Feel Fine可以及時辨識某人當下的感受。❹

賽和強納生分析了數百萬筆這類情緒表達，結果透露出隨著年齡增長，我們所擔憂的事也隨之大幅轉變。青少年時的自我定義及自我懷疑等關切，到二十多歲時換成了成就相關的焦慮。到了三十多歲時，則是忙著安定下來、擔心身體退化，以及養育孩子的種種挑戰。在人生的下半段，我們重視的則是對家庭和社群的責任，以及更廣泛的影響力。

因爲對這些數據來源深感興趣，我在一次烤肉會上排隊時和賽聊天，我問他這是否有任何與快樂有關的啟示。在後續我們與珍妮佛．艾克共同進行的研究計畫中發現，除了憂慮，年齡也對快樂有深遠的影響。雖然網路數據無法清楚辨別年齡是否能影響我們感受到的快樂多寡，但這項研究（再配合我們的後續研究）顯示，**什麼能讓我們感到快樂，以及我們感到快樂的方式**，都會隨著人生階段而變化。❺

還記得艾密特和我比較我們的快樂週末嗎？在這些研究中，我們發現年齡差異會影響人從平凡和非凡經驗中感受到的快樂。❻對較年輕的人來說，非凡經驗（生命里程碑、一生一次的度假、文化盛會）會產生較大的快樂。對較年長的人來說，平凡經驗（和所愛之人共度的簡單時刻、美食、注意到自然之美）所產生的快樂，不亞於較昂貴且較難經歷的非凡經驗。也就是說，隨著年齡增長，我們越來越懂得從生命裡平凡無奇的時刻中汲取快樂。年紀越大，我們就越能品味簡單的快樂。

這份部落格數據還呈現出，年齡不僅會影響何種體驗最能讓自己快樂，也會影響我們**如何**體驗快樂。年輕時，我們體驗到的快樂多是興奮——一種較響亮且活力充沛的正向感受。這點可從十幾二十歲的人，較易表達興奮之樂而明顯看出：

「我覺得快樂興奮——超級快樂！」

「我覺得好興奮、好快樂。」

「我覺得快樂、自由、興奮、壓力大，但還是好開心生活能是現在這樣。」

然而，隨著年齡增長，我們體驗到的快樂漸漸多是平靜——一種更安靜、祥和、滿足的感受。三十多歲的人表達兩種類型快樂的比例相近，但四十及五十歲之後的人，就逐漸傾向表達感受到平靜的快樂：

「我覺得快樂、放鬆，很平靜。」

「我現在覺得很平靜快樂。」

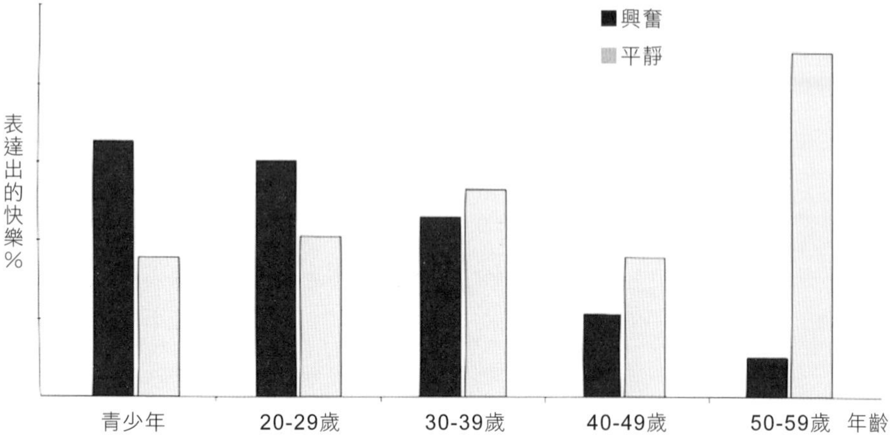

圖表 9-1

「經過一個充分休息、沒有壓力的週末後，我今天覺得快樂且平靜。」

興奮和平靜都屬於正向，但如【圖表9-1】所示，這兩類型快樂出現的比例，會隨著我們的年齡增長而變化。

這些結果暗示，當一個二十歲的人和一個五十歲的人說自己快樂時，他們的感受可能大不相同。認清這一點，能提升我們對不同年紀的他人——以及我們自己——的情緒理解。這有助於我們避免用年輕時的濾鏡來評判現在的自己。還記得我和羅伯、李奧共度一個安靜的週末後有多快樂嗎？少女時代的我如果被迫過這種週末大概會翻白眼；但並不是我的日子變得無聊又不快樂，只是我的快樂改變了。這是重要的一課：美妙週六夜的構成眞的會變，如果沒變的話，「快樂人生」的構成也會改變。這不是一件壞事。此外，這項認知也有助於我們成功形塑未來的人生階段，並安穩度過轉換階段。雖然快樂的面貌有點不同，但在人生的每一階段，都有取之不竭的快樂。

要事先於急事

支持採取較寬廣的時間觀點的另一關鍵理由，在於以年爲單位來思考，對我們如何運用每一小時具有重大影響。也就是對人生做通盤考量時會突顯你的價値觀，進而使自己對當下的時間運用做出更妥善的決定。

確實，再回到泰勒、喬伊、海爾和我所調查的那群人，我們發現回報採取鳥瞰觀點的人，在一週中將較多時間撥給他們覺得重要的事，而非純粹的緊急事件。❼這很關鍵，因爲另一團隊的研究警告道，當我們感到匆忙時，會傾向將時間用於緊急事項，**不論其重要與否**。❽

這些發現都促使我們用更寬廣的方式看待時間。以整體人生爲尺度，能提醒我們將時間花在重要的事上，而不是看似緊急的事。這種觀點上的轉變，可以減輕你所感到的時間匱乏，有助於對抗腦海中不斷使人分心的急迫待辦事項清單，同時避免自己的時間罐被沙子填滿。

此外，這種視角還能幫助你找出**什麼**對自己來說才最重要。在之前的章節中，我建議過如何找出能讓自己「怦然心動」的活動，以及有助你達成更高層次目標的活動。要活出最棒的人生，除了要知道哪些時段有益於你的快樂與目的，還得找出哪些時刻最符合自己的價值觀：對你來說眞正重要的事。這就是接下來兩個練習要做的事。在第一個活動中，你要想像在人生的終點回首一生，在第二個活動中，你會從已活出圓滿一生並回顧的人身上學習。藉由敦促你對人生做整體考量，這兩個活動都有助於找出是什麼能構成有意義且重要的人生——對**你**而言。

你人生的終點

你希望如何被記得？當人生走到盡頭，回首一生之際，你希望旁人會說什麼，你希望他們分享哪些故事？簡而言之，你希望留下什麼？

爲了幫助你找出答案，我要請你做一道練習題，就和我要求學生做的作業一樣：寫自己的悼詞。這並不容易。意識到自己的生命有限，可能會讓人極不自在，但也有可能帶來極大益處：清楚看見死亡的避無可避，是促使人將生命發揮到極致最有效的方式之一。回答這些問題，有助於釐清對你來說什麼才是最重要的：你的價值觀。你的回答會告訴自己該如何度過今天、明天，以及之後的每一天。

悼詞練習

你會如何被記得？你希望對世界和所愛的人有何影響？你成就了哪些目標？你創造了什麼？你如何做出貢獻？哪些字詞會被用來形容你？

悼詞是在你逝去後還在世的人為你而寫的講稿，做為對你的追念。在這個練習中，請為自己寫悼詞。寫的時候請採取他人視角（可以是孩子、配偶、友人、事業相關人士），並假設自己活到九十幾歲。

本章開頭的悼詞，是由我的學生妮可所寫。以下是另一個好範例，是由我的學生賈斯汀嘗試從女兒視角所寫。

我父親沒有給我很想要的……但他總是給我需要的……在我覺得某些「東西」特別重要時，要做到這一點並不容易——現在回想起來，這教會了我人生最寶貴的課程。真正值得擁有、追求、渴望的「東西」，並不是金錢能買到的，而是必須透過愛、努力與用心付出才能得到。

父親是一位用心付出的丈夫、爸爸、朋友——他總是讚美孩子們的努力——而不是他們努力所得的結果。此外，小時候有件事讓我有點厭煩，但後來讓我能度過人生最艱難的時期——那就是我總是聽到父親說：「妳這麼努力，一定能克服的——這項挑戰會出現必然有其理由。」所以，我努力然後克服——在這過程中總是經常想起父親。

父親在家時都會送我上床，幫我蓋被，每天晚上他都會在我耳邊輕聲說出「特別的話」——我們是這麼叫的。我們每個手足收到的話都不一樣——所以我只能說自己收到的。這些話總是關於我是一個多麼特別、有愛心、體貼、勇敢、好奇、有毅力的女孩。還有他和母親有多麼愛我，多麼以我為榮。但最重要的是，我應該深深以自己為傲。在特別的話最後，他總是說覺得很幸運能成為我的父親，也非常期待明天與我共度。雖然我們已經無法再一起共度明日——我想把同樣的用心付出、愛與鼓勵，傳給我的孩子。所以每天晚上我都會在他們耳邊輕聲說出特別的話，告訴孩子，他們是多麼特別、有愛心、美好——我們有多愛他們——我們有多麼以他們為榮，他們也應該深深以自己為傲。

父親，我愛你——我希望你知道我們有多麼以你這樣的父親、丈夫和朋友為榮。你做的每一件事總是用心投入並帶來許多歡笑快樂。你傳遞了熱情、理解與承諾，以及讓周遭的人都更聰明……更明智……更善良的思考方式，我愛你。

這兩則悼詞都提供了一些做這項練習的想法，不過你的悼詞必須專屬於**你**。你希望在走完一生後人們如何說起你？

從妮可和賈斯汀的悼詞中，我們可以發現他們各自重視的價值，也清楚看出他們渴望過著什麼樣的生活。事實上，他們也已經活出這樣的人生。當然，有些他們寫下的人生經驗還未發生（孩子、婚姻、寫書），但他們在人生盡頭希望被形容的模樣，正是我現在會形容他們的樣子：妮可會啓發人深思，賈斯汀總是全力以赴，他們兩人都是很好的人，都很有愛心。從他們想成爲的樣子中，我們看出他們是什麼樣的人。透過寫下自己希望如何被記得，他們的價值觀與所重視的事也清楚浮現。妮可重視的是開放的心態，賈斯汀看重的是努力與孩子，他也很重視將努力的價值傳遞給孩子。

寫自己的悼詞會帶來同樣的揭露與啓發，它會澄清你最重視的自我特質——對你而言最重要的是什麼。這項體認將指引你如何行走於世間，該將心力投注於何處，以及該如何支出你的時間。

在我的課堂中，這項練習還有另一步驟（好像寫自己的悼詞還不夠難似的），每個學生的悼詞都要由另一名學生當眾朗讀。雖然會令人非常緊張，但基於幾項理由，這項步驟非常有價值。第一，聽到自己和別人的發言後，你會發現自己所追求的目標，大部分都是專屬於你，這有助於建立你對成功的個人定義。你只應該從這些面向（而非他人的盼望）去衡量自己人生的成就。當你發現目前所處位置與自己所冀望的有差距時，你也只應用自己的尺度，去激勵自己改變或更努力。

除了揭露你的價值觀與同儕的差異之外，這個步驟也能讓你們共有價值的匯集點浮現。發現共同價值觀，能凝聚出更強的社群感及歸屬感。而我們都知道，這樣的連結感是提升快樂的康莊大道。

最後，聽到自己的悼詞被他人念出，也會提醒著，你存在他人的心裡、眼裡。你帶給別人什麼影響，你想擁有何種影響力？這些都能激勵你據此採取行動。

他人的智慧

寫自己的悼詞，是在鼓勵你想像自己走完一生回首過去。下一個練習則是要鼓勵你徵詢其他比較接近人生終點的長者，並請**他們**回顧人生。若說我們自己的時間是最寶貴的資源之一，他人的經歷則無疑也是寶貴。能請敬佩的長者分享人生經驗和省思，以及他們一路上所學習到的，是難能可貴的機會。

我訪問了一位我極爲敬重且（在我看來）一生有成的前輩。身爲超前時代的女性，珍從一九六四年就開始從事當時以男性爲主的大學出版業。在她四十年的職業生涯中有太多足以自豪的事，她曾經擔任的職務包括編輯和出版經理，不僅如此，退休後她還以作家身分展開新事業，並出版了四本自己的書。不過在我詢問珍，回首八十二年的人生，她最引以自豪的是什麼時，她毫不遲疑地說：「我的孩子：他們的品格。」她接著解釋道：「我有兩個兒子，他們都極爲成功。但最重要的是他們是什麼樣的人。身爲母親，現在是奶奶，我最重要的職責之一，就是培養孩子的品德。我的家人很有成就，我父母是紐約市下東區的移民之子，他們從一貧如洗到事業有成，所以成就很重要。但你是什麼樣的人，你如何對待他人與你的所做所爲——才是一切。我希望自己所留下來的，能呈現在孩子和孫兒的品格上。」

在下一個作業中，我要求學生做同樣的事：訪問一位他們敬佩的人。

向敬佩長者學習的練習

在學習如何活出快樂人生的過程中，我們能從早已實現此一目標的長輩身上學到許多。請找一位值得敬佩的長者並訪問他們的人生經歷。請他們回想自身成就、犯過的錯誤，以及一路以來的各種抉擇。這可以在你未來面臨選擇時做為指引。特別是要詢問他們一生對什麼最引以為豪，又對什麼最感到遺憾，好引領你決定現在該如何運用時間，在人生盡頭才能感到滿足。

一定要問以下兩個問題：

- 回顧一生，什麼讓您最為驕傲？
- 回顧一生，什麼讓您深感遺憾？

若還有時間（當然是以他們為主），你還可以問以下問題：

- 您一生中最重要的決定是什麼？
- 您的生活與事業之間曾有過衝突嗎？是何時，後來如何了？
- 有什麼是您後來發現其實更重要的？
- 有什麼是您後來發現其實沒那麼重要的？

在後續課程中，學生們分享了在訪談中所學到的。

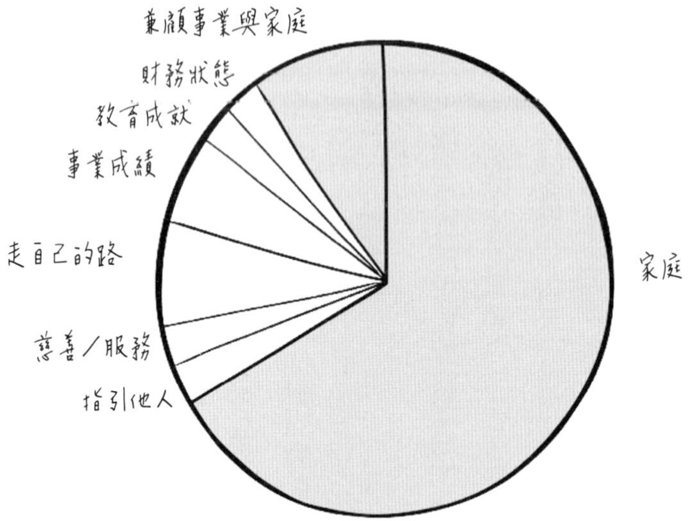

最大的驕傲

圖表 9-2

大多數學生敬佩的對象都是家人（例如：父母、祖父母、岳父母、公婆）、家人的朋友、或是專業上的導師。其中男女各半，涵蓋多國國籍（例如：美國、印度、中國、韓國、哥倫比亞、英國），以及多種專業（包括養育孩子）。

雖然背景形形色色，但這些人回答人生中最大的驕傲時卻出奇地一致，和珍差不多，最主要的答案是家人（六七％）。這些受人敬重的長者，最爲自豪的是與家人有緊密的關係、孩子成爲什麼樣的人、身爲好父母或好祖父母，以及在關鍵時刻將這些關係列爲優先。另外有九%的人則說他們最自得的是能在養育孩子的同時還能成功追求事業。這兩項相加後，在訪談中提到家庭是最自豪之事的人總共占了七六%。

最常被提及的是家庭，其他自豪源頭包括個人成就：教育（二・五%）、事業（六%）、財富（二・五%），以及有勇氣走自己的路（七・五%）、指導他人（二・五%）和慈善（二・五%）。

雖然是基於略爲偏差的樣本，畢竟這些是受MBA學生景仰、格外快樂的人士，但【圖表9-2】的這張圓餅圖所呈現的，卻與歷史上最全面的長期性研究所得的結論相當符合。[9]在〈哈佛成人發展研究〉中，研究人員聚集了一群同齡的年輕人，並連續追蹤他們七十五年。部分受試者是哈佛學生，其餘則是來自波士頓的藍領區。每隔數年，研究人員就會調查並訪問這些人，看他們身在何處、在做什麼、過得如何。該研究目前的主持人羅伯特・沃爾丁格（Robert Waldinger）在他的TED演講〈是什麼造就了美好生活？〉中分享了研究成果。事實證明，最能預測眞實快樂與生活滿意度的因素，既不是財富也不是名聲，而是擁有緊密、支持性的關係，也就是家人（或是擁有好到像家人的朋友）。

那麼遺憾呢？回頭看受訪者分享的生平最大憾事，我們也得到同樣的答案。如

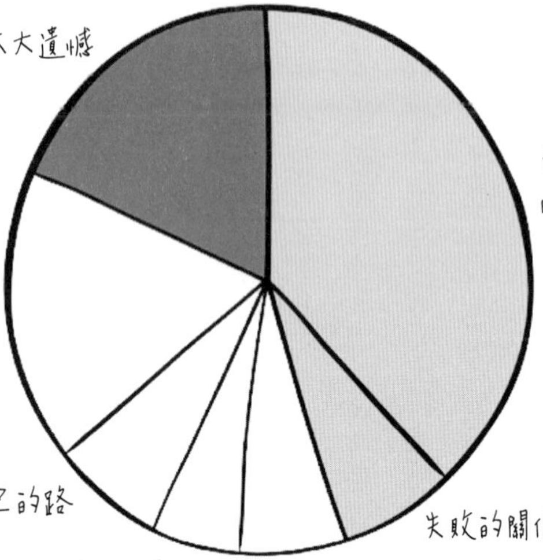

最大憾事

圖表 9-3

【圖表9-3】的圓餅圖所示，最常見的憾事是和家人相處的時間不夠（三八％），其他人則提到失敗的關係（七％），如婚姻失敗或與孩子或手足離心，有些人則提及未能實現教育或專業上的潛能（十八％）。不過，就前一圓餅圖及未能將家庭擺在個人追求之上為最常見的憾事來看，營造緊密的關係顯然是優先要務。

這個如何活出美好人生的結論，與我們在本書中一次又一次所得的總結相同。為你所愛的人撥出時間並加以保障，在這些時間內整個人都要在：身在心也

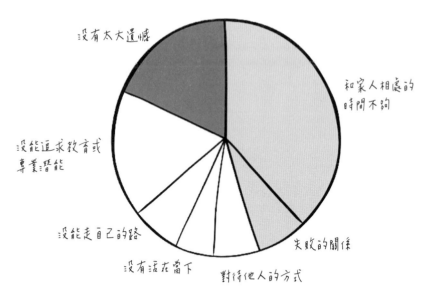

在，把你的手機收起來。沒錯，這些關係需要付出時間，但絕對值得投資。

了無遺憾

在人生旅途中，後悔可以是很有用的嚮導。當犯錯時這種感覺就會湧起，提醒與指引我們下次做出更好的決定。但人只能活一次，沒人想走到終點——再也沒有下次的時候——還背負著重大悔恨。所以我們應該將他人的後見之明引以爲鑑。

當我向珍問起她最後悔的事，她說自己沒有任何悔恨。一開始我並不相信，沒錯，我是覺得她很傑出，但不可能從不犯錯。可是後來看到學生的受訪者有不少人（一八%）都給出相同答案，我才明白事情和自己想的不一樣。珍承認她會對他人的行爲感到遺憾：「就像當時在學術出版業大多數的女性一樣，被當成二等公民這項事實，我是否感到遺憾？當然，但這不是我能控制的。我能控制的是對自己的錯誤做出何種回應與行動……而我總是認眞以待。」所以她的意思不是自己從無過錯，她也會犯錯，但做錯時會努力修正。她沒有縈繞不去的遺憾，因爲早已處理好了。珍對待憾事的方式，符合心理學研究的發現，所有想避免留下遺憾的人都可以從中學習。

遺憾的定義是，因爲明白過去若做出不同決定，會帶來比現在更好的結果而產生的一種負面情緒。研究人員詢問人們目前後悔的事時，發現有兩種類型。⑩一種是後悔行動：**不該**做某件事（例如：「我不該那麼說」「我不該接受那份工作」）。另一種則是後悔不作爲：你**應該**做某件事（例如：「我應該說些什麼」「我應該爭取那份工作」）。⑪

雖然同樣普遍，但這兩種後悔的時間軌道卻截然不同。短期來說，行動會帶來較多悔意；長期而言，不作爲會留下較多遺憾。之所以會出現這種模式，是因爲行動帶來的後悔通常較爲嚴重——因此會促使人們立刻補救。例如：你說了不該說的話，通常話一出口你就意識到了，所以道歉並加以挽救。或者你接受一份顯然不適當的工作，所以辭職（如果經濟許可的話）。人傾向改正立即的過失，所以行動帶來的後悔不長（幸好）。

從另一方面來說，不作爲的遺憾則看似無害，通常也沒有明確的補救辦法。偏偏，這也使這類悔恨潛藏更久。若你錯失了事業上的某個良機，很少會有其他事件促使你大膽接受並挑戰，畢竟默默讓事情過去再容易不過了。

一句很重要但經常沒被說出口的話是「謝謝你」。沒能來得及向自己感恩的人表達感謝，絕對是你會想避免的遺憾。爲了推學生一把，我要求他們寫一封感謝信送給生命中重要的人。聽學生做這項作業的經歷，以及我自己的數次實踐，我可以作證，這項練習對寫的人和收到的人，都能有深遠的影響。現在我希望你也做一做這個練習。

感謝信練習

寫一封感謝信給你還沒好好感謝過的人。你可以選擇如何寄送這封信，比方說，當面或在電話上念給對方聽，或者你也可以寄電子郵件，或是老派的紙本信件。

再說回研究記錄到的遺憾時間軌跡，這說明了我們所看到的最大憾事圓餅圖。後悔的行動被加以補救，遺憾的不作爲卻殘留不去的此種動態，解釋了爲何許多受訪者生平最大憾事都屬於不作爲：和家人相處的時間**不夠**、**沒能**發揮個人的教育或事業潛力、**沒有**走出自己的路、**沒有**活在當下。但不僅是我學生所訪問受人敬重的長輩有這種現象，另一研究團隊調查了安養院的長者，也得到類似結果。在暮年之時回顧一生，人們最大的遺憾通常是希望自己做了某件他們沒有去做的事：

- 和家人、朋友相處的時間不夠。
- 錯失一次教育良機。
- 沒能抓住時機。
- 錯過一段戀情。

我們應該聽從長輩的教訓並銘記在心。從他們身上，我們可以發現到人生最大的悔恨，通常是沒有採取行動——**沒有**將時間花在最重要的事上。我們也被提醒到，很可能不會有任何警示，能促使自己糾正這些錯誤。所以在這一章中，我才要敦促你想想人生旅途的終點。我之所以提供這些相當具有挑戰性的練習，就是爲了幫助你了解，在面臨抉擇時隨波逐流可能造成的結果。後果可能很嚴重：錯過的時刻、錯失的快樂，最後徒留悔恨。想要避免這樣可悲的結局，請起身行動吧。

我寫這本書就是要教你怎麼做，現在我也給了你必要的工具。別讓時間匱乏或缺少自信的感覺阻擋了你，撥出時間實踐善舉、運動——你就會明白在自己所擁有的時間內能做到多少事。聰明地支出，不要浪費時間空坐在螢幕前，把這些時間投資在能帶給你快樂的人和經驗上，以及有助自己達成人生目的（由你定義）的事。對任何讓你的人生美好的人說聲謝謝，數一數還能與他們相處多少次，以促使自己更珍惜這些共度的時光。

活出你所希望後人記得的人生永不嫌遲——了無遺憾的人生。

這並非不可能的事，有些人做到了，像是珍，你也可以。

形塑你一生的時間

了無遺憾的人生，並不是指始終正向。所謂的快樂人生並不是、也不需要時時刻刻都是快樂的。你視生活爲圓滿且有意義的程度，不只要看你選擇做什麼，更要看自己選擇**專注**於什麼：你從中得到什麼，以及你述說的故事。

意義

當你在整體衡量人生的時候，會想感受到快樂，也會希望人生有意義。幸好，這兩個目標並不衝突。莉亞・卡塔帕諾（Rhia Catapano）、佐迪・奎德巴赫（Jordi Quoidbach）、珍妮佛・艾克和我分析了一百二十三國逾五十萬人感受到的快樂和意義，結果透露人生中的快樂與意義相關度非常高。[12]

不過，體驗人生意義（也就是將你的人生視爲重要、有目的、有道理）並不需要始終感到快樂。[13]事實上，負面經驗能幫助你找到意義——如果你能加以克服、從中學習，並發展出自己後來如何變得更好的敘事。[14]舉例來說，當婚禮被取消、美夢破碎時，我拾起這些碎片並將其復原，而且學到重要的一課，讓我對自己及我的快樂更有信心：我有自主權。我不必仰賴愉快的天性或理想的境遇，才能體驗到滿意的生活，我可以選擇要專注於什麼、要做什麼。我現在過得更好了，因爲我明白了，關於快樂的感受，我有——**我們都有**——極大的掌控權。

雖然我也希望能讓你的人生免於遭受任何痛苦，但我做不到。痛苦悲傷都在所難免，但即使如此，你終究能熬過去。將這一點銘記在心，能使你更快站穩腳步，我知道你能做到，因為你已經做到了。新冠肺炎疫情對所有人來說，都是客觀上糟透了的體驗，對某些人來說更是如此。但是你撐過來了，還穩穩的，沒被擊倒。此外，我們全都從中學到重要課題：即使距離遙遠，我們依舊能心心相繫。每一次的共處時光都非常寶貴，日曆上空出的時間讓自己得以思考、玩樂、創造，我們是很有韌性的。

在經歷這些考驗時，回想馬賽克的比喻會很有幫助。你可以把這些險阻看成是磚片，它們會使自己的畫面更加豐富繽紛。關鍵在於如何將這些片段織入花樣之中，你必須將這些負面事件，融入生命的主軸故事當中——即使風雨來襲，你終究能挺過去，甚至更加茁壯。

記憶

諾貝獎得主丹尼爾．康納曼在他的TED演講及著作《快思慢想》中提到，敘事對人們的快樂至關重要。我們所述說的生命故事，是根據自己所記得的事件，而這些故事又回過頭來影響之後的記憶與最終的快樂程度。

康納曼將快樂分為兩類：體驗與記憶。體驗到的快樂是**在生活中感到快樂**，是在事件當下的正面感受。記得的快樂是**對生活感到快樂**：也就是在回顧時對事件加以評價所得到的整體感受。爲了進一步說明，他將這種區別應用於較短期間的度假。你體驗到的快樂，是在度假時每一天的感受。研究人員衡量體驗式快樂的方式，是請你每天記錄當下的感受（類似時間追蹤練習的做法）。而記得的快樂，則是你事後回想時，對這段度假的整體評價。

當然，你所體驗到的會影響你記得的。而你付出時間去做的活動，都會產生這兩類快樂。舉例來說，和好友共享一頓回味無窮的晚餐，你的**當下體驗和回憶**都是快樂的。這在我所主持的一項研究中得到證實。⓯我問一群人，如果目標是讓自己所體驗到的快樂最大化，他們會如何運用接下來的一小時？我再問另一群人，如果目標是讓自己能記得的快樂最大化，他們會如何運用接下來的一小時？結果顯示，兩組人所回報的活動，絕大多數都相同：與家人朋友共處、享用美食與到戶外走走。

不過，體驗到和記得的快樂雖然密不可分，卻截然不同。康納曼想知道這之間的區別，其團隊針對許多不同事件（從結腸鏡檢查、度假到看電影），詢問受試者在事件過程中的感受與事後感受到的滿意度。結果顯示，人們在事後回顧時所下的評價，並不是由事件當下的感受簡單地加總或平均而成，他們的記憶往往是由經驗的高峰及結尾所決定。⑯也就是說，僅僅是將你在度假中每一時刻的感受加起來，其實無法完美預測自己對度假的整體評價。你的記憶會不成比例地受最極端的時刻（正向或負面）與最終時刻所渲染。這項發現意義重大，所涵蓋的範圍更遠超乎度假。每一小時的加總，不能決定你對人生所感受到（或將來會感受到）的整體滿意度，反倒是高峰與結尾對你在心中述說的人生故事具有強大的影響力。

你的時間

明白這一點，對形塑一段無論是體驗或回想起來都同樣歡欣的人生至關重大。這些見解引領我們將更快樂的時光，轉化爲更快樂的一生。

現在我們知道在支出的所有時間中，只有特定時刻會留存在記憶中，那麼我們更要確保那些最快樂的時刻被認定爲高峰且被珍藏。除了華麗的非凡體驗外，也別忘了平凡事物能帶來的喜悅。

留意這些經驗，
細細品味並為之歡慶，

將它們化為儀式，
在行事曆中保留位置，
在晚餐桌上談論，
在支出這些時間時心無旁騖。

這些看似不起眼的小小時刻，能大大影響你對人生的滿意程度。另一關鍵洞見是結尾非常重要。所以，在你的生命中留下更多句點。歲月流逝，人生的章節也隨之翻篇。

將所擁有的每一刻都當成最後一刻，數算餘生，或許會發現此一陳述與事實相去不遠。

銘記你想被記得的模樣。
將謝謝說出口。
結束時不留遺憾。

明白了結尾的重要性，可以帶來全新的開始。未來還有許多小時、許多天、許多年等著你活出精采。把時間花在能帶給你喜悅的事，投資於能讓自己實現人生目標的活動，別因爲沒能撥出時間或在期間分心而錯過。努力避免這種人生憾事，聚焦於美好事物。

我的研究，以及這本書，都揭露了人對快樂有自主權。快樂是一種選擇，每一天、每一刻。根據本書提供的種種策略，你現在已經知道該**如何**抉擇——不只是通則，更是爲你量身打造。

謝謝你花時間看到這裡，願你未來能有許多更快樂的時光。

本 章 摘 要

★ 以鳥瞰觀點看待時間，能提升快樂感、滿意度及生命的意義。因為這能激勵你將時間花在重要的事，而非緊急的事。

★ 這種較寬廣的視角，能揭露那些讓你最快樂的經驗，以及體驗快樂的方式會隨年紀變化：從非凡到平凡，從興奮到平靜。

★ 最能預測人生整體滿意度的單一因素，就是擁有緊密且支持性的關係（家人或像家人一樣的朋友）。

★ 行動造成的後悔（即做出你希望沒做過的事）通常較嚴重，會立刻獲得處理，因此較為短暫。

★ 不作為帶來的遺憾（即沒能做你希望去做的事）會潛藏、殘留不去，形成人生最大憾事。所以請起身行動，以避免留下重大遺憾。

★ 雖然人生中的快樂與意義密不可分，但克服負面事件同樣能創造意義——只要你能消化這些負面經驗並從中學習。

★ 經驗的最高峰與結尾，對我們的影響最大，印象也最鮮明。所以好好形塑你的時間，聚焦並慶賀自己最快樂的時刻。

致謝

一個超大的謝字，要給我的書籍團隊，沒有你們，這本書不可能存在。Margo Fleming，妳是最完美、最好的經紀人，能遇到妳是我的幸運。妳鼓舞原本遲疑的我寫書，一路走來始終爲我加油打氣，謝謝妳了解我，並幫助我散播快樂。感謝我機敏且極具洞察力的編輯 Karyn Marcus ——妳看見並分享我的願景，並在將它化爲現實的路上如此聰慧地指引我。Jane Isay，在我寫作過程中，妳的面授機宜對我至爲重要，且是無比的享受。我從妳身上學到好多，不僅是如何說好故事，還有如何活好人生。妳是所有職業媽媽的最佳典範；謝謝妳的指導和友誼。感謝我熱心又專業的公關團隊，Aileen Boyle、Jill Siegel 與 Sally Marvin ——你們所做的一切，讓這本書能傳達給更多人，讓更多人更快樂……也謝謝你們沒逼我花時間在社群媒體上。感謝我多才多藝的設計大師兼保姆 Hannah Sanders ——妳創作的圖文恰如其分地呈現書中課題，還有謝謝妳把李奧和莉塔照顧得這麼好，讓我可以安心寫作。因爲有妳，我可以放心地關上辦公室的門，還不停聽見笑聲傳遍全屋。感謝我一絲不苟的研究助理 Joanna Zobak——妳仔細地閱讀我的手稿，並爲我彙整參考資料。

我要向所有研究夥伴致上最深的謝意，你們讓創造快樂相關知識的過程更加快樂，你們的才智與付出都令人激賞，謝謝你們讓我的工作時間更加有趣。依本書提及計畫的順序，我要感謝 Jennifer Aaker、Sep Kamvar、Hal Hershfield、Marissa Sharif、Maria Trupia、Isabelle Engeler、Uri Barnea、Francesca Gino、Zoe Chance、Mike Norton、Rhia Catapano、Jordi Quoidbach、Cindy Chan、Amit Bhattacharjee、Jordan Etkin、Colin West、Sanford DeVoe、Tayler Bergstrom 與 Joey Reiff。

我也要謝謝 UCLA 安德森管理學院所有修我課的學生，感謝你們如此開放地分享邁向更圓滿與更深刻連結的旅途。特別感謝大方提供書中故事的學生——Justin Sternberg、Nicole Schwartz 與 Gaby Koenig——還有那些所分享的故事深印我心的學生，謝謝你們容許我代爲分享。還有我的客座講者，非常感謝 Dr. Alon Avidan 及 Sara Tucker 教我們睡個好覺及練習冥想對情緒的明顯益處，也謝謝 Jeff Buenrostro 教我們如何在組織中營造快樂。

謝謝總是鼓舞我、激勵我的至交好友們——你們總是不斷印證無數研究，證實擁有好友是立即且持續快樂的關鍵。你們讓我的時光更美好，使其充滿歡笑、冒險與體諒。此外還要感謝你們慷慨地花時間分享自身經歷，讓我寫入書中。謝謝你們的友誼，Ashley Kaper、Shaolee Sen、Colette Bernard、Katy Milkman、Cullen Blake、Ian McGuire、Julie McGuire、Alison Mackenzie、Dan Levin、Ali Weinberger、Elsa Collins、Alana Kagan、Matt Kagan、Sue Tran、Charles Hsieh、Kim Tripp、Owen Tripp、Kristy Friedrichs、Jason Friedrichs、My Le Nguyen、Chris Adams、Matt Spetzler、Jackie Spetzler、Deanna Kehoe、Bianca Russell、Andy Russell、Dianna Sternberg、Karla Sayles、Linda Guerrero、Brett Berkowitz、Anna Gross與David Gross。Eve Rodsky和Sarah Mlynowski，謝謝你們在成書過程中的指引及友誼，顯然你們都已找到自己的天職，這對我們所有人都是很好的啓發。還有Scott Fitzwater，謝謝你說明創作馬賽克的技藝。

感謝我的家人——謝謝你們這些年來和我一起共度的所有美好時光，也謝謝你們在這一、兩年放棄了一些，好讓我完成這本書。謝謝我的弟弟兼最好的朋友Sam Mogilner，你讓我從童年到現在都笑聲不斷。謝謝我的弟妹Christina Gould加入我們一同歡笑，並始終支持著我們。謝謝我的母親Vickie Mogilner，教會我們將所有時刻（不管有多平凡）化爲歡慶的重要性。謝謝我的公婆Irene和Lock Holmes夫婦，以及小姑們和小叔Ann Holmes、Amelia Luna與Aaron Luna，感謝他們一直以來的支持。我還要謝謝我的姪女Lolly Mogilner，以及姪子P. J. Mogilner和Renzo Luna，總是把事情變得那麼傻氣。

最重要的是，我的心中盈滿著對先生和孩子的感謝之情。羅伯、李奧和莉塔，你們是如此美好，我說不盡有多麼感謝你們，讓我的人生如此有趣又充滿意義。羅伯，謝謝你每天和我一起選擇快樂，你的所作所爲總是激勵著我，謝謝你支持我所做的一切。李奧，你大大的笑容、開懷的笑聲及幽默感，總是帶給我喜悅，謝謝你每天都提醒我要停下來聞聞玫瑰。莉塔，妳對這世界的欣喜，使我們的每一個日子都更加明亮，我會永遠珍惜我們的「週四早晨咖啡之約」，不管是在週幾。

參考資料

第一章　時間匱乏，身心俱疲

1. **快樂的性質如何隨著年紀增長而變化：**Cassie Mogilner, Sepandar D. Kamvar, and Jennifer Aaker, "The Shifting Meaning of Happiness," *Social Psychological and Personality Science* 2, no. 4 (July 2011): 395–402, DOI: 10.1177/1948550610393987.
2. **忙碌成了一種地位象徵：**Silvia Bellezza, Neeru Paharia, and Anat Keinan, "Conspicuous Consumption of Time: When Busyness and Lack of Leisure Time Become a Status Symbol," *Journal of Consumer Research* 44, no. 1 (December 2016): 118–38, DOI: 10.1093/jcr/ucw076; Anat Keinan,Silvia Bellezza, and Neeru Paharia, "The Symbolic Value of Time," *Current Opinion in Psychology* 26 (April 2019): 58–61, DOI: 10.1016/j.copsyc.2018.05.001.
3. **這樣的忙碌感覺不好：**Maria Trupia, Cassie Mogilner,and Isabelle Engeler, "What's Meant vs. Heard When Communicating Busyness" (working paper, 2021).
4. **美國人時間運用調查：**由美國勞動統計局主持，資料可於此處取得： https://www.bls.gov/tus/#database。
5. **自主運用的時間和整體幸福感的關係：**Marissa A.Sharif, Cassie Mogilner, and Hal E. Hershfield, "Having Too Little or Too Much Time Is Linked to Lower Subjective Well-Being," *Journal of Personality and Social Psychology*121, no. 4 (September 2021): 933–47, DOI: 10.1037/pspp0000391.
   我們分析了 2012 到 2013 年，參與美國人時間運用調查的 21,736 人的資料，並在這兩年的資料中管理關鍵變數（平均年齡＝ 47.92；男性 44.5%；白種人 79.3%；已婚 47.7%；有小孩 43.5%；至少有學士學位 33.5%；有全職工作 57.8%；平均收入＝ 52,597.74 美元）。在回答美國人時間運用調查時，受調者會提供前 24 小時活動的詳細紀錄，包括每項活動的時間點及時長。我們統計他們一天內花在自主活動上的時間，得出自主時間總長。
6. **人們想做的事：**我們另外取了 500 名美國人的樣本，詢問他們認為哪些活動可視為自主的。我們提供受試者一份包含 139 種活動的清單，針對每一活動提供指示，並請受試者指出其是否為自主活動：「花在休閒活動，或其他追求，其主要功能是利用時間來享樂，或其他內心覺得值得的目的」。我們將獲得絕大部分（超過 90%）受試者指認的活動列為自主性。即使我們採用較寬鬆的標準，即僅超過 75%人認為該活動為自主性，結果仍呈現同樣模式。
   樣本內至少有 90%人視為自主性的活動類別為——放鬆及休閒（例如：放空、看電視、聽廣播、玩遊戲）；與他人社交及溝通（例如：與家人相處、與朋友在一起）；藝術及體育活動以外的娛樂（例如：去喜劇俱樂部、參觀藝廊、看電影）；與社交、放鬆及休閒相關的旅行；私人活動（例如：性愛、親熱）；參與體育／娛樂性活動（例如：看體育賽事）；與家中孩子或非家中的孩子一起運動（例如：和孩子一起騎單車和散步）；以及參與體育活動、運動或休閒活動（例如：騎單車、打籃球、釣魚、跑步、打高爾夫球、做瑜伽、健身）。雖然有許多研究都將與孩子在一起的時間列入「照顧孩子」的類別，以評估親職中的快樂（或不快樂）程度，但我們的研究結果突顯出與孩子在一起的時間是否被視為有趣又充實，端看這段時間是如何度過。和孩子一起運動被視為自主性，而「照顧」他們則不是。幫孩子換衣服或叫他們睡覺則被視為雜務，無聊程度直逼在監理所排隊等候！

7. **時間貧困戶並非少數：**Daniel S. Hamermesh and Jungmin Lee, "Stressed Out on Four Continents: Time Crunch or Yuppie Kvetch?" *Review of Economics and Statistics* 89, no. 2 (May 2007): 374–83, DOI: 10.1162/rest.89.2.374.

8. **沒有足夠的時間做自己想做的事：**Frank Newport, ed., *The Gallup Poll: Public Opinion 2015* (Lanham, MD: Rowman & Littlefield, 2017).

9. **總是或有時感到匆忙：**John P. Robinson, "Americans Less Rushed but No Happier: 1965–2010 Trends in Subjective Time and Happiness," *Social Indicators Research* 113, no. 3 (September 2013): 1091–104, DOI: 10.1007/s11205-012-0133-6.

10. **各種身分的人都會覺得時間不夠用：**Hielke Buddelmeyer, Daniel S.Hamermesh, and Mark Wooden, "The Stress Cost of Children on Moms and Dads," *European Economic Review* 109 (October 2018): 148–61, DOI: 10.1016/j.euroecorev.2016.12.012; Daniel S. Hamermesh, "Time Use—Economic Approaches," *Current Opinion in Psychology* 26 (April 2019): 1–4, DOI:10.1016/j.copsyc.2018.03.010; Melanie Rudd, "Feeling Short on Time: Trends, Consequences, and Possible Remedies," *Current Opinion in Psychology* 26 (April 2019): 5–10, DOI: 10.1016/j.copsyc.2018.04.007.

11. **時間不夠：**Hamermesh, "Time Use," 1–4; Hamermesh and Lee, "Stressed Out on Four Continents," 374–83; Grant Bailey, "Millions of Brits Feel Overwhelmed by Life Pressures, Study Finds," *Independent*, January 19, 2018, Indy/Life, https://www.independent.co.uk/life-style/stress-work-pressures-busy-social-calenders-financial-worries-survey-a8167446.html; Lilian Ribeiro and Emerson Marinho, "Time Poverty in Brazil: Measurement and Analysis of its Determinants," *Estudos Economicos* 42, no. 2 (June 2012): 285–306,DOI: 10.1590/S0101-41612012000200003; Elena Bardasi and Quentin Wodon, "Working Long Hours and Having No Choice: Time Poverty in Guinea," *Feminist Economics* 16, no. 3 (September 2010): 45–78, DOI: 10.1080/13545 701.2010.508574; Liangshu Qi and Xiao-yuan Dong, "Gender,Low-Paid Status, and Time Poverty

in Urban China," *Feminist Economics* 24, no. 2 (December 2017): 171–93, DOI: 10.1080/13545701.2017.1404621.

12. **時間匱乏會讓我們心更累：**Trupia, Mogilner, and Engeler,"What's Meant vs. Heard"; Tim Kasser and Kennon M. Sheldon,"Time Affluence as a Path toward Personal Happiness and Ethical Business Practice: Empirical Evidence from Four Studies," *Journal of Business Ethics* 84, no. 2 (January 2009):243–55, DOI: 10.1007/s10551-008-9696-1; Susan Roxburgh,"'There Just Aren't Enough Hours in the Day': The Mental Health Consequences of Time Pressure," *Journal of Health and Social Behavior* 45, no. 2 (June 2004): 115–31, DOI: 10.1177/002214650404500201; Katja Teuchmann, Peter Totterdell, and Sharon K. Parker, "Rushed, Unhappy,and Drained: An Experience Sampling Study of Relations between Time Pressure, Perceived Control, Mood, and Emotional Exhaustion in a Group of Accountants," *Journal of Occupational Health Psychology* 4, no. 1 (January 1999): 37–54, DOI: 10.1037/1076-8998.4.1.37.
13. **快樂程度下降：**其他分析顯示，我們所觀察到因時間太多而快樂程度下降的現象，關鍵在於這些時間是否花在自己感覺值得的自主活動上。尤其是，我們的結果指出，若人們將自主時間用於營造社交連結（例如：和家人或朋友相處）或有生產力的活動（像是嗜好或運動），就算擁有大量時間也不會讓快樂程度下降。
14. **對生活不滿：**在此研究中，我們隨機將受試者分派為在心理上模擬在人生中某段時間內，一天只有極少自主時間（15 分鐘）、或適量（3.5 小時）或極多（7.5 小時）。之後再請受試者回報在此情況下感受到的快樂程度及生產力。結果所呈現的模式與之前所看到的倒 U 型如出一轍，證實了與擁有適量時間相比，擁有過少或過多時間都較不快樂。這項研究更進一步顯示，之所以會有時間太多這種現象，其原因在於缺乏生產力。
15. **對閒晃度日很反感：**Christopher K. Hsee, Adelle X. Yang, and Liao-yuan Wang, "Idleness Aversion and the Need for Justifiable Busyness," *Psychological Science* 21, no. 7 (July 2010): 926–30, DOI: 10.1177/0956797610374738; Adelle X. Yang and Christopher K. Hsee, "Idleness versus Busyness," *Current Opinion in Psychology* 26 (April 2019): 15–18, DOI: 10.1016/j.copsyc.2018.04.015.
16. **總想做點什麼：**Anat Keinan and Ran Kivetz, "Productivity Orientation and the Consumption of Collectable Experiences," *Journal of Consumer Research* 37, no. 6 (April 2011): 935–50, DOI: 10.1086/657163.
17. **賦予我們的日常生活一種目的感：**Mihaly Csikszentmihalyi, "The Costs and Benefits of Consuming," *Journal of Consumer Research* 27, no. 2 (September 2000): 267–72, DOI: 10.1086/314324.
18. **目的感：**這或許可以解釋，為何研究顯示，退休後擔任志工的人會比沒有的人更快樂。Nancy Morrow-Howell, "Volunteering in Later Life: Research Frontiers," *Journals of Gerontology: Series B* 65, no. 4 (July 2010): 461–69, DOI: 10.1093/geronb/gbq024.

19. **無償的：**Indira Hirway, *Mainstreaming Unpaid Work: Time-Use Data in Developing Policies* (New Delhi: Oxford University Press, 2017); Eve Rodsky, *Fair Play* (New York: G. P. Putnam's Sons, 2019); Christine Alksnis, Serge Desmarais, and James Curtis, "Workforce Segregation and the Gender Wage Gap: Is "Women's" Work Valued as Highly as "Men's" ? *Journal of Applied Social Psychology* 38, no. 6 (May 2008): 1416–41, DOI: 10.1111/j.1559 1816.2008.00354.x.
20. **生產力和意義：**我們另外取了 500 名美國人的樣本，詢問他們研究中所呈現的活動哪些具生產力——即時間的運用在感覺上是有用的、有所成就、充實、有幫助、有意義且值得。以下是超過 90%的受試者都指認為具生產力的自主活動：嗜好、健身（包括跑步、有氧運動、舉重），以及獨自或與孩子一起從事體育活動（包括曲棍球、足球、棒球、網球、壁球、保齡球、排球、橄欖球、騎馬、武術、騎單車、擊劍及高爾夫）。
21. **大多數人都選金錢：**Hal Hershfield, Cassie Mogilner, and Uri Barnea, "People Who Choose Time over Money Are Happier," *Social Psychological and Personality Science* 7, no. 7 (September 2016): 697–706, DOI: 10.1177/1948550616649239. 在此計畫中，我們詢問數千名成人，「你比較想要哪一種——時間或金錢？」。受試者的年齡為 18 到 82 歲；收入和職業也各異；有單身人士、已婚人士、有小孩的人士與沒有小孩的人士的。在這近 5,000 名受試者中，大部分人選擇金錢而非時間（64%）。對金錢更為在意的現象不只出現在我們的樣本中，從 Google 搜查及我學生表達出的抱負中也清楚呈現。但我們又多問了一個問題，這個問題是關於快樂，而結果令人震驚：不管受試者的年薪多少，或一週工作多少小時，選擇時間而非金錢的人明顯更快樂。也就是說，表現出重視時間勝於金錢的受試者，在日常生活中感到較為快樂， 對整體人生也較為滿意。對選擇時間的這些人來說，重點也不在於只求擁有，而是如此一來，他們就能有更多時間花在能帶來快樂的體驗及人們身上。
22. **時間** vs. **金錢：**Cassie Mogilner, "The Pursuit of Happiness: Time, Money, and Social Connection," *Psychological Science* 21, no. 9 (August 2010): 1348–54, DOI: 10.1177/09567976 10380696; Cassie Mogilner and Jennifer Aaker, "The 'Time vs. Money Effect': Shifting Product Attitudes and Decisions through Personal Connection," *Journal of Consumer Research* 36, no. 2 (August 2009): 277–91, DOI: 10.1086/597161; Francesca Gino and Cassie Mogilner, "Time, Money, and Morality," *Psychological Science* 25, no. 2 (February 2014): 414–21, DOI: 10.1177/0956797613506438; Cassie Mogilner, "It's Time for Happiness," *Current Opinion in Psychology* 26 (April 2019): 80–84, DOI: 10.1016/j.copsyc.2018.07.002.

23. **最重要的追求：**Ed Diener et al., "National Differences in Reported Well-Being: Why Do They Occur?" *Social Indicators Research* 34 (January 1995), 7–32, DOI: 10.1111/j.0963-7214.2004.00501001.x.
24. **「都是殊途同歸」：**Blaise Pascal, *Pascal's Pensees* (New York: E. P. Dutton, 1958), 113. 13
25. **對整體生活的滿意度：**Ed Diener et al., "Findings All Psychologists Should Know from the New Science on Subjective Well-Being," *Canadian Psychology* 58, no. 2 (May 2017): 87–104, DOI: 10.1037/cap0000063.
26. **感覺快樂對人際關係：**Sonja Lyubomirsky, Laura King, and Ed Diener, "The Benefits of Frequent Positive Affect: Does Happiness Lead to Success?" *Psychological Bulletin* 131, no. 6 (November 2005): 803–55, DOI: 10.1037/0033-2909.131.6.803.
27. **工作以外的難關：**Cassie Mogilner, "Staying Happy in Unhappy Times," *UCLA Anderson Blog*, March 24, 2020, https://www.anderson.ucla.edu/news-and-events/staying-happy-in-unhappy-times.
28. **羅莉·桑托斯的課程：**「心理學與美好人生」（Psychology and the Good Life）是耶魯大學有史以來最受歡迎的大學部課程。
29. **「設計你的人生」課程：**比爾·柏內特及戴夫·埃文斯在史丹佛大學設計學院開設此課程，並合著《做自己的生命設計師》。
30. **與生命更加緊密連結：**我每次開課都會請學生在第一節課前評估自己的幸福程度，到最後一節課前再度評估。在每一期的學生中，都觀察到在上過我的課後，他們的快樂、意義感與人際之間的連結感，在統計學上有顯著的提升。

第二章　全世界的時間

1. **根據研究結果：**Ullrich Wagner et al., "Sleep Inspires Insight," *Nature* 427, no. 6972 (January 2004): 352–55, DOI: 10.1038/nature02223.
2. **缺乏或不足：**布芮尼·布朗，《脆弱的力量》。
3. **稀缺資源：**森迪爾·穆蘭納珊、埃爾達·夏菲爾，《匱乏經濟學》。
4. **時間不足會讓我們更不快樂：**Marissa A. Sharif, Cassie Mogilner, and Hal E. Hershfield, "Having Too Little or Too Much Time Is Linked to Lower Subjective Well-Being," *Journal of Personality and Social Psychology* 121, no. 4 (September 2021): 933–47, DOI: 10.1037/pspp0000391.
5. **身體和情緒健康：**Patrick Callaghan, "Exercise: A Neglected Intervention in Mental Health Care?" *Journal of Psychiatric and Mental Health Nursing* 11, no. 4 (August 2004): 476–83, DOI: 10.1111/j.1365-2850.2004.00751.x; Michael Babyak et al., "Exercise Treatment for Major Depression: Maintenance of Therapeutic

Benefit at Ten Months," *Psychosomatic Medicine* 62, no. 5 (2000): 633–38, DOI: 10.1097/00006842-200009000-00006; Justy Reed and Deniz S. Ones, "The Effect of Acute Aerobic Exercise on Positive Activated Affect: A Meta Analysis," *Psychology of Sport and Exercise* 7, no. 5 (September 2006): 477–514, DOI: 10.1016/j.psychsport.2005.11.003; Lyndall Strazdins et al., "Time Scarcity: Another Health Inequality?" *Environment and Planning A: Economy and Space* 43, no. 3 (March 2011): 545–59, DOI: 10.1068/a4360.

6. **體重過重**：Cathy Banwell et al., "Reflections on Expert Consensus: A Case Study of the Social Trends Contributing to Obesity," *European Journal of Public Health* 15, no. 6 (September 2005): 564–68, DOI: 10.1093/eurpub/cki034.
7. **高血壓**：Lijing L. Yan et al., "Psychosocial Factors and Risk of Hypertension: The Coronary Artery Risk Development in Young Adults (CARDIA) Study," *JAMA* 290, no. 16 (October 2003): 2138–48, DOI: 10.1001 /jama.290.16.2138.
8. **整體而言這些人較不健康**：Strazdins et al., "Time Scarcity," 545–59.
9. **明顯較少花時間幫忙**：John M. Darley and C. Daniel Batson, "From Jerusalem to Jericho: A Study of Situational and Dispositional Variables in Helping Behavior," *Journal of Personality and Social Psychology* 27, no. 1 (July 1973): 100–108, DOI: 10.1037/H0034449.
10. **明顯較不樂意撥出時間**：在匆忙狀況下的人有 55%同意幫忙，而時間充裕狀況下的人有 83%同意幫忙。Zoe Chance, Cassie Mogilner, and Michael I. Norton, "Giving Time Gives You More Time," *Advances in Consumer Research* 39 (2011): 263–64.
11. **時間緊迫的情況**：Tom Gilovich, Margaret Kerr, and Victoria Medvec, "Effect of Temporal Perspective on Subjective Confidence," *Journal of Personality and Social Psychology* 64, no. 4 (1993): 552–60, DOI: 10.1037/0022-3514.64.4.552.
12. **促進定向** vs. **預防定向**：E. Tory Higgins, "Beyond Pleasure and Pain," *American Psychologist* 52, no. 12 (December 1997): 1280–300, DOI: 10.1037/0003-066X.52.12.1280; Joel Brockner and E. Tory Higgins, "Regulatory Focus Theory: Implications for the Study of Emotions at Work," *Organizational Behavior and Human Decision Processes* 86, no. 1 (September 2001): 35–66, DOI: 10.1006 / obhd.2001.2972.
13. **預防定向**：Cassie Mogilner, Jennifer Aaker, and Ginger Pennington, "Time Will Tell: The Distant Appeal of Promotion and Imminent Appeal of Prevention," *Journal of Consumer Research* 34, no. 5 (February 2008): 670–81, DOI: 10.1086/521901; Ginger Pennington and Neal Roese, "Regulatory Focus and Temporal Distance," *Journal of Experimental Social Psychology* 39 (March 2003): 563–76, DOI: 10.1016/S0022-1031(03)00058-1.

14. **有一份研究為證：**Aaron M. Sackett et al., "You're Having Fun When Time Flies: The Hedonic Consequences of Subjective Time Progression," *Psychological Science* 21, no. 1 (January 2010): 111–17, DOI: 10.1177/0956797609354832.
15. **害怕錯過：**Erin Vogel et al., "Social Comparison, Social Media, and Self-Esteem," *Psychology of Popular Media Culture* 3, no. 4 (October 2014): 206–22, DOI: 10.1037/ppm0000047; Jenna L. Clark, Sara B. Algoe, and Melanie C. Green, "Social Network Sites and Well-Being: The Role of Social Connection," *Current Directions in Psychological Science* 27, no. 1 (February 2018): 32–37, DOI: 10.1177/0963721417730833; Hunt Allcott et al., "The Welfare Effects of Social Media," *American Economic Review* 110, no. 3 (March 2020): 629–76, DOI: 10.1257 /aer.20190658.
16. **比父親更容易感到時間匱乏：**Hielke Buddelmeyer, Daniel S. Hamermesh, and Mark Wooden, "The Stress Cost of Children on Moms and Dads," *European Economic Review* 109 (October 2018): 148–61, DOI: 10.1016 /j.euroecorev.2016.12.012.
17. **自我效能：**Albert Bandura, "Self-Efficacy: Toward a Unifying Theory of Behavioral Change," *Psychological Review* 84, no. 2 (March 1977): 191, DOI: 10.1037/0033 -295X.84.2.191.
18. **覺得時間較多：**Cassie Mogilner, Zoe Chance, and Michael I. Norton, "Giving Time Gives You Time," *Psycho- logical Science* 23, no. 10 (October 2012): 1233–38, DOI: 10.1177/0956797612442551.
19. **提升自尊：**Callaghan, "Exercise," 476–83.
20. **做好事：**Sonja Lyubomirsky and Kristin Layous, "How Do Simple Positive Activities Increase Well-Being?" *Current Directions in Psychological Science* 22, no. 1 (2013): 57–62, DOI: 10.1177/0963721412469809.
21. **回想起「浪費時間」的組別：**Mogilner, Chance, and Norton, "Giving Time Gives You Time," 1233–38.
22. **不得喘息的責任：**Richard Schulz, Paul Visintainer, and Gail M. Williamson, "Psychiatric and Physical Morbidity Effects of Caregiving," *Journal of Gerontology* 45, no. 5 (September 1990): 181–91, DOI: 10.1093/geronj/45.5.P181; Richard Schulz, Connie A. Tompkins, and Marie T. Rau, "A Longitudinal Study of the Psychosocial Impact of Stroke on Primary Support Persons," *Psychology and Aging* 3, no. 2 (June 1988): 131, DOI: 10.1037/0882-7974.3.2.131; Richard Schulz and Gail M. Williamson, "A Two-Year Longitudinal Study of Depression among Alzheimer's Caregivers," *Psychology and Aging* 6, no. 4 (1991): 569–78, DOI: 10.1037/0882-7974.6.4.569.
23. **影響時間財富：**Melanie Rudd, Kathleen Vohs, and Jennifer Aaker, "Awe Expands People's Perception of Time, Alters Decision Making, and Enhances

Well-Being," *Psychological Science* 23, no. 10 (2012): 1130–36, DOI: 10.1177/0956797612438731.

24. **至少在當下如此：**Dacher Keltner and Jonathan Haidt, "Approaching Awe, a Moral, Spiritual, and Aesthetic Emotion," *Cognition & Emotion* 17, no. 2 (March 2003): 297–314, DOI: 10.1080/02699930302297.
25. **讓我們更快樂：**George MacKerron and Susana Mourato, "Happiness Is Greater in Natural Environments," *Global Environmental Change* 23, no. 5 (October 2013): 992–1000, DOI: 10.1016/j.gloenvcha.2013.03.010.

第三章　更聰明地支出

1. **我們體驗到快樂：**索妮亞・柳波莫斯基，《這一生的幸福計劃》。
2. **每個人的正向性：**天性對一個人快樂程度的效應，證據來自針對同卵雙胞胎（基因組成完全一樣）及異卵雙胞胎（基因組成只有一半相同）所做的研究。研究顯示，同卵雙胞胎之一的快樂程度，可以顯著預測另一人的快樂程度——即使兩人不在同一處長大（異卵雙胞胎則無法預測）。David Lykken and Auke Tellegen, "Happiness Is a Stochastic Phenomenon," *Psychological Science* 7, no. 3 (May 1996): 186–89, DOI: 10.1111/j.1467-9280.1996.tb00355.x; Auke Tellegen et al., "Personality Similarity in Twins Reared Apart and Together," *Journal of Personality and Social Psychology* 54, no. 6 (June 1988): 1031, DOI: 10.1037/0022-3514.54.6.1031.
3. **對事件之後的快樂，影響小：**Lara B. Aknin, Michael I. Norton, and Elizabeth W. Dunn, "From Wealth to Well-Being? Money Matters, but Less than People Think," *Journal of Positive Psychology* 4, no. 6 (November 2009): 523–27, DOI: 10.1080/17439760903271421; Daniel Kahneman and Angus Deaton, "High Income Improves Evaluation of Life but Not Emotional Well-Being," *Proceedings of the National Academy of Sciences of the United States of America* 107, no. 38 (September 2010): 16489–93, DOI: 10.1073/pnas.1011492107; Ed Diener, Brian Wolsic, and Frank Fujita, "Physical Attractiveness and Subjective Well-Being," *Journal of Personality and Social Psychology* 69, no. 1 (1995): 120–29, DOI: 10.1037/0022-3514.69.1.120; Richard E. Lucas et al., "Reexamining Adaptation and the Set Point Model of Happiness: Reactions to Changes in Marital Status," *ournal of Personality and Social Psychology* 84, no. 3 (March 2003): 527–39, DOI: 10.1037/0022-3514.84.3.527; Maike Luhmann et al., "Subjective Well-Being and Adaptation to Life Events: A Meta-Analysis on Differences between Cognitive and Affective Well-Being," *Journal of Personality and Social Psychology* 102, no. 3 (March 2012): 592–615, DOI: 10.1037/a0025948; S. K. Nelson-Coffey, "Married . . . with Children: The

Science of Well-Being in Marriage and Family Life," in *Handbook of Well-Being*, eds. E. Diener, S. Oishi, and L. Tay (Salt Lake City: DEF Publishers, 2018), https://www.nobascholar.com/chapters/26.

4. **比人們預期的少：**丹尼爾．吉爾伯特，《哈佛最受歡迎的幸福練習課》；Daniel T. Gilbert et al., "Immune Neglect: A Source of Durability Bias in Affective Forecasting," *Journal of Personality and Social Psychology* 75, no. 3 (1998): 617–38, DOI: 10.1037/0022-3514.75.3.617.
5. **刻意想法及行為：**索妮亞．柳波莫斯基，《這一生的幸福計劃》。
6. **感到躍躍欲試，或是愉悅的平靜：**我的研究顯示，快樂能以兩種方式被體驗——興奮與平靜。Cassie Mogilner, Jennifer Aaker, and Sepandar D. Kamvar, "How Happiness Affects Choice," *Journal of Consumer Research*39, no. 2 (August 2012): 429–43, DOI: 10.1086/663774; Cassie Mogilner, Sepandar D. Kamvar, and Jennifer Aaker, "The Shifting Meaning of Happiness," *Social Psychological and Personality Science* 2, no. 4 (July 2011): 395–402, DOI: 10.1177/1948550610393987.
7. **「圓滿」：**馬丁．塞利格曼，《真實的快樂》《邁向圓滿》。正向心理學之父馬丁．塞利格曼解釋道，真實快樂的構成為正向感受、全心投入、關係、意義與成就。
8. **900 名職業婦女：**Daniel Kahneman et al., "A Survey Method for Characterizing Daily Life Experience: The Day Reconstruction Method," *Science* 306, no. 5702 (December 2004): 1776–80, DOI: 10.1126/science.1103572.
9. **包括男性及無工作者：**Richard E. Lucas et al., "A Direct Comparison of the Day Reconstruction Method (DRM) and the Experience Sampling Method (ESM)," *Journal of Personality and Social Psychology* 120, nowfsu. 3 (March 2021): 816–35, DOI: 10.1177/23780231211064009.
10. **登頂：**George Loewenstein, "Because It Is There: The Challenge of Mountaineering . . . for Utility Theory," *KYKLOS* 52, no. 3 (August 1999): 315–44, DOI: 10.1111/j.1467-6435.1999.tb00221.x.
11. **滿意欣喜：**自我決定論主張，幸福需要滿足三項基本心理需求：自主性、相關性及能力。想感受具生產力及有成就的驅力，有助於能力感。Kennon M. Sheldon, Robert Cummins, and Shanmukh Kamble, "Life Balance and Well Being: Testing a Novel Conceptual and Measurement Approach," *Journal of Personality* 78, no. 4 (August 2010): 1093–134, DOI: 10.1111/j.1467 -6494.2010.00644.x; Kennon M. Sheldon and Christopher P. Niemiec, "It's Not Just the Amount that Counts: Balanced Need Satisfaction Also Affects Well-Being," *Journal of Personality and Social Psychology* 91, no. 2 (August 2006): 331–41, DOI: 10.1037/0022-3514.91.2.331.
12. **在我們的體驗中密不可分：**我的團隊分析了全球數萬人自我報告的快樂及意義，結果表明快樂與意義具高度相關。Rhia Catapano et al., "Financial

Resources Impact the Relationship between Meaning and Happiness," *Emotion* 22 (forthcoming)。另一系列研究則旨在區分意義與快樂。雖然有些經驗能產生意義但並不快樂，有些經驗則會帶來快樂但無意義，不過大多數能帶來快樂的經驗通常也具有意義。Roy F. Baumeister et al., "Some Key Differences between a Happy Life and a Meaningful Life," *Journal of Positive Psychology* 8, no. 6 (August 2013): 505–16, DOI: 10.1080/17439760.2013.830764; Ryan Dwyer, Elizabeth Dunn, and Hal Hershfield, "Cousins or Conjoined Twins: How Different Are Meaning and Happiness in Everyday Life?" *Comprehensive Results in Social Psychology* 2, no. 2–3 (October 2017): 199–215, DOI: 10.1080/23743603.2017.1376580; Laura A. King, Samantha J. Heintzelman, and Sarah J. Ward, "Beyond the Search for Meaning: A Contemporary Science of the Experience of Meaning in Life," *Current Directions in Psychological Science* 25, no. 4 (August 2016): 211–16, DOI: 10.1177/0963721416656354.

13. **衡量了活動的意義度：**愉快度的計算是將正向情緒（快樂、放鬆）的平均值減去負面情緒（焦慮、悲傷、受挫、不耐煩）的平均值。意義的計算是取以下六項的平均值：感覺專注、投入、有能力／做得到，以及同意以下陳述：「我覺得這段期間的活動很值得且有意義／對他人有用／有助我達成重要目標」。Mathew P. White and Paul Dolan, "Accounting for the Richness of Daily Activities," *Psychological Science* 20, no. 8 (August 2009): 1000–1008, DOI: 10.1111/j.1467-9280.2009.02392.x.
14. **明顯對自身及整體生活感覺更糟：**Erin Vogel et al., "Social Comparison, Social Media, and Self-Esteem," *Psychology of Popular Media Culture* 3, no. 4 (October 2014): 206–22, DOI: 10.1037/ppm0000047; Jenna L. Clark, Sara B. Algoe, and Melanie C. Green, "Social Network Sites and Well-Being: The Role of Social Connection," *Current Directions in Psychological Science* 27, no. 1 (February 2018): 32–37, DOI: 10.1177/0963721417730833; Hunt Allcott et al., "The Welfare Effects of Social Media," *American Economic Review* 110, no. 3 (March 2020): 629–76, DOI: 10.1257/ aer.20190658.
15. **人與人之間，甚至是個人在不同時刻都存在差異：**Lucas et al., «Direct Comparison,» 816–35.
16. **最快樂和最不快樂的一群人：**Ed Diener and Martin E. P. Seligman, «Very Happy People,» *Psychological Science* 13, no. 1 (January 2002): 81–84, DOI: 10.1111/1467-9280.00415.
17. **就人類生存而言：**Abraham H. Maslow, "A Theory of Human Motivation," *Psychological Review* 50, no. 4 (1943): 370–96, DOI: 10.1037/h0054346。馬斯洛基於長年擔任心理治療師的經驗，發展出這套驅力理論，即人們需要滿足這些需求才能感到快樂充實。金字塔底層為生理需求（食物、飲水、保暖、休息），再來是安全需求（穩定、安全），歸屬與愛的需求（親密關係、朋友），自尊需求（名聲、成就感），最後是自我實現（發揮一個人的全部潛能並達成目的），完整呈現他所提出的需求階層。他主張必須先滿足低層需求，才有可能移往更高的追求。這做為幸福的基礎理論很有幫助，因為對快樂的不同來源排出了優先次序。此理論指出，一旦基礎的生理需求滿足後（食物、飲水、健康——睡眠涵括在此——以及庇護處），人際連結／歸屬感就是最基本的需求。而唯有當我們擁有緊密的社交連結——愛與被愛——個體才會致力於個人成就，進而覺得自我實現值得追求。請注意此處的愛並非單指浪漫愛，友誼與家庭同樣能滿足此一需求。

18. **較能承受強烈的身體病痛和財務打擊：**David G. Myers, "The Funds, Friends, and Faith of Happy People," *American Psychologist* 55, no. 1 (January 2000): 56, DOI: 10.1037/0003-066X.55.1.56; Julianne Holt-Lunstad, Timothy B. Smith, and J. Bradley Layton, "Social Relationships and Mortality Risk: A Meta-Analytic Review," *PloS Medicine* 7, no. 7 (July 2010): DOI: 10.1371/journal. pmed.1000316; James S. House, Karl R. Landis, and Debra Umberson, "Social Relationships and Health," *Science* 24, no. 4865 (July 1988): 540–45, DOI: 10.1126/science.3399889; Gregor Gonza and Anže Burger, "Subjective Well Being during the 2008 Economic Crisis: Identification of Mediating and Moderating Factors," *Journal of Happiness Studies* 18, no. 6 (December 2017): 1763–97, DOI: 10.1007/s10902 -016-9797-y.
19. **就像是承受了實際疼痛：**馬修・利伯曼，《社交天性》。
20. **對生活感到滿意：**B. Bradford Brown, "A Life-Span Approach to Friendship: Age-Related Dimensions of an Ageless Relationship," *Research in the Interweave of Social Roles* 2 (1981): 23–50, DOI: 10.15288/jsad.2012.73.99; Vasudha Gupta and Charles Korte, "The Effects of a Confidant and a Peer Group on the Well-Being of Single Elders," *International Journal of Aging and Human Development* 39, no. 4 (December 1994): 293–302, DOI: 10.2190/4YYH-9XAU-WQF9-APVT; Reed Larson, "Thirty Years of Research on the Subjective Well-Being of Older Americans," *Journals of Gerontology* 33, no. 1 (January 1978): 109–25, DOI:10.1093/geronj/33.1.109; Catherine L. Bagwell, Andrew F. Newcomb, and William M. Bukowski, "Preadolescent Friendship and Peer Rejection as Predictors of Adult Adjustment," *Child Development* 69, no. 1 (February 1998): 140–53, DOI: 10.1111/j.1467-8624.1998.tb06139.x.
21. **所愛之人共享：**Kahneman et al., "Survey Method,"1776–80.
22. **感到親近許多：**Constantine Sedikides et al., "The Relationship Closeness Induction Task," *Representative Research in Social Psychology* 23 (January 1999): 1–4.
23. **在戶外：**George MacKerron and Susana Mourato, "Happiness Is Greater in Natural Environments," *Global Environmental Change* 23, no. 5 (October 2013): 992–1000,

DOI: 10.1016/j.gloenvcha.2013.03.010.

24. **感到不快：**自我決定論（Self-determination theory, SDT）是由愛德華・迪西（Edward Deci）及理查・萊恩（Richard Ryan）所提出的人類動機及人格的宏觀理論，著重於人與生俱來的成長傾向及固有的心理需求。做為其理論的一部分，他們提出有三種基本心理需求必須被滿足，才能打造出幸福與健康，且具普世價值（即適用於所有個體及情況）：

自主權——整體心理自由及內心意志自由的感受。當一個人是自主激勵時，他的表現、健康及投入程度都會升高，若是被指示去做事的話則否（即控制激勵）。
能力——控制結果及體驗精熟的能力。人們喜歡在活動中得到正面回饋。
關聯——歸屬、連結感及關懷他人。

Richard M. Ryan and Edward L. Deci, "Self-Determination Theory and the Facilitation of Intrinsic Motivation, Social Development, and Well-Being," *American Psychologist* 55, no. 1 (January 2000): 68–78, DOI: 10.1037/0003-066X.55.1.68; Maarten Vansteenkiste, Richard M. Ryan, and Bart Soenens, "Basic Psychological Need Theory: Advancements, Critical Themes, and Future Directions," *Motivation and Emotion* 44, no. 1 (January 2020): 1–31, DOI: 10.1007/s11031-019-09818-1; Kennon M. Sheldon, "Integrating Behavioral-Motive and Experiential-Requirement Perspectives on Psychological Needs: A Two Process Model," *Psychological Review* 118, no. 4 (October 2011): 552–69, DOI: 10.1037/a0024758.

25. **最不快樂的：**在根據自己的時間追蹤數據列出最不快樂的活動時，我的一名學生寫道：「我最負面的活動是（1）必須獨自完成的無聊書面工作；（2）為上課做準備（不是這門課）；（3）獨自去辦事。在這些活動裡我都是獨自一人。」

26. **走向抑鬱最直接的道路：**John T. Cacioppo and William Patrick, *Loneliness: Human Nature and the Need for Social Connection* (New York: W. W. Norton, 2008).

27. **更有連結、更快樂：**Nicholas Epley and Juliana Schroeder, "Mistakenly Seeking Solitude," *Journal of Experimental Psychology* 143, no. 5 (October 2014): 1980–99, DOI: 10.1037/a0037323.

28. **時間追蹤研究：**Kahneman et al., "Survey Method," 1776–80.

29. **甚至超過浪費金錢：**France Leclerc, Bernd H. Schmitt, and Laurette Dube, "Waiting Time and Decision Making: Is Time Like Money?" *Journal of Consumer Research* 22, no. 1 (June 1995): 110–19, DOI: 10.1086/209439.

30. **提升自尊：**Justy Reed and Deniz S. Ones, "The Effect of Acute Aerobic Exercise

on Positive Activated Affect: A Meta Analysis," *Psychology of Sport and Exercise* 7, no. 5 (September 2006): 477–514, DOI: 10.1016/j.psych sport.2005.11.003; Patrick Callaghan, "Exercise: A Neglected Intervention in Mental Health Care?" *Journal of Psychiatric and Mental Health Nursing* 11, no. 4 (July 2004): 476–83, DOI: 10.1111/j.1365-2850.2004.00751.x.

31. **治療憂鬱症：**Michael Babyak et al., "Exercise Treatment for Major Depression: Maintenance of Therapeutic Benefit at Ten Months," *Psychosomatic Medicine* 62, no. 5 (September 2000): 633–38, DOI: 10.1097/00006842-200009000-00006。這些研究人員探討了運動治療抑鬱的功效。他們請重度抑鬱的受試者，連續四個月接受以下三種治療方案之一（運動：每週 3 次，每次 30 分鐘；藥物：抗抑鬱藥「樂復得」（Zoloft）；或運動加藥物），並在六個月後測量他們的抑鬱程度。
    經過四個月的治療，三種治療方案下的病患，顯著改善者的比例（即退出試驗的比例——因為不再符合重度抑鬱症的臨床標準）在三組中都相當。但在十個月後，運動組的受試者，復發率明顯低於藥物組。運動組的受試者抑鬱比例較低（30%），比藥物組（52%）和綜合組（55%）都來得好。
    研究人員指出：「系統性運動的正向心理效益之一，在於發展出個人精熟感及正向自我認知，我們相信這可能是運動能減輕抑鬱的原因之一。可以想見，現行的藥物治療，因為優先採用並將病情的改善歸功於另一與自我效能較無關的方式，很可能損及此一效益。病患形成的信念不是『我全力以赴配合運動療程；是不容易，但我打敗了抑鬱症』，而是『我服用抗抑鬱藥物後病情改善了』。」
32. **學童的數學及閱讀成就：**Charles Hillman, Kirk I. Erickson, and Arthur F. Kramer, "Be Smart, Exercise Your Heart: Exercise Effects on Brain and Cognition," *Nature Reviews Neuroscience* 9, no. 1 (January 2008): 58 65, DOI: 10.1038/nrn2298.
33. **睡眠被剝奪：**David F. Dinges et al., "Cumulative Sleepiness, Mood Disturbance, and Psychomotor Vigilance Performance Decrements during a Week of Sleep Restricted to 4–5 Hours per Night," Sleep: *Journal of Sleep Research & Sleep Medicine* 20, no. 4 (April 1997): 267–77, DOI: 10.1093/ sleep/20.4.267.
34. **體驗到充分休息：**Matthew P. Walker et al., "Practice with Sleep Makes Perfect: Sleep-Dependent Motor Skill Learning," *Neuron* 35, no. 1 (July 2002): 205–11, DOI: 10.1016/S0896/-6273(02)00746-8; Ullrich Wagner et al., "Sleep Inspires Insight," *Nature* 427, no. 6972 (January 2004): 352–55, DOI: 10.1038/nature02223.
35. **主要資源：**Cassie Mogilner, "The Pursuit of Happiness: Time, Money, and Social Connection," *Psychological Science* 21, no. 9 (August 2010): 1348–54, DOI: 10.1177/0956797610380696.

第四章 浪費管理

1. **相當比例的百萬富翁回答不會：** Ashley Whillans et al., "Buying Time Promotes Happiness," *Proceedings of the National Academy of Sciences of the United States of America* 114, no. 32 (August 2017): 8523–27, DOI: 10.1073/pnas.1706541114.
2. **購買經驗：** Leaf Van Boven and Thoma Gilovich, "To Do or to Have? That Is the Question," *Journal of Personality and Social Psychology* 85, no. 6 (January 2004): 1193–202, DOI: 10.1037/0022-3514.85.6.1193; Thomas Gilovich, Amit Kumar, and Lily Jampol, "A Wonderful Life: Experiential Consumption and the Pursuit of Happiness," *Journal of Consumer Psychology* 25, no. 1 (September 2014): 152–65, DOI: 10.1016/j.jcps.2014.08.004.
3. **整天無所事事並不會讓人快樂：** Marissa A. Sharif, Cassie Mogilner, and Hal Hershfield, "Having Too Little or Too Much Time Is Linked to Lower Subjective Well-Being," *Journal of Personality and Social Psychology* 121, no. 4 (September 2021): 933–47, DOI: 10.1037/pspp0000391.
4. **快樂程度提升得更高：** Elizabeth Dunn et al., "Prosocial Spending and Buying Time: Money as a Tool for Increasing Subjective Well-Being," *Advances in Experimental Social Psychology* 61 (2020): 67–126, DOI: 10.1016/bs.aesp.2019.09.001.
5. **對關係也更加滿意：** Ashley V. Whillans, Elizabeth W. Dunn, and Michael I. Norton, "Overcoming Barriers to Time-Saving: Reminders of Future Busyness Encourage Consumers to Buy Time," *Social Influence* 13, no. 2 (March 2018): 117–24, DOI: 10.1080/15534510.2018.1453866.
6. **「誘惑捆綁」：** Katherine Milkman, Julia Minson, and Kevin Volpp, "Holding the Hunger Games Hostage at the Gym: An Evaluation of Temptation Bundling," *Management Science* 60, no. 2 (February 2014): 283–99, DOI: 10.1287/mnsc.2013.1784.
7. **一天中最不快樂的時段：** Daniel Kahneman et al., "A Survey Method for Characterizing Daily Life Experience: The Day Reconstruction Method," *Science* 306, no. 5702 (December 2004): 1776–80, DOI: 10.1126/science.1103572.
8. **沉浸在工作中：** Gallup, "State of the American Workplace," 2017, https://www.gallup.com/workplace/238085/ state-american-workplace-report-2017.aspx.
9. **人生在等待中度過：** Kahneman et al., "Survey Method," 1776–80; Gallup, "State of the American Workplace."
10. **生活整體滿意度：** Karyn Loscocco and Annie R. Roschelle, "Influences on the Quality of Work and Nonwork Life: Two Decades in Review," *Journal of Vocational Behavior* 39, no. 2 (October 1991): 182–225, DOI: 10.1016/0001-8791(91)90009-B; Amy Wrzesniewski et al., "Jobs, Careers, and Callings: People's Relations to Their

Work," *Journal of Research in Personality* 31, no. 1 (March 1997): 21–33, DOI: 10.1006/jrpe.1997.2162.
11. **帶著使命感工作：** Amy Wrzesniewski and Jane Dutton, "Having a Calling and Crafting a Job: The Case of Candice Billups," WDI Publishing, April 20, 2012, educational video, 11:48, www.tinyurl.com/CandiceBillups.
12. **對工作及整體生活也都會更滿意：** Amy Wrzesniewski, Justin M. Berg, and Jane E. Dutton, "Managing Yourself: Turn the Job You Have into the Job You Want," *Harvard Business Review* 88, no. 6 (June 2010): 114–17; Justin M. Berg, Adam M. Grant, and Victoria Johnson, "When Callings Are Calling: Crafting Work and Leisure in Pursuit of Unanswered Occupational Callings," *Organization Science* 21, no. 5 (October 2010): 973–94, DOI: 10.1287/orsc.1090.0497.
13. **工作形塑：** Justin M. Berg, Jane E. Dutton, and Amy Wrzesniewski, "Job Crafting Exercise," Center for Positive Organizations, April 29, 2014, https://positiveorgs.bus.umich.edu/cpo-tools/job-crafting-exercise/; Justin M. Berg, Jane E. Dutton, and Amy Wrzesniewski, *What Is Job Crafting and Why Does It Matter?*(Ann Arbor: Regents of the University of Michigan, 2008).
14. **整體生活：** Wrzesniewski et al., "Jobs, Careers, and Callings," 21–33.
15. **有鬥志、投入、充實、滿足：** Adam Grant et al., "Impact and the Art of Motivation Maintenance: The Effects of Contact with Beneficiaries on Persistence Behavior," *Organizational Behavior and Human Decision Processes* 103, no. 1 (May 2007): 53–67, DOI: 10.1016/j.obhdp.2006.05.004; Adam Grant, "Leading with Meaning: Beneficiary Contact, Prosocial Impact, and the Performance Effects of Transformational Leadership," *Academy of Management Journal* 55, no. 2 (September 2012): DOI: 10.5465/amj.2010.0588; Christopher Michaelson et al., "Meaningful Work: Connecting Business Ethics and Organizational Studies," *Journal of Business Ethics* 121 (March 2013): 77–90, DOI: 10.1007/s10551-013-1675-5.
16. **在工作上是否有好朋友：** Tom Rath and Jim Harter, "Your Friends and Your Social Well-Being," Gallup, August 19, 2010, https://news.gallup.com/businessjournal/127043/friends-social-wellbeing.aspx; Annamarie Mann, "Why We Need Best Friends at Work," Gallup, January 15, 2018, https://www.gallup.com/workplace/236213/why-need-best-friends-work.aspx.
17. **加深人際關係並帶來樂趣：** Jennifer Aaker and Naomi Bagdonas, *Humor, Seriously: Why Humor Is a Secret Weapon in Business and Life*(New York: Currency, 2021).
18. **被列為一天之中最無聊的活動：** Kahneman et al., "Survey Method," 1776–80.
19. **不短於一小時：** Gabriela Saldivia, "Stuck in Traffic? You're Not Alone. New Data

Show American Commute Times Are Longer," NPR, September 20, 2018, https://www.npr.org/2018/09/20/650061560/stuck-in-traffic-youre-not-alone-new-data-show-american-commute-times-are-longer; Felix Richter, "Cars Still Dominate the American Commute," *Statista*, May 29, 2019, https://www.statista.com/chart/18208/means-of-transportation-used-by-us-commuters/.

20. **花時間通勤：**"Statistics on Remote Workers that Will Surprise You (2021)," Apollo Technical LLC, January 4, 2021, https://www.apollotechnical.com/statistics-on-remote-workers/。根據貓頭鷹實驗（Owl Labs）的一項調查發現，在新冠肺炎期間，近70%的全職員工在家工作。遠距工作員工平均每天可以節省40分鐘的通勤時間。
21. **再度開放：**Courtney Conley, "Why Many Employees Are Hoping to Work from Home Even after the Pandemic Is Over," CNBC, May 4, 2020, https://www.cnbc.com/2020/05/04/why-many-employees-are-hoping-to-work-from-home-even-after-the-pandemic-is-over.html.

第五章　停下來聞玫瑰

1. **逐漸不那麼心煩：**Leif D. Nelson and Tom Meyvis, "Interrupted Consumption: Adaptation and the Disruption of Hedonic Experience," *Journal of Marketing Research* 45, no. 6 (December 2008): 654–64.
2. **被隔離在單人囚室中：**Peter Suedfeld et al., "Reactions and Attributes of Prisoners in Solitary Confinement," *Criminal Justice and Behavior* 9, no. 3 (September 1982): 303–40, DOI: 10.1177/0093854882009003004.
3. **樂透得主並沒有快樂很多：**Philip Brickman, Dan Coates, and Ronnie Janoff-Bulman, "Lottery Winners and Accident Victims: Is Happiness Relative?" *Journal of Personality and Social Psychology* 36, no. 8 (September 1978): 917–27, DOI: 10.1037/0022-3514.36.8.917.
4. **回到基礎線上：**Rafael Di Tella, John H. New, and Robert MacCulloch, "Happiness Adaptation to Income and to Status in an Individual Panel," *Journal of Economic Behavior & Organization* 76, no. 3 (December 2010): 834–52, DOI: 10.1016/j.jebo.2010.09.016.
5. **變成就是已婚：**Richard E. Lucas et al., "Reexamining Adaptation and the Set Point Model of Happiness: Reactions to Changes in Marital Status," *Journal of Personality and Social Psychology* 84, no. 3 (March 2003): 527–39, DOI: 10.1037/0022-3514.84.3.527; Maike Luhmann et al., "Subjective Well-Being and Adaptation to Life Events: A Meta-Analysis on Differences between Cognitive and Affective Well-Being," *Journal of Personality and Social Psychology* 102, no. 3 (March 2012):

592–615, DOI: 10.1037/a0025948.
6. **影響力偏誤**：Daniel T. Gilbert et al., "Immune Neglect: A Source of Durability Bias in Affective Forecasting," *Journal of Personality and Social Psychology* 75, no. 3 (September 1998): 617–38, DOI: 10.1037/0022-3514.75.3.617.
7. **實證性問題**：Amit Bhattacharjee and Cassie Mogilner, "Happiness from Ordinary and Extraordinary Experiences," *Journal of Consumer Research* 41, no. 1 (June 2014): 1–17, DOI: 10.1086/674724.
8. **親近且有意義**：Helene Fung and Laura Carstensen, "Goals Change When Life's Fragility Is Primed: Lessons Learned from Older Adults, the September 11 Attacks, and SARS," *Social Cognition* 24, no. 3 (June 2006): 248–78, DOI:10.1521/soco.2006.24.3.248.
9. **流連最喜愛的校園地點**：Jaime Kurtz, "Looking to the Future to Appreciate the Present: The Benefits of Perceived Temporal Scarcity," *Psychological Science* 19, no. 12 (December 2008): 1238–41, DOI: 10.1111/j.1467-9280.2008.02231.x.
10. **連續吃巧克力實驗**：Ed O'Brien and Phoebe Ellsworth, "Saving the Last for Best: A Positivity Bias for End Experiences," *Psychological Science* 23, no. 2 (January 2012): 163–65, DOI: 10.1177/0956797611427408.
11. **享受美好事物**：Tim Urban, "The Tail End," *Wait but Why*(blog), December 11, 2015, https://waitbutwhy.com/2015/12/the-tail-end.html.
12. **整個點心時間也更愉快**：Ed O'Brien and Robert W. Smith," Unconventional Consumption Methods and Enjoying Things Consumed: Recapturing the 'First-Time' Experience," *Personality and Social Psychology Bulletin* 45, no. 1 (January 2019): 67–80, DOI: 10.1177/0146167218779823.
13. **關係滿意度和承諾度**：Ximena Garcia-Rada, Ovul Sezer, and Michael I. Norton, "Rituals and Nuptials: The Emotional and Relational Consequences of Relationship Rituals," *Journal of the Association for Consumer Research* 4, no. 2 (April 2019): 185–97, DOI:10.1086/702761.
14. **葬禮**：Michael I. Norton and Francesca Gino, "Rituals Alleviate Grieving for Loved Ones, Lovers, and Lotteries," *Journal of Experimental Psychology: General* 143, no. 1 (February 2014): 266–72, DOI: 10.1037/a0031772.
15. **更享受這段時光**：Ovul Sezer et al., "Family Rituals Improve the Holidays," *Journal of the Association for Consumer Research* 1, no. 4 (September 2016): 509–26, DOI: 10.1086/699674.
16. **吃巧克力**：Nelson and Meyvis, "Interrupted Consumption," 654–64; Leif D. Nelson, Tom Meyvis, and Jeff Galak, "Enhancing the Television-Viewing Experience through Commercial Interruptions," *Journal of Consumer Research* 36, no. 2 (August 2009): 160–72, DOI: 10.1086/597030.

17. **更仔細地品味：**Jordi Quoidbach and Elizabeth W. Dunn, "Give It Up: A Strategy for Combating Hedonic Adaptation," *Social Psychological and Personality Science* 4, no. 5 (September 2013): 563–68, DOI: 10.1177/1948550612473489.
18. **較為快樂且滿意：**Jordan Etkin and Cassie Mogilner, "Does Variety among Activities Increase Happiness?" *Journal of Consumer Research* 43, no. 2 (August 2016): 210–29, DOI: 10.1093/jcr/ucw021.
19. **對配偶也較為滿意：**Arthur Aron et al., "Couples' Shared Participation in Novel and Arousing Activities and Experienced Relationship Quality," *Journal of Personality and Social Psychology* 78, no. 2 (March 2000): 273–84, DOI:10.1037/0022-3514.78.2.273.

第六章　易於分心

1. **分心的駕駛人，比酒醉駕駛人還要危險：**Paul Atchley, "Fooling Ourselves: Why Do We Drive Distracted Even Though We Know It's Dangerous?" (academic seminar, Behavioral Decision Making Group Colloquium Series, UCLA Anderson School of Management, Los Angeles, CA, April 7, 2017).
2. **追逐著生產力：**Anat Keinan and Ran Kivetz, "Productivity Orientation and the Consumption of Collectable Experiences," *Journal of Consumer Research* 37, no. 6 (April 2011): 935–50, DOI: 10.1086/657163.
3. **現在的感受：**Matthew A. Killingsworth and Daniel T. Gilbert, "A Wandering Mind Is an Unhappy Mind," *Science* 330, no. 6006 (November 2010): 932, DOI: 10.1126/science.1192439.
4. **工作表現都有正面效應：**Jessica de Bloom, "Making Holidays Work," Psychologist 28, no. 8 (August 2015): 632–36; Jessica de Bloom et al., "Do We Recover from Vacation? Meta-Analysis of Vacation Effects on Health and Well-Being," *Journal of Occupational Health* 51, no. 1 (January 2009):13–25, DOI: 10.1539/joh.K8004; Jessica de Bloom et al., "Vacation from Work: A 'Ticket to Creativity'?: The Effects of Recreational Travel on Cognitive Flexibility and Originality," *Tourism Management* 44 (October 2014): 164–71, DOI:10.1016/j.tourman.2014.03.013.
5. **對生活的整體滿意度也較高：**Colin West, Cassie Mogilner, and Sanford DeVoe, "Happiness from Treating the Weekend Like a Vacation," *Social Psychology and Personality Science* 12, no. 3 (April 2021): 346–56, DOI: 10.1177%2F1948550620916080.
6. **連一天有給薪假都沒有：**Alexander E. M. Hess, "On Holiday: Countries with the Most Vacation Days," *USA Today*, June 8, 2013, https://www.usatoday.com/story/money/business/2013/06/08/countries-most-vacation-days/2400193/.

7. **美國人也不會請假：**Abigail Johnson Hess, "Here's How Many Paid Vacation Days the Typical American Worker Gets," CNBC, July 6, 2018, https://www.cnbc.com/2018/07/05/heres-how-many-paid-vacation-days-the-typical-american-worker-gets-.html; US Travel Association, "State of American Vacation 2018," May 8, 2018, https://projecttimeoff.com/reports/state-of-american-vacation-2018/.
8. **主要原因是時間：**NPR, Robert Wood Johnson Foundation, and Harvard T. H. Chan School of Public Health, "The Workplace and Health," RWJF, July 11, 2016, http://www.rwjf.org/content/dam/farm/reports/surveys_and_polls/2016/rwjf430330.
9. **驗證了這個想法：**West, Mogilner, and DeVoe, "Happiness from Treating the Weekend," 346–56.
10. **將週末當成度假：**我觀察到「把週末當成度假」，是我所給出在艱難的新冠肺炎疫情期間保持快樂最有用的忠告之一。
一天又一天、一週又一週、一季又一季，時間似乎模糊了界線，所有人受困家中，遠離了工作、學校，以及……其他一切。讓自己喘息一下變得格外重要，我也奉行這項忠告來振奮精神。
把週末當成度假，提醒我們到了週五下午就該離線，這有助於區分週末與平日。但更重要的是，它允許我們光明正大地放鬆一兩天，並鼓勵自己從勤奮工作、急著想「熬過去」的狀態中喘息一下。它也促使我們深呼吸，活在當下，這樣就能更享受週日早餐的煎餅和彼此的陪伴。即使航班都被取消、博物館關閉、主題樂園大門深鎖，我們依舊可以珍惜這些夏日「假期」：孩子們睡在後院搭起的帳篷中，用炭火烤得軟綿的棉花糖，可以悠閒地聽音樂、玩紙牌遊戲，在正午啜飲桃紅葡萄酒——就像度假一樣。
11. **「意識到當下」：**Kirk W. Brown and Richard M. Ryan, "The Benefits of Being Present: Mindfulness and Its Role in Psychological Well-Being," *Journal of Personality and Social Psychology* 84, no. 4 (April 2003): 822, DOI: 10.1037/0022-3514.84.4.822.
12. **人際關係：**Kirk W. Brown, Richard M. Ryan, and J. David Creswell, "Mindfulness: Theoretical Foundations and Evidence for its Salutary Effects," *Psychological Inquiry* 18, no. 4 (December 2007): 211–37, DOI:10.1080/10478400701598298.
13. **提升連結感：**Hedy Kober, "How Can Mindfulness Help Us," TEDx Talk, May 13, 2017, YouTube video, 17:48, https://www.youtube.com/watch?v=4hKfXyZGeJY; Judson A. Brewer et al., "Meditation Experience Is Associated with Differences in Default Mode Network Activity and Connectivity," *Proceedings of the National Academy of Sciences of the United States of America* 108, no. 50 (October 2011): 20254–59, DOI: 10.1073/pnas.1112029108; Barbara L. Fredrickson et al., "Open Hearts Build Lives: Positive Emotions, Induced through Loving- Kindness Meditation, Build Consequential Personal Resources," *Journal of Personality and*

Social Psychology 95, no. 5 (November 2008): 1045–62, DOI: 10.1037/a0013262; Michael D. Mrazek et al., "Mindfulness Training Improves Working Memory Capacity and GRE Performance while Reducing Mind Wandering," *Psychological Science* 24, no. 5 (May 2013): 776–81, DOI: 10.1177/0956797612459659; Britta K. Holzel et al., "Mindfulness Practice Leads to Increases in Regional Brain Gray Matter Density," *Psychiatry Research: Neuroimaging* 191, no. 1 (January 2011): 36–43, DOI:10.1016/j.pscychresns.2010.08.006; Cendri A. Hutcherson, Emma M. Seppala, and James J. Gross, "Loving-Kindness Meditation Increases Social Connectedness," *Emotion* 8, no. 5 (November 2008): 720, DOI: 10.1037/a0013237; Brown, Ryan, and Creswell, "Mindfulness," 211–37.

14. **焦慮：**對未來事件和不確定的結果感到擔憂或緊張。
15. **焦慮症：**持續體驗到焦慮並因此感到虛弱，影響到個人的日常活動。
16. **被列為美國：**National Alliance on Mental Illness, "Mental Health by the Numbers," September 2019, https://www.nami.org/mhstats.
17. **全球：**Hannah Ritchie and Max Roser, "Mental Health," Our World in Data, April 2018, https://ourworldindata.org/mental-health.
18. **男性：**Olivia Remes et al., "A Systematic Review of Reviews on the Prevalence of Anxiety Disorders in Adult Populations," *Brain and Behavior* 6, no. 7 (June 2016): 1–33, DOI: 10.1002/brb3.497.
19. **新冠肺炎疫情期間：**Jean M. Twenge and Thomas E. Joiner, "US Census Bureau–Assessed Prevalence of Anxiety and Depressive Symptoms in 2019 and during the 2020 COVID 19 Pandemic," *Depression and Anxiety* 37, no. 10 (October 2020): 954–56, DOI: 10.1002/da.23077; Min Luo et al., "The Psychological and Mental Impact of Coronavirus Disease 2019 (COVID-19) on Medical Staff and General Public: A Systematic Review and Meta-Analysis," *Psychiatry Research* 291, no. 113190 (September 2020): DOI: 10.1016/j.psychres.2020.113190.
20. **多種語言：**UCLA Mindful Awareness Research Center, "Free Guided Meditations," UCLA Health, https://www.uclahealth.org/marc/audio。該中心主任 Diana Winston 拍有影片，解釋何為正念，並提供引導冥想，https://www.uclahealth.org/marc/getting-started。
21. **在工作中：**Mihaly Csikszentmihalyi and Judith LeFevre, "Optimal Experience in Work and Leisure," *Journal of Personality and Social Psychology* 56, no. 5 (June 1989): 815–22, DOI: 10.1037/0022-3514.56.5.815. 這篇文章發現，大部分的心流體驗出現於工作中而非於休閒期間。
22. **不重要的任務：**Meng Zhu, Yang Yang, and Christopher Hsee, "The Mere Urgency Effect," *Journal of Consumer Research* 45, no. 3 (October 2018): 673–90, DOI: 10.1093/jcr/ucy008.

23. **讓你在任何一項任務中都無法進入最佳狀態**：Bradley R. Staats and Francesca Gino, “Specialization and Variety in Repetitive Tasks: Evidence from a Japanese Bank,” *Management Science* 58, no. 6 (June 2012): 1141–59, DOI: 10.1287/mnsc.1110.1482.
24. **入睡**：UCLA 睡眠失調中心主任亞隆・亞維丹博士，所分享其他關於睡眠的建議詳述於第三章。
25. **一次仍然只做一項**：Shalena Srna, Rom Y. Schrift, and Gal Zauberman, “The Illusion of Multitasking and Its Positive Effect on Performance,” *Psychological Science* 29, no. 12 (October 2018): 1942–55, DOI: 10.1177/0956797618801013.
26. **筆電開著**：Helene Hembrooke and Geri Gay, “The Laptop and the Lecture: The Effects of Multitasking in Learning Environments,” *Journal of Computing in Higher Education* 15, no. 1 (September 2003): 46–64, DOI: 10.1007/BF02940852; Laura L. Bowman et al., “Can Students Really Multitask? An Experimental Study of Instant Messaging while Reading,” *Computers & Education* 54, no. 4 (2010): 927–31, DOI: 10.1016/j.compedu.2009.09.024.
27. **查看手機的次數是兩倍**：Asurion, “Americans Check Their Phones 96 Times a Day,” November 21, 2019, https://www.asurion.com/about/press-releases/americans-check-their-phones-96-times-a-day/.
28. **晚餐約會或上教堂**：Harris Interactive, “2013 Mobile Consumer Habits Study,” Jumio, 2013, http://pages.jumio.com/rs/jumio/images/Jumio%20-%20Mobile%20Consumer%20Habits%20Study-2.pdf.
29. **較為分心**：Ryan Dwyer, Kostadin Kushlev, and Elizabeth Dunn, “Smartphone Use Undermines Enjoyment of Face-to-Face Social Interaction,” *Journal of Experimental Social Psychology* 78 (September 2018): 233–39, DOI: 10.1016/j.jesp.2017.10.007.
30. **感到愉悅與連結**：Nicholas Epley and Juliana Schroeder, “Mistakenly Seeking Solitude,” *Journal of Experimental Psychology* 143, no. 5 (October 2014): 1980–99, DOI: 10.1037/a0037323.
31. **在經濟不景氣時期**：Hal E. Hershfield and Adam L. Alter, “On the Naturalistic Relationship between Mood and Entertainment Choice,” *Journal of Experimental Psychology: Applied* 25, no. 3 (May 2019): 458–76, DOI: 10.1037/xap0000220.
32. **抑鬱與家暴的比率也接連攀升**：Catherine K. Ettman et al., “Prevalence of Depression Symptoms in US Adults before and during the COVID-19 Pandemic,” *JAMA Network Open* 3, no. 9 (September 2020): DOI: 10.1001/jamanetworkopen.2020.19686; Stacy Francis, “Op-Ed: Uptick in Domestic Violence amid COVID-19 Isolation,” CNBC, October 30, 2020, https://www.cnbc.com/2020/10/30/uptick-in-domestic-violence-amid-covid-19-isolation.html.

第七章　時間罐

1. **梅爾・凱拍攝的短片**：Meir Kalmanson, "A Valuable Lesson for a Happier Life," May 4, 2016, YouTube video, 3:05, https://youtu.be/SqGRnlXplx0.
2. **小小的螢幕**：Sherin Shibu, "Which Generation Is Most Dependent on Smartphones? (Hint: They're Young.)," *News and Trends* (blog), November 20, 2020, https://www.entrepreneur.com/article/360098.
3. **每天看電視**：Nielsen Media Research, "Nielsen Total Audience Report: September 2019," September 2019, https://www.nielsen.com/us/en/insights/report/2019/the-nielsen-total-audience-report-september-2019/.
4. **傾向過度承諾**：Gal Zauberman and John G. Lynch Jr., "Resource Slack and Propensity to Discount Delayed Investments of Time versus Money," *Journal of Experimental Psychology* 134, no. 1 (March 2005): 23–37, DOI: 10.1037/0096-3445.134.1.23.
5. **女性比男性明顯更不擅長**：Alia E. Dastagir, "The One Word Women Need to Be Saying More Often," USA Today, April 25, 2021, https://www.usatoday.com/story/life/health-wellness/2021/04/20/why-its-so-hard-for-women-to-say-no/7302181002/.
6. **較常答應**：Sara McLaughlin Mitchell and Vicki L. Hesli, "Women Don't Ask? Women Don't Say No? Bargaining and Service in the Political Science Profession," *PS: Political Science & Politics* 46, no. 2 (April 2013): 355–69, DOI: 10.1017/S1049096513000073。比起男性大學教師，女性教師明顯較可能擔任系級委員會、校級委員會及所屬領域委員會之委員，但明顯較少被邀請擔任這些委員會的主席。同時，男性教師較可能被邀請擔任系主任或學術課程主任。
7. **居家整理術**：近藤麻理惠，《怦然心動的人生整理魔法》。
8. **過度自我控制**：Ran Kivetz and Anat Keinan, "Repenting Hyperopia: An Analysis of Self-Control Regrets," *Journal of Consumer Research* 33, no. 2 (September 2006): 273–82, DOI: 10.1086/506308.

第八章　形塑工作

1. **例行的家庭晚餐是歐巴馬的生命線**：Barack Obama and Bruce Springsteen, "Fatherhood," March 29, 2021, in *Renegades: Born in the USA*, produced by Spotify, podcast audio, https://open.spotify.com/episode/6yFtWJDdwZdUDrH5M0lVZf.
2. **對整體生活也更滿意**：Martin Seligman et al., "Positive Psychology Progress: Empirical Validation of Interventions," *American Psychologist* 60, no. 5 (July 2005): 410–21, DOI: 10.1037/0003-066X.60.5.410; Robert A. Emmons and Michael E. McCullough, "Counting Blessings versus Burdens: An Experimental Investigation of Gratitude and Subjective Well-Being in Daily Life," *Journal of Personality and Social*

Psychology 84, no. 2 (February 2003): 377, DOI:10.1037/0022-3514.84.2.377.

3. **母親又比父親更為嚴重：**Hielke Buddelmeyer, Daniel S. Hamermesh, and Mark Wooden, "The Stress Cost of Children on Moms and Dads," *European Economic Review* 109 (October 2018): 148–61, DOI: 10.1016/j.euroecorev.2016.12.012.
4. **會比父親擔負起更多：**Laura M. Giurge, Ashley V. Whillans, and Colin West, "Why Time Poverty Matters for Individuals, Organisations and Nations," *Nature Human Behaviour* 4, no. 10 (October 2020): 993–1003, DOI: 10.1038/s41562-020-0920-z; Jerry A. Jacobs and Kathleen Gerson, *The Time Divide: Work, Family, and Gender Inequality* (Cambridge: Harvard University Press, 2004); Marybeth J. Mattingly and Liana C. Sayer, "Under Pressure: Gender Differences in the Relationship between Free Time and Feeling Rushed," *Journal of Marriage and Family* 68, no. 1 (February 2006): 205–21, DOI: 10.1111/j.1741-3737.2006.00242.x; Daniel S. Hamermesh and Jungmin Lee, "Stressed Out on Four Continents: Time Crunch or Yuppie Kvetch?" *Review of Economics and Statistics* 89, no. 2 (May 2007): 374–83, DOI: 10.1162/rest.89.2.374.
5. **孩子們停學在家時，母親離職在家的所占比例：**David Leonhardt, "Not Enough to Sort of Open," *New York Times*, May 3, 2021.
6. **明顯較不快樂：**Laura M. Giurge, Ashley V. Whillans, and Ayse Yemiscigil, "A Multi-country Perspective on Gender Differences in Time Use during COVID-19," *Proceedings of the National Academy of Sciences of the United States of America* 118, no. 12 (March 2021): DOI: 10.1073/pnas.2018494118.
7. **雪柔・桑德伯格所描述：**雪柔・桑德伯格，《挺身而進》。
8. **夫妻平均分擔家事：**Eve Rodsky, *Fair Play: A Game-Changing Solution for When You Have Too Much to Do (and More Life to Live)*(New York: G. P. Putnam's Sons, 2019). 伊芙為所有有太多事要做，又渴望從生命中獲得更多的人，提出極具說服力的忠告。她建議清楚劃分家事勞務，這樣就能有效減少個人的不滿並提升在關係中及整體的快樂。羅伯和我發現透過精心安排行程就能做到這一點。
9. **讓人們更喜愛所收看的節目：**Leif D. Nelson, Tom Meyvis, and Jeff Galak, "Enhancing the Television-Viewing Experience through Commercial Interruptions," *Journal of Consumer Research* 36, no. 2 (August 2009): 160–72, DOI: 10.1086/597030.
10. **會變得較不快樂：**Jordan Etkin and Cassie Mogilner, "Does Variety among Activities Increase Happiness?" *Journal of Consumer Research* 43, no. 2 (August 2016): 210–29, DOI: 10.1093/jcr/ucw021.
11. **視為畏途並厭惡：**如第七章中所述，回覆電子郵件對我而言是件苦差事。我總是害怕打開收件匣，不知道又有什麼要求等著自己，而且心知會陷入其中，錯失大段本來可以更善加運用的時間。要是我一天多次查看信件，預期性和擴散性的焦慮就會籠罩自己的一整週。所以我設定每天下班前兩小時，一次處理所有的信件，以及信件帶來的行政工作。

我也將會議集中在某一天下午。我並不討厭開會，但那需要不同形式的心理能量。我注意到要從安靜思索轉換到社交互動需要時間，因此，一旦將會議時間集中，我就不用浪費時間轉換模式，也能保障個人工作時間更有生產力。不是因為我不喜歡教學，而是因為授課前需要大量時間備課（再說我還得花時間吹造型和搭配合宜的服飾），所以我盡量將一週中需要站在台前的時間也加以集中。這樣就能節約上課前預演的時間，以及踏上講台前無可避免的腎上腺素激增。

12. **都像是重新經歷：** Leaf Van Boven and Thomas Gilovich, "To Do or to Have? That Is the Question," *Journal of Personality and Social Psychology* 85, no. 6 (January 2004): 1193–1202, DOI: 10.1037/0022-3514.85.6.1193; Thomas Gilovich, Amit Kumar, and Lily Jampol, "A Wonderful Life: Experiential Consumption and the Pursuit of Happiness," *Journal of Consumer Psychology* 25, no. 1 (September 2014): 152–65, DOI: 10.1016/j.jcps.2014.08.004; Cindy Chan and Cassie Mogilner, "Experiential Gifts Foster Stronger Social Relationships than Material Gifts," *Journal of Consumer Research* 43, no. 6 (April 2017): 913–31, DOI: 10.1093/jcr/ucw067.

第九章　一生的時間

1. **詩：** Henry van Dyke, "Katrina's Sun-dial," in *Music and Other Poems* (New York: Charles Scribner's Sons, 1904), 105.
2. **數百人對時間的看法：** Cassie Mogilner, Hal Hershfield, and Jennifer Aaker, "Rethinking Time: Implications for Well-Being," *Consumer Psychology Review* 1, no. 1 (January 2018): 41–53, DOI: 10.1002/arcp.1003; Tayler Bergstrom et al. (working paper, 2021)。同意這四項陳述，與較高的圓滿、生活意義、生活滿意及正向效應相關，且與較低的負面效應相關。

   在控制人口統計變數，如年齡及親緣狀況後，此結果依舊成立。
3. **「數位世代日記」：** Jennifer Aaker, "Jennifer Aaker: The Happiness Narrative," Future of StoryTelling, August 31, 2015, Vimeo video, 4:59, https://vimeo.com/137841197.
4. **及時辨識某人當下的感受：** Sep Kamvar and Jonathan Harris, *We Feel Fine: An Almanac of Human Emotion* (New York: Scribner, 2009), http://www.wefeelfine.org/.
5. **隨著人生階段而變化：** Cassie Mogilner, Sepandar D. Kamvar, and Jennifer Aaker, "The Shifting Meaning of Happiness," *Social Psychological and Personality Science* 2, no. 4 (July 2011): 395–402, DOI: 10.1177/1948550610393987; Cassie Mogilner, Jennifer Aaker, and Sepandar D. Kamvar, "How Happiness Affects Choice," *Journal*

of Consumer Research 39, no. 2 (August 2012): 429–43, DOI: 10.1086/663774.
6. **平凡和非凡經驗：** Amit Bhattacharjee and Cassie Mogilner, "Happiness from Ordinary and Extraordinary Experiences," *Journal of Consumer Research* 41, no. 1 (June 2014): 1–17, DOI: 10.1086/674724.
7. **純粹的緊急事件：** Bergstrom et al. (working paper)。我們告訴受試者：「有時候我們做某些事是因為這些事對自己很重要（即後果很重大），有時候我們做某些事是因為這些事很緊急（即必須立刻完成）。事情可以是重要且緊急，或既不重要也不緊急，但也有些事是緊急但不重要，有些則是重要但不緊急。」之後受試者被問及，以 1（從未）到 7（一直）的量表「過去一週中，你將時間花在要事上的程度為何？」「過去一週中，你將時間花在急事上的程度為何？」我們發現，控制花在急事上的時間時，若在鳥瞰觀點量表中的四項選了同意，可預測花在要事上的時間。但控制花在要事的時間時，該量表並未預測花在急事上的時間。這代表具有高鳥瞰觀點的人，花較多時間於要事而非急事。
8. **不論其重要與否：** Meng Zhu, Yang Yang, and Christopher Hsee, "The Mere Urgency Effect," *Journal of Consumer Research* 45, no. 3 (October 2018): 673–90, DOI: 10.1093/jcr/ucy008.
9. **與歷史上最全面的長期性研究：** Robert Waldinger, "What Makes a Good Life? Lessons from the Longest Study on Happiness," TEDxBeaconStreet, November 2015, TED video, 12:38, https://www.ted.com/talks/robert_waldinger_what_makes_a_good_life_lessons_from_the_longest_study_on_happiness?language=en.
10. **兩種類型：** Mike Morrison and Neale Roese, "Regrets of the Typical American: Findings from a Nationally Representative Sample," *Social Psychological and Personality Science* 2, no. 6 (November 2011): 576–83, DOI: 10.1177/1948550611401756.
11. **後悔行動和後悔不作為：** Thomas Gilovich and Victoria Husted Medvec, "The Experience of Regret: What, When, and Why," *Psychological Review* 102, no. 2 (May 1995): 379–95, DOI:10.1037/0033-295X.102.2.379.
12. **快樂與意義相關度非常高：** Rhia Catapano et al., "Financial Resources Impact the Relationship between Meaning and Happiness," *Emotion* 22 (forthcoming).
13. **不需要始終感到快樂：** Laura A. King, Samantha J. Heintzelman, and Sarah J. Ward, "Beyond the Search for Meaning: A Contemporary Science of the Experience of Meaning in Life," *Current Directions in Psychological Science* 25 no. 4 (August 2016): 211–16, DOI: 10.1177/0963721416656354.
14. **變得更好的敘事：** Kathleen Vohs, Jennifer Aaker, and Rhia Catapano, "It's Not Going to Be that Fun: Negative Experiences Can Add Meaning to Life," *Current Opinion in Psychology* 26 (April 2019): 11–14, DOI: 10.1016/j.copsyc.2018.04.014.
15. **我所主持的一項研究：** Cassie Mogilner and Michael Norton, "Preferences for Experienced versus Remembered Happiness," *Journal of Positive Psychology* 14,

no. 2 (April 2018): 244–51, DOI: 10.1080/17439760.2018.1460688.
作為這項計畫的一部分，我主持一項研究詢問了 600 名成人「若你的目標是體驗快樂，或在之後（一年／十年）回顧時感到快樂，你接下來一小時會如何度過？」之後我們提供康納曼等人的「日重建調查」（Day Reconstruction Survey）中的 22 項活動，並請受試者以七分量表評估會花時間去做這些活動的程度。針對人們如何運用時間的因素分析顯示，度過快樂時光的方法有六個因素：被動休閒（電視、上網、閱讀），主動休閒（運動、體育活動、戶外），與朋友或同事社交，與戀人相伴，與家人相處，以及工作 vs. 放鬆（這是雙極維度）。體驗到的 vs. 記得的快樂，只會影響工作 vs. 放鬆的傾向，其他因素對體驗到的 vs. 記得的快樂影響相當。也就是唯一浮現的差別在於，記憶最大化者會比體驗最大化者更有可能提到做工作，而體驗最大化者則較可能提到放鬆。

16. **高峰及結尾：**Ed Diener, Derrick Wirtz, and Shigehiro Oishi, "End Effects of Rated Life Quality: The James Dean Effect," *American Psychological Society* 12, no. 2 (March 2001): 124–48, DOI: 10.1111/1467-9280.00321; Barbara L. Fredrickson and Daniel Kahneman, "Duration Neglect in Retrospective Evaluations of Affective Episodes," *Journal of Personality and Social Psychology* 65, no. 1 (July 1993): 45–55, DOI: 10.1037/0022-3514.65.1.45; Daniel Kahneman et al., "When More Pain Is Preferred to Less: Adding a Better End," *Psychological Science* 4, no. 6 (November 1993): 401–405, DOI: 10.1111/j.1467-9280.1993.tb00589.x; Donald A. Redelmeier and Daniel Kahneman, "Patients' Memories of Painful Medical Treatments: Real-Time and Retrospective Evaluations of Two Minimally Invasive Procedures," *Pain* 66, no. 1 (July 1996): 3–8, DOI: 10.1016/0304-3959(96)02994-6; Derrick Wirtz et al., "What to Do on Spring Break?: The Role of Predicted, On-Line, and Remembered Experience in Future Choice," *Psychological Science* 14, no. 5 (September 2003): 520–24, DOI: 10.1111/1467-9280.03455.

Eurasian Publishing Group
圓神出版事業機構
用心與你對話・視野無限寬廣
先覺出版社
Prophet Press
www.booklife.com.tw reader@mail.eurasian.com.tw

人文思潮 158

更快樂的1小時：

UCLA爆紅的時間幸福學，教你聚焦於最重要的事

作　　者／凱西・霍姆斯（Cassie Holmes）
譯　　者／蔡丹婷
發 行 人／簡志忠
出 版 者／先覺出版股份有限公司
地　　址／臺北市南京東路四段50號6樓之1
電　　話／（02）2579-6600・2579-8800・2570-3939
傳　　真／（02）2579-0338・2577-3220・2570-3636
副 社 長／陳秋月
資深主編／李宛蓁
責任編輯／林淑鈴
校　　對／李宛蓁・林淑鈴
美術編輯／李家宜
行銷企畫／陳禹伶・林雅雯
印務統籌／劉鳳剛・高榮祥
監　　印／高榮祥
排　　版／莊寶鈴
經 銷 商／叩應股份有限公司
郵撥帳號／18707239
法律顧問／圓神出版事業機構法律顧問　蕭雄淋律師
印　　刷／祥峰印刷廠
2022年11月　初版

定價 410 元　ISBN 978-986-134-437-9

研究自制力的科學家發現，運動竟然有近乎於神奇藥丸的作用。對於剛開始運動的人來說，運動對於提升意志力幾乎是立即見效。利用跑步機跑上十五分鐘，就能有效降低原本的欲望。長期下來，運動的作用更加驚人，不但能幫助人減輕日常生活中的壓力，更像百憂解一樣。

——《輕鬆駕馭意志力：史丹佛大學最受歡迎的心理素質課》

國家圖書館出版品預行編目資料

更快樂的1小時：UCLA爆紅的時間幸福學，教你聚焦於最重要的事／凱西．霍姆斯（Cassie Holmes）著；蔡丹婷譯-- 初版. --臺北市：先覺, 2022.11

336 面；14.8×20.8公分 --（人文思潮：158）

譯自：Happier Hour: How to Beat Distraction, Expand Your Time, and Focus on What Matters Most

ISBN 978-986-134-437-9（平裝）

1. CST：時間管理 2. CST：生活指導

177.2　　111015303